内蒙古民族大学博士科研启动基金项目（BS616）

光明社科文库
·教育与语言书系·

# 元代直解体文献复音词研究

高 乐 著

光明日报出版社

图书在版编目（CIP）数据

元代直解体文献复音词研究 / 高乐著. -- 北京：光明日报出版社，2023.5
ISBN 978-7-5194-7274-0

Ⅰ.①元… Ⅱ.①高… Ⅲ.①汉语—复音字—研究 Ⅳ.①H12

中国国家版本馆 CIP 数据核字（2023）第 096171 号

## 元代直解体文献复音词研究
YUANDAI ZHIJIETI WENXIAN FUYINCI YANJIU

| 著　　者：高　乐 | |
|---|---|
| 责任编辑：杨　娜 | 责任校对：杨　茹　贾　丹 |
| 封面设计：中联华文 | 责任印制：曹　净 |

出版发行：光明日报出版社
地　　址：北京市西城区永安路106号，100050
电　　话：010-63169890（咨询），010-63131930（邮购）
传　　真：010-63131930
网　　址：http://book.gmw.cn
E - mail：gmrbcbs@gmw.cn
法律顾问：北京市兰台律师事务所龚柳方律师
印　　刷：三河市华东印刷有限公司
装　　订：三河市华东印刷有限公司
本书如有破损、缺页、装订错误，请与本社联系调换，电话：010-63131930

| 开　　本：170mm×240mm | |
|---|---|
| 字　　数：278千字 | 印　　张：15.5 |
| 版　　次：2024年1月第1版 | 印　　次：2024年1月第1次印刷 |
| 书　　号：ISBN 978-7-5194-7274-0 | |
| 定　　价：95.00元 | |

版权所有　　翻印必究

# 内容简介

  本书以元代直解体文献中的复音词为研究对象，讨论其分类、来源、历史演变等情况。从构词法、语义、使用频率等研究角度进行分析，综合运用多种研究方法对新词新义、复音词的源流和发展演变展开考察，实现了静态描写与动态描写相结合、宏观把握与局部研究相结合，全面展示了元代直解体文献复音词的面貌，挖掘了元代汉语复音词特点和演变规律。在研究语料和研究方法方面有创新，元代直解体文献还未得到充分挖掘和整理，语料价值重大，本书为学界了解元代直解体文献语言状况提供了一定参考，并且尝试从多角度探索元代汉语复音词。

# 序

高乐 2017 年以民族计划考入中央民族大学攻读博士学位。由于来自于民族地区民族院校，她对蒙汉语言接触以及元代词汇产生了较为浓厚的兴趣。经过大量阅读，她发现近代汉语词汇有比较大的研究空间，但研究基础理论比较薄弱，因此决定以元代特色词汇为基础，力图在材料发掘和阐释的过程中，进行相关理论探讨。当初的设想是有一定难度的，但也不乏创新。

元代的直解体文献属于口语实录，富含大量的元代特色白话资料，研究其中的复音词具有一定的学术眼光。既然选取训诂类文献，我曾建议她将元代直解体文献词汇和先秦以及宋代相关文献的词汇进行对应，比较不同时代在词汇语义上的差异，进一步提取词汇解析和发展理论。也许这个思路有较大的难度，高乐的博士论文并没有做这方面的尝试。我也曾提议她将元代直译体、直解体和元刊杂剧复音词使用和阐释状况进行对比，以突出直解体文献的特色，她接受了这个建议的一部分。她全面彻查元代许衡、吴澄、郑振孙、贯云石的七部直解文献，搜集其中的复音词，总结了元代复音词的特点及来源，重点在复音词构词法和元代复音新词新义做了分析。在此基础上对复音词演变的规律与机制做了初步的探索。

《元代直解体文献复音词研究》建立在高乐博士论文的基础上。应该肯定这部著作在语料发掘和复音词综合考察方面的成绩，但也应该看到其在复音词探源、材料阐释以及理论提升方面还具有较大的空间。这应该成为高乐今后学术研究方面的着力点和增长点，期待她能潜心钻研，从个体词出发，稳扎稳打，以点带面，全面系统地呈现元代直解体文献词汇特有的光彩。

韩 琳

2022 年 10 月 22 日

# 目 录
## CONTENTS

**第一章 绪 论** ······················································· 1
 第一节 研究现状 ················································ 2
 第二节 语料来源 ················································ 10
 第三节 研究价值 ················································ 18
 第四节 研究方法 ················································ 19

**第二章 元代直解体文献复音词来源及特点** ········· 22
 第一节 元代直解体文献复音词的判定 ··········· 22
 第二节 元代直解体文献复音词的来源 ··········· 34
 第三节 元代直解体文献复音词的特点 ··········· 44
 第四节 小结 ······················································· 54

**第三章 元代直解体文献复音词构词法研究** ········· 56
 第一节 单纯复音词概貌 ···································· 56
 第二节 合成复音词概貌 ···································· 59
 第三节 小结 ······················································· 126

**第四章 元代直解体文献新词新义研究** ················ **127**
 第一节 新词的界定和分类 ································ 128
 第二节 新词的衍生 ············································ 137
 第三节 元代直解体文献复音词词义对旧词义的继承和发展 ···· 156
 第四节 小结 ······················································· 170

1

## 第五章　元代直解体文献复音词演变研究 …………………… **172**
### 第一节　词语的消亡 ………………………………………… **172**
### 第二节　词语的保留 ………………………………………… **184**
### 第三节　小结 ………………………………………………… **195**

## 第六章　元代直解体文献复音词使用差异 …………………… **197**
### 第一节　许衡直解体文献复音词比较研究 ………………… **197**
### 第二节　贯云石《孝经直解》和其他直解体文献复音词比较 ………… **204**
### 第三节　小结 ………………………………………………… **222**

## 结　语 ……………………………………………………………… **224**

## 参考文献 …………………………………………………………… **228**

## 后　记 ……………………………………………………………… **235**

# 第一章

# 绪 论

关于汉语史的分期，学界一直存有分歧，但普遍认为近代汉语是一个独立的语言历史时期，这一时期在汉语史上十分重要，时间跨度大，连接上古、中古和现代汉语。对于近代汉语上限的划分，学界持有三种观点：一是宋元说，较早的代表性观点是王力先生提出公元13世纪作为近代汉语的上限，把汉语史分为上古、中古、近代和现代四个阶段。二是晚唐五代说，吕叔湘先生指出近代汉语的开始定在晚唐五代比较合适，并指出近代汉语包括现代汉语在内，汉语的发展史"二分"较为合适，即把汉语发展历史分为古代汉语和近代汉语两大部分。三是隋末唐初说，胡明杨先生认为近代汉语上限在隋末唐初。隋末唐初到五代北宋是白话早期，近代汉语中期是宋元话本时期，近代汉语晚期是元明到清初。关于近代汉语的下限，是没有太多分歧的，一般最晚可推到五四运动以前。对于近代汉语的上限，我们采用第二种观点，即晚唐五代说。"晚唐五代"之后为近代汉语时期。元代处于近代汉语时期的主干部分。根据语言渐变性特点，处于主干时期的更有代表性，而处于分期两端的代表性弱，夹杂了很多难以判断的语言现象。在与异质文化交流的过程中，元代的语言面貌呈现出丰富复杂的特点，极具特色，是汉语发展史上的重要阶段。元代汉语上承两宋，下启明清，处于近代汉语的主干时期，相对其他时期，研究较为薄弱，而缺少任何一个环节的汉语史研究都是不完整的。元代汉语研究是深入研究近代汉语其他领域的重要前提，但元代汉语面貌特点仍然模糊，尚待进一步研究。

汉语史研究是以断代研究为基础的，本书属于汉语史的断代专书兼专类文献词汇研究。相对于中古汉语和上古汉语词汇研究，对近代尤其是对元代汉语词汇缺乏系统深入的研究。本书整合全部元代直解体文献作为研究语料，对文献复音词的构成状况进行描写和分析，并且尝试对元代汉语的词汇特点和面貌进行系统的研究。元代直解体文献是用当时口语解读经书、史书的训诂作品，包括元代许衡、贯云石、吴澄和郑镇孙四位的直解作品，在元代语言研究资料极其匮乏的情况下，越发显现出其重要的研究价值。元代直解体文献共计30余万字，内容丰富，口语色彩突出，能够充分反映元代汉语实际的语言面貌，作为研究元代的"同时资料"，基本真实可信。

## 第一节 研究现状

20世纪80年代初，是近代汉语词汇研究的初步繁荣期，出现了很多关于近代汉语词汇研究的成果，而关于元代汉语词汇研究的很多成果涵盖在近代汉语词汇研究的成果之中。

### 一、元代汉语词汇研究概况

在近代汉语通论性著作中，有些涉及元代汉语的研究。向熹的《简明汉语史》对近代汉语词义的发展和同义词的发展做了较为细致的分析。蒋绍愚的《近代汉语研究概要》对近代汉语词汇研究的资料和方法等做了介绍，对近代汉语研究的方法更为注重，很有指导意义。蒋冀骋的《近代汉语词汇研究》是取得很好成绩的一部著作，近代汉语的上下限、近代汉语词义的考释和词汇的来源以及近代俗字，都包括在内。方一新的《中古近代汉语词汇学》全面概述了中古近代汉语词汇的研究情况，清晰地勾勒出了中古近代汉语词汇的面貌，侧重于词义考释方法和词汇研究方法的总结，以及构建汉语词汇研究的理论体系。还有一些关于汉语史、汉语词汇史的通论性专著中包括了元代汉语词汇研究成果，如史存直、杨建国、袁宾、潘允中等人的专著。但不得不说，在汉语史乃至词汇史的研究中，元代汉语研究或者依附于明清，或者附着于宋稍加论述，常常处于边缘地带，除了个别著作简单举出少数几个元代例词，又多重复列举，大部分著作往往把元代一带而过，使元代成为汉语词汇史上一个不太明晰的阶段。20世纪以来，随着近代汉语研究的逐渐繁荣，元代开始受到学界重视，通过对语词进行考释和词典整理与汇释等方式，对元代汉语进行了不同角度的研究。

（一）从词语考释到词典编纂

汉语词汇史研究领域历来有重视词语考释的传统，词语的考释是汉语词汇研究的基础性工作，近代汉语中疑难词语较多，是准确理解近代汉语文献的障碍。除了继承传统，对上古疑难词语、特殊词语的考释探源继续给予关注外，在中古、近代汉语词汇研究方面，以汉译佛经、敦煌遗书、禅儒语录、笔记、诗词曲、戏剧、小说等古白话文献为研究对象，开辟了古白话俗语词、常用词研究新领域，取得了令人瞩目的丰硕成果。江蓝生的《演绎法与近代汉语词语考释》（1998）提出可以根据词汇发展的规律来进行词语考释，这是词语考释方面的一种新思路，是和词语考释中通常使用的归纳法相辅相成的。对于词语的零散考释主要以释读文献为目的，而相关词典的编纂系统地总结汉语词汇考释所取得的成果，涌现出了一批能够反映当时学术水平的力作。白维国主编的《白话小说语言词典》（2011）是一部专门的古白话小说语言词典，收词以古代白话小说中出现的近代口语词汇为主，收录条目5.6万余条，释义准确精练，引例丰富，引书达240余种，具有很高的学术价值和实用价值。刘坚、江蓝生主编的"近代汉语断代语言词典系列"，《唐五代语言词典》（江蓝生、曹广顺）、《宋语言词典》（袁宾、段晓华、徐时仪、曹澂明）和《元语言词典》（李崇兴、黄树先、邵则遂）这三本断代语言词典收词时不仅贯彻词汇史的观点，同时也力求贯彻语法史的观点。收词覆盖面广、释义完整准确，在广泛吸收前人已有的词汇研究成果的基础上，有很多创新。李崇兴等主编的《元语言词典》，共收词5926个，是词典编撰成熟期的成果，白维国主编，江蓝生、汪维辉副主编的《近代汉语词典》（2015）共四卷，900余万字。全书收词51000多条，该词典以呈现从唐五代至清中叶这段历史时期的汉语词汇演变轨迹为目标，收词完备，系统性强。在收词和义项处理上，主要从三个方面体现出明确的汉语词汇史观，即收词以近代汉语中新出现的口语词和常用词为重点和主体，体现汉语词汇的历史系统性；释义更精准，符合词义发展的历史规律；义项排列体现词义演变的历史轨迹。该词典不仅对人们解读这一历史时期的文献资料具有实用价值，更对汉语词汇史的研究具有重大意义，是汉语词汇研究史上一块新的里程碑。其他具有重要学术价值和学术影响的专书断代语言词典，较早期的还有龙潜庵的《宋元语言词典》（1985），高文达主编的《近代汉语词典》（1992），许少峰主编的《近代汉语词典》（1997）。

（二）特殊词语的研究

元代特殊词语如俗语、戏曲小说词语和外来语等研究起步早，从明清开始，已经有学者做过有关俗语方言的汇集、证古寻源的工作。如钱大昕的《恒言录》、郝懿行的《证俗文》、翟灏的《通俗编》等，但都只是记录了一些口语词语，做了简单的释义，缺乏深入系统的研究。张相的《诗词曲语汇释》（1953）是当代较早的一部涉及元代韵文词汇的汇释性专著，代表了近代汉语词汇研究的最早阶段，它把"唐宋金元明间，流行于诗词曲"的600余条特色语词，详引例证，在具体词目的考释中能够做到或追溯源流，或联系活的方言，把词语考释真正纳入到了现代词汇学的研究范畴，具有划时代的意义。关于元代俗语和戏曲词语研究成果，出现了胡朴安的《俗语典》、徐嘉瑞的《金元戏曲方言考》和朱居易的《元剧俗语方言例释》三部俗语专著，以及陆澹安的《小说词语汇释》《戏曲词语汇释》等。顾学颉、王学奇的《元曲释词》（1983—1990）收释了大量的元代词语。王瑛《诗词曲语例释》（1986）是又一部韵文语词释读专著，标目100多条。吴士勋、王东明主编的《宋元明清百部小说词语大辞典》（1992）以宋元明清四个朝代中的近百部小说作为选词对象。王学奇、王静竹合著的《宋金元明清曲辞通释》（2002）是一部研究戏曲语词的集大成之作。王瑛的《宋元明市语汇释》（1997）对元代的行话、隐语等社会习惯语进行了解释。方龄贵考察近代汉语尤其是元明戏曲中的蒙古语，其中《古典戏曲外来语考释词典》（2001）、《元明戏曲中的蒙古语》（1991）具有很高的学术价值。郭在贻的《训诂学》（1986）很好地总结了俗语词的研究方法，具有方法论意义。王锳的《试论古代白话词语研究的意义与作用》（1986）对近代汉语词汇研究的意义和作用进行了全面阐述。

（三）词汇系统和词汇理论的探讨

近代汉语词汇研究除了词语的考释外，也有一些系统的研究，这方面的研究成果主要集中在改革开放以后，随着研究的深入，呈现出一种理论探讨的趋势，研究范围扩大，研究内容不仅仅局限于词义的考释，还包括词义构成、词义系统以及词义演变规律和构词规律等方面，注重词汇发展规律的研究。洪成玉的《古汉语词义分析》联系字形、语音、语法，对古汉语词义做了比较深入的分析探讨。赵克勤《古代汉语词汇学》全面地讨论了古汉语词汇问题。苏宝荣、宋永培的《古汉语词义简论》论述了古汉语词义研究的理论和方法，反映了古汉语词汇研究在继承的基础上取得的新进展。蒋绍愚的《古汉语词汇纲要》、周光庆的《古汉语词汇学简论》、张联荣的《古汉语词义论》、徐时仪的《近代汉语词汇学》对一些重要的古汉语词义理论问题进行了比较深入的讨论。20世纪80年代后，讨论词义发展变化的理论文章较为集中，值得重视。许嘉璐的《论同步引申》（1987）较早注意到词义演变过程中"词义具有同步引申的规律"。蒋绍愚的《论词的"相因生义"》（1989）注意到聚合因素和组合因素对词义的发展变化都起作用。江蓝生的《相关语词的类同引申》（2000）讨论相关语词如同义词、近义词、反义词或类义词之间在聚合关系中相互影响而发生类同方向的引申。随着结构主义语义学、认知语义学、语言类型学等理论的引进，关于词义系统演变的考察和词义演变规律的研究更为深入，蒋绍愚的《汉语词义和词汇系统的历史演变初探——以"投"为例》（2006）利用概念要素分析法对"投"的义位进行了分析，考察"投"的词义演变过程。蒋绍愚的

《汉语历史词汇学概要》(2015)紧密结合汉语历史词汇实际,借鉴并吸收了现代语义学和认知语言学的成果,重点解决汉语历史词汇的问题,侧重于有关汉语历史词汇研究的理论讨论。贝罗贝、李明的《语义演变理论与语义演变和句法演变》(2008)一文,推测语义演变驱动句法演变,也可能句法演变驱动语义演变,在两者的相互关系的理论探讨上,有相当的深度。其他如张博的《组合同化:词义衍生的一种途径》,王云路、张凡的《释"踊跃"及其他——兼谈词义演变的相关问题》,李明的《从言语到言语行为——试谈一类词义演变》,董志翘的《是词义沾染,还是同义复用?——以汉译佛典中词汇为例》等论文从不同视角探讨了词义演变的理论问题,讨论了"从言语到言语行为"的词义演变,揭示了这类演变的促动因素。20世纪80年代后,近代汉语词汇研究一方面以口语词研究为重点,另一方面侧重汉语史常用词和核心义研究。词汇中的多义词一般都是常用词,研究词义的发展变化、构词法的发展,都会涉及常用词词义的发展变化,它甚至决定了词汇的总体发展方向。蒋绍愚的《关于汉语词汇系统及其发展变化的几点想法》(1989)揭示了常用词"丢、扔/抛""木/树""视/看""道/路""言/语/说"演变与替换问题的研究方法。张永言、汪维辉的《关于汉语词汇史研究的一点思考》(1995)通过具体实例的分析,讨论了八组常用词在中古时期演变更替的情况。汪维辉的《东汉—隋常用词演变研究》(2000)开始进行汉语史常用词演变的系统研究。李宗江的《汉语常用词演变研究》(2016)将词汇演变进行分类和二次细分,同时详尽分析词汇演变的影响因素。上面两部著作对常用词演变的个案分析和理论探讨逐渐深入,涉及范围逐渐加大,不仅结合西方现代语言学相关理论,还总结出汉语史研究的词汇理论和方法。进入21世纪以来,常用词的演变研究成了汉语词汇史的学术增长点。侧重对常用词的历时替换与词义演变研究,汪维辉的《汉语核心词的历史与现状研究》(2018)是一部有关汉语核心词和常用词演变规律的重要著作。王云路、王诚的《汉语词汇核心义研究》(2014)以《说文解字》为基础,以古代词汇核心义为研究对象,借鉴传统语言学成果,深入探讨汉语词义发展演变的制约机制和词语内部意义之间的深层联系,初步建构了核心义研究模式,具有方法论意义。除了词汇系统的研究外,学术界也出现了大量的观察微观词义系统的研究成果,有的学者如卜师霞、肖晓辉、符渝等从汉语构词法角度,探究汉语词汇语义系统和汉语构词理据的关系;也有学者如李润生、王东海、李亚明等从专科词汇的角度,探究专科词汇的词汇语义系统;还有学者如王军、吕云生等从语法范畴的角度,探究词汇语义系统与语法范畴的关系;还有杨凤仙、尹戴忠、梅晶、陈灿等从认识语言学出发,圈定某一个概念范围内成员开展系统研究。

（四）专书研究和词汇专题研究

元代汉语词汇研究与整个近代汉语词汇的研究密不可分。关于元代汉语词汇的研究有很多是融入近代汉语研究之中的。20世纪80年代，程湘清同何乐士、杨克定、冯春田等人合作，进行汉语史断代专书研究，先后出版了《先秦汉语研究》（1982）、《两汉汉语研究》（1984年）、《魏晋南北朝汉语研究》（1988）、《隋唐五代汉语研究》（1990）、《宋元明汉语研究》（1992），对汉语史断代专书研究具有方法论意义。近些年，一些围绕元代汉语研究的博硕士论文陆续出现，比较有代表性的博士论文如夏凤梅的《〈老乞大〉的四种版本词汇比较研究》（2005）比较了《老乞大》四种版本的词汇差异，考察了北方汉语词汇在元明清时期的历时变化和发展演变规律。阮剑豪的《〈元典章〉词语研究》（2009）以元代直译体文献为语料，分析了词汇的来源，结合具体实例分析了蒙汉混合语词汇现象，指出直译体文献的研究价值。曲丽玮的《元刊杂剧复字词汇研究》（2010）以《元刊杂剧三十种》为语料详尽考察了其中复字词汇的结构类型与结构关系，描写了特殊词汇类型。和本研究相关的硕士论文有佟晓彤的《许衡直解作品词汇研究》（2007）、魏巍的《元代汉语词汇史新词研究》（2010）、任莉的《〈原本老乞大〉口语词研究》（2016）、贾燕京的《元代白话碑文词汇研究》（2016）、王宇的《〈蒙古秘史〉总译新词研究》（2017）、常青的《〈蒙古秘史〉总译军事词汇研究》（2018）、樊晓艳的《元代平阳杂剧复音词研究》（2019）等，可以看出，研究范围在不断扩大，从传世文献到出土文献，从本土文献到域外文献，研究内容在不断深入，从整体词汇研究到某一义类词汇研究，有复音词研究、新词研究、口语词研究等，研究方法也在不断探索，研究视角越来越多样化，整体上呈现出研究的多维性，以期完整地反映出元代汉语词汇的面貌。

（五）国外学者关于元代汉语词汇的研究

国外的研究多在日本。日本著名学者太田辰夫在《中国语历史文法》附录中详细列出了元代白话的书名。太田辰夫的《汉语史通考》（1991）利用《老乞大》《朴通事》等朝鲜时代汉语教科书对元明之际的汉语特点进行了分析，其中收录了《〈老乞大〉的语言》《关于汉儿言语——试论白话发展史》两篇研究成果，描述了"汉儿语言"的特点。香坂顺一的《白话词汇研究》（1997）由江蓝生、白维国译成中文版，对中国近世语词进行了笔记式的收录分析。韩国李泰洙的《〈老乞大〉的四种版本语言研究》（2000）利用朝鲜时代教科书《老乞大》比较了四种版本语言，考察了13世纪以后约四百年间北方汉语所发生的变化规律。上述方面，是关于元代词汇研究中学术性较强的研究成果，还有些通俗易懂解读元代汉语词汇的文章对元代口语词汇进行了讲解。

学术界对元代汉语语法的研究要超过对元代汉语词汇的研究，对于元代语言的研究并不均衡，对元代汉语词汇的研究还不够充分，主要表现在：

1. 元代汉语在整个汉语史研究中相当薄弱

元代处于近代汉语的主干时期，缺少元代的近代汉语研究是不完整的，目前学术界对这一时期的语言研究还较为薄弱，偏重语法和语音研究，断代词汇研究不充分，有关论著并不多，尽管《宋元语言词典》和《元语言词典》已经做出了尝试，但在近代汉语理论著作中元代语言词汇的研究成果少之又少，仅仅略举两例一笔带过，使得其在近代汉语理论研究中总是处于唐宋、明清的附属，元代语言词汇承前启后的阶段性特征和影响作用没有得到充分的研究。把元代汉语词汇放入近代汉语词汇中进行笼统考察，是可以理解的，很多词语通用于几个朝代，但是，从汉语史的连贯性来看，任何一个阶段的词汇现象都不可忽略，不但要对元代汉语词汇进行宏观研究，还要对具体材料、特色材料进行微观研究，在全面搜集材料的基础上由粗趋精地进行研究。并且随着断代词汇研究的深入，断代词汇内部的差异性成为不可回避的突出问题，目前还未引起学术界足够的重视。

2. 研究缺乏理论性、系统性，成果比较零碎，专题研究少

元代汉语词汇研究在过去很长一段时间内，夹杂在宋元或元明时期专书研究或者词典编纂之中，侧重于对疑难词语的考释，而对元代的主导词、对元代汉语的词汇系统则鲜有研究，系统性研究不突出，断代研究则更少。从前文所述可以看出，关于元代词汇的研究主要表现为语词释读多、专书和个案研究多，成果比较零碎，多为粗线条概括，缺少理论性强的研究成果，特别是对近代汉语词汇研究中新词新义理论、常用词理论、词汇研究的系统性等问题，其研究一直很零碎，对元代语言内部系统及特点缺乏更为细致深入的描写分析。

3. 研究语料单一化，对有关语料研究不够深入

元代杂剧较早引起学术界的注意，近代汉语研究语料也主要集中在元杂剧、小说、话本，元代存世文献数量有限，在一定程度上制约了元代汉语词汇的研究。一直以来，元代汉语的研究语料比较单一。很多散见于史书、文集中的口语语料尚未得到充分利用，由于这类语料显得零散、驳杂，挖掘整理难度大，前人研究较少，导致了元代汉语研究进展缓慢。因此，除了元代杂剧、宋元话本和带有口语特色的语录、笔记等传世俗文学语料，不应忽视直解体文献，可以说，这既是对新语料的开拓，又是对新体例文献的开拓。总的来说，虽然元

代汉语词汇已经取得很多研究成果,但也存在不少问题,元代词汇研究还有较大的开拓空间,值得学术界继续关注。

**二、元代直解体文献相关研究概况**

古白话和近代汉语是学术界研究的一大热点,20 世纪 80 年代后,国内外学者开始关注古白话,重视白话话语系统在汉语史的地位,将研究的重心转向白话文献的研究与整理之上。

(一)国外学者的研究概况

太田辰夫在《中国语历史文法》附录中详细列出了元代白话的书名,并且在《汉语史通考》中描述了"汉儿语言"的特点。[①] 日本当代学者竹越孝撰写了《经书口语解资料集览》系列文章,是研究许衡直解文献价值的重要参考,该成果是以许衡的经书口语注释资料《直说大学要略》《大学直解》《中庸直解》整体为考察对象,介绍了作者许衡的三本经书口语注释资料的成书年代和经过、接受和流传的过程,并且比较了三书之间用语的不同,得出《直说大学要略》和《大学直解》《中庸直解》具有明显差异的结论,推断《直说大学要略》很可能更接近当时元朝北方的口语实际,但是文中分析词汇的使用情况并不全面系统,也没有从语义上揭示口语词语的发展脉络。关于元代直解作品研究的还有佐藤晴彦的《〈孝经直解〉校订与探索》、山川英彦的《〈孝经直解〉语法札记》、竹越孝的《吴澄〈经筵讲义〉考》、宫纪子的《郑镇孙〈直说通略〉(上、下)》等,主要都是从文献校勘和语法角度进行的研究。

(二)国内学者的研究概况

在国内,学者们从宏观上搜集整理古代白话文献,其中涉及元代直解体文献。国内学者的研究主要围绕以下几个方面:第一,文献整理和价值探讨。最早刘坚的《古代白话文献简述》(1982)一文指出这类"元代大臣给皇帝讲解汉文典籍",包括许衡的《许文正公遗书》直解作品三篇、元散曲家贯云石用"当时口语"翻译《孝经》的《孝经直解》,明确指出这些文集语言很通俗,所涉及的讲谈记录是很宝贵的语言研究材料。[②] 江蓝生的《古代白话说略》(2013)在刘坚的《古代白话文献简述》基础上进一步描述了白话讲章内容,并且特别单独列出了"直讲和直译"这一类别,重估了这类材料的独立性和重

---

① [日]太田辰夫. 汉语史通考 [M]. 重庆:重庆出版社,1991:181.
② 刘坚. 古代白话文献简述 [J]. 语文研究,1982(1):97-104.

要性。① 曾贻芬、崔文印在《元代历史文献学的概貌与特点》(1994)一文中介绍元代历史文献概貌时指出元代出现了"直解"这样一种"解经的著作",并列出了许衡直解文献的概貌特点。② 饶尚宽《试论贯云石〈孝经直解〉的语言及其价值》(1986)一文,认为贯云石的《孝经直解》所使用的语言,显示了不同语种间的差异,这类训诂著作在我国语言学史上显示出独特价值。③ 黄晓东、宋晓蓉的文章是对《试论贯云石〈孝经直解〉的语言及其价值》的再认识,宏观上指出了《孝经直解》应当进一步深入研究的几个方面。④ 佟晓彤的《许衡直解作品两种版本的差异比较》(2010)对怀庆堂本和文渊阁本的《中庸直解》进行比较,发现了两版本之间的一些差异,为我们的研究提供了版本学上的帮助。文献校勘方面有李明龙等的《〈大学直解〉校补》(2010)、张春雷的《〈直说大学要略〉点校拾补》(2010),刘畅的硕士论文《元白话讲章的语言学价值》(2011)集中探讨了这类元代白话文献的语言学价值。第二,汉语语法研究和汉蒙语言接触的研究。围绕"直讲和直译"这类文献的研究,目前主要集中在语法方面。李崇兴、祖生利等学者对元代汉语有着较为深入的研究,从不同的角度来观照这一特殊历史时期的汉语状况,关注元代汉语语法研究和元代的语言接触研究。吕雅贤的《〈孝经直解〉的语法特点》(1993)重点分析了《孝经直解》中的新兴语气词,注重元白话词语的词法、句法特点;李崇兴、祖生利、丁勇的《元代汉语语法研究》(2009)以元代白话文献的语法现象为研究对象,对元代白话语法特点进行了分析,涉及《直说通略》的语言特色,本书主要是从语法接触史的角度来研究蒙元特殊历史时期的汉语状况。李崇兴、祖生利的《〈元典章·刑部〉语法研究》(2011)以元代汉语语法和语言接触研究为两条主线,对《元典章·刑部》所见的特殊语法现象进行研究。华中科技大学三篇硕士论文如刘金勤《〈直说通略〉的副词研究》(2004)、叶华利《〈直说通略〉的介词研究》(2005)、刘晓玲《〈直说通略〉中的助词》(2004)是围绕《直说通略》词类展开的研究。上海大学三篇硕士论文如陆雅茹《〈孝经直解〉"把/将"字句研究》(2007)、王莹《〈孝经直解〉句法研究》(2008)、孙晓蕾《论〈孝经直解〉的框式结构》(2008)都是围绕《孝经直解》结构、句

---

① 江蓝生. 近代汉语研究新论 [M]. 北京:商务印书馆,2013:466.
② 曾贻芬. 元代历史文献学的概貌与特点 [J]. 史学史研究,1994 (4):35—41.
③ 饶尚宽. 试论贯云石《孝经直解》的语言及其价值 [J]. 新疆师范大学学报(社会科学版),1986 (2):91—98.
④ 黄晓东,宋晓蓉. 对《试论贯云石〈孝经直解〉的语言及其价值》的再认识 [J]. 新疆社科论坛,2015,No.134 (1):71—74.

式和句法展开研究;很多关于直解体文献语法研究成果,是从语言接触的角度进行揭示的,相对于语音、词汇研究,语法研究成果更为突出。第三,词汇训诂方面的研究。注释语言的研究方面,张玉霞《许衡〈大学直解〉与〈中庸直解〉的口语注释初探》(2007)从训诂学史的角度,对许衡的《大学直解》和《中庸直解》的训诂体例、注释特点及训诂术语在元代发展的状况进行了探讨。马慧《从〈孝经直解〉看元代训诂学的发展》(2006)一文重估了元代训诂的价值,认为"直解"在训释方法、内容、语言等方面对传统训诂学有所创新和突破。词汇研究方面,单篇的硕士论文还有刘微的《〈大学直解〉与〈中庸直解〉口语词语研究》(2005)、佟晓彤的《许衡直解作品词汇研究》(2007)、耿聪聪的《〈中庸直解〉词汇研究》(2016)等。

可见,学界以汉语语法研究为主,综合了文献校勘、版本考证、注释语言研究和价值探讨等几个方面,但不足之处有以下几点:第一,元代文献的研究并不均衡。直解体文献主要以单部直解文献为研究对象者居多,主要是对元代大儒许衡的直解体文献的研究,对其他作家的作品缺乏关注,如元郑镇孙的《直说通略》。第二,词汇研究处于孤立、零散的状态,缺乏对经书语言与直解作家所使用语言之间的区别与联系的探讨,缺乏对整体是互有联系的统一体的意识,对于直解文献所处时期的词汇构成及生成缺乏系统性的认识,更没有通过这个切入点来整体观照元代词汇的面貌和发展状态。第三,理论研究方面,对词汇的表层探索较多,缺失机制、动因等内在方面的研究,导致研究活动缺乏深度、力度,对元代词汇总体的演绎机制分析不够深入、全面。随着汉语历史词汇研究的不断深入以及相关理论的运用,关注语义并尝试从多角度研究断代词汇面貌,已经成为该领域的重要突破口,这也是专书、专类文献词汇研究中亟待解决的问题,有待新成果出现。第四,元代的语言生态对汉语所造成的影响体现在语音、词汇、语法等方面。从词汇的角度看,引人注目的是一批通过特定造词手段而产生的新词,很多新兴词语也一直保留到了今天,对现代汉语的造词和口语风格产生了影响。新兴词能如实反映出当时的语言面貌,这对汉语词汇史具有重要的研究价值。但是,这种影响有多大,究竟如何影响汉语词汇,元代汉语的词汇面貌又是如何,目前还需要进一步深入研究。

## 第二节 语料来源

汉语历史词汇研究工作首先要解决的是语料问题,汉语发展演变研究的基础是对语料的准确把握。利用元代传世文献和出土文献,以及新理论和多角度研究方法,学界不断取得新进展。

**一、元代汉语研究中的语料问题**

元代文献包括元刊杂剧、散文、诗词、公文、碑文等,有些是用传统文言写的,有些是用浅显的北方汉语口语写的,也有用蒙汉混合语言写的。口语性突出的文献语言更接近当时的口语实际,最具有元代汉语的时代特色,是近代汉语向现代汉语过渡时期较为活跃的部分,也是最有价值的部分。大致说来,元代白话语料分为五类:①《老乞大》和《朴通事》是元代,即朝鲜李朝(公元1392—1910年)时期流行的专供朝鲜人学习汉语的会话教材,在数百年间经过了汉语原文和谚文的多次修订,是考察汉语发展变化的珍贵文献资料。其中《原本老乞大》是元刊本,据学术界考订大约成书于元代末期的至元至正年间。②元代碑文是指元代流传下来的镌刻在石碑上的文献,大多是元代统治者颁发给寺院、道观、庙学的各类圣旨等,以白话入碑文是元代中国碑刻史中的独特之处。冯承钧编有《元代白话碑》,是元代碑文的第一部专辑。蔡美彪撰有《元代白话碑集录》(1955),本书收录的是现存的各种元朝圣旨,既有文言文,也有白话文,共收录圣旨碑的碑文111篇,最早的是元太祖十四年(1219年),最晚的是元惠宗至正二十六年(1366年)。此后,修订《元代白话碑集录》(2017),没有增加碑文,但重写了碑文注释,并且增补了拓本图影,对一些碑题酌加修订,加入题解。祖生利完成《元代白话碑文集录校注》(2002),共收录并校订元代碑文118篇,这是迄今为止我们能见到的最为完整的元代碑文集。③《元刊杂剧三十种》是唯一一部元代刊刻的杂剧,是研究元代语言的可靠材料。学术界利用元刊杂剧研究元代汉语的成果十分丰富。④元代公文集收集的大多是皇帝诰命、规章制度、廷臣奏对、法律解释、判案实例,是研究元代社会政治、经济、法律的重要历史文献,较著名的公文集有《元典章》《吏学指南》《通制条格》《黑水城元代汉文公文书》等,近年来新出的元代公文纸本文献,不仅丰富了元代语言研究的内容,而且扩展了元代文献的数量,有助于弥补元代语料的不足,推动有关学科的发展。⑤直讲和直译。直讲和直译的形成有着特定的历史文化背景,蒙古族人建立了元朝以后,需要学习汉语、阅读汉籍,元朝统治者学习汉族文化的途径主要有两种,一是将由汉文写就的主要典籍翻译成蒙古文,二是请当时的儒学大家用当时通行的口语语汇和句式诠释主要的汉文典籍,由此形成"直讲""直解"或"白话讲章"(本书统一使用"直解体")。直解体文献是解经讲义类语料,是元代时汉族大臣为皇帝用当时口语

*11*

解读、训释汉文典籍的书面作品。这包括元代许衡给皇帝讲解汉文经典的讲义记录，有《直说大学要略》《大学直解》《中庸直解》，都是使用的当时口语，元代吴澄的《吴文正公文集》中载有他给皇帝讲解史书的讲义，元代贯云石的《孝经直解》使用当时口语逐字逐句翻译《孝经》，都是研究白话史的重要材料。另还有郑镇孙的《直说通略》，许衡的《直说大学要略》（因为行文简洁，本书统一称为《大学要略》）、《大学直解》《中庸直解》，贯云石的《孝经直解》，吴澄的《经筵讲义》等。江蓝生先生把元代的白话文献分成两类，纯汉语的资料和直讲、直译体白话，元代是近代汉语发展的中间阶段，由于这一时期异质文化相互交流，汉语在很大程度上受到蒙古语的影响。汉语属于汉藏语系，蒙古语属于阿尔泰语系，在汉语发展史上，这两种语言接触产生的影响值得关注。

### 二、本书的语料来源

从文本的解释性质来看，直解体文献属于训诂学著作，训诂学在元代被认为处于衰落期，而直解体文献的出现，为这一时期的训诂学带来一种创新朴实的风气。从内容来看，直解体文献，是以经史为主要讲译内容，经书有《尚书》《易》《诗》《论语》《孟子》《大学》《中庸》《孝经》等，史书以讲《帝范》《资治通鉴》《贞观政要》为多，此外先朝圣训、历代诗文、时人著述也包括在内。现在能见到的元代直解体文献有：①元许衡的《大学要略》《大学直解》《中庸直解》，许衡作为集贤大学士兼国子祭酒，是当时国子学的主要负责人，《大学要略》《大学直解》和《中庸直解》就是许衡在从事教育蒙古贵族子弟时写成的，收在许衡的《鲁斋遗书》中；除了官学，元直解体文献的产生还依托经筵进讲之中，有吴澄和郑镇孙经筵讲义，经筵是帝王为研读经传史鉴而设的御前讲席。萌芽于汉代，经由唐代发展，在宋代成熟，元代逐渐地承袭了这一制度。②吴澄仅存的两篇《经筵讲义·帝范君德》《经筵讲义·通鉴》，收在《吴文正集》中。③元郑镇孙的《直说通略》是根据《资治通鉴》内容、用贴近当时普通百姓的口头语言写成的，成为"今日白话文之先导"。最初，直解作品主要以官学和经筵制度为依托，存在于为帝王及近臣子弟研读经史的讲习中。后来得以刊行，阅读对象主要是蒙古、色目的官员和子弟，也包括文化水平较低的汉人百姓。④贯云石的《孝经直解》效法许衡直说《大学》，为"使匹夫匹妇皆可晓达，明于孝悌之道"，是口语性突出的普及型解经作品。⑤由于许有壬的《端本堂讲义十月廿五进讲》系文言所写，不在本书的研究范围之内。下面简述作者及其直解体文献。

(一) 元代许衡简介及其直解体文献

许衡生于金大安元年（公元1209年），卒于元至元十八年（公元1281年），字仲平，人称鲁斋先生，官至左丞、国子祭酒，其学广泛，时有"南吴（澄）北许（衡）"之称，为元朝正学大儒。他的一生经历了女真贵族统治的金王朝和蒙古贵族统治的元王朝两个朝代，大致可分为以下四个时期：①公元1209年至公元1241年，这一时期许衡接受章句之学。②公元1242年至公元1259年，这一时期许衡尊崇儒家经典，重视《小学》《四书》，钻研程朱理学，许衡的教育实践活动远远重于著书立说。③公元1260年至公元1270年，忽必烈先后任命他为祭酒、左丞相等职位，这是许衡参与朝政、为元统治者出谋划策的时期。在这一时期，他与刘秉忠等议定朝仪、官制，完善了元王朝的统治秩序。许衡平生的重要活动，莫过于为元朝参政议政、教授蒙古贵族子弟。④公元1271年至公元1281年，这是许衡为元王朝培养人才和制订"授时历"时期，也是他一生中的最后一个时期。在文章创作上，他依据自己多年的教学经验，写下了《大学要略》《大学直解》《中庸直解》《稽千古文》《编年歌括》等重要的学术著作。68岁的时候，许衡又领太史院事，与郭守敬等新制仪象圭表，日测晷景，编定新历《授时历》，撰《更历疏》亲向元世祖汇报。公元1281年3月辞世，谥号文正。他是我国13世纪杰出的文章学家、教育家、思想家，也是一位伟大的政治家，他极力倡导汉唐儒学，推动了理学北传，强烈影响了蒙元统治者推行"二元政治"的格局，在特殊的教育实践中，实践着丰富的教育思想。以往学术界研究许衡及其著作多注重其思想方面，以陈正夫、何植靖所著的《许衡评传》为代表。

许衡在国子学时主要讲授对象是蒙古学生，他们的汉语水平和汉文化知识有限，迫切需要学习汉地文化，许衡适应蒙古权贵学习汉文化的需要，采用俗语白话著述。许衡直解著作包括《中庸直解》《大学直解》和《大学要略》。在元代，许衡针对朱熹《大学章句》和《中庸章句》不适合对少数民族进行教学这一弊端而对章句内容重新解释。元代直解体文献中，以许衡的直解著作最有代表性，《中庸直解》《大学直解》汇"注释、串讲、今译"为一炉，将三者有机联系在一起，这种通俗的解释古籍的体例，促进了古籍的传播、普及，对当时乃至元代以后的注释家产生了一定的影响，对元代训诂学的发展具有重要意义。《中庸直解》《大学直解》是用当时口语对《中庸》《大学》进行的注释，采取了和经书原文对译的一对一形式，首先列出经文的原文，对其中重点字词进行注释，如"时"谓"农务闲暇之时"，"敛"是"收取税粮"，"省"是"看视"，"试"是"考较"，"嘉"是"褒美"，"矜"是"怜悯"。紧接着"串讲"和"今译",加入了许衡自己的见解、思想,开头用"孔子说"或"孔子又说"起头,用"所以说"作为"串讲"的结尾。最后结束用一句来"点题",如"一节是说圣人能体中庸之道"。许衡"直说"《大学》,至今犹存,《大学要略》和《大学直解》《中庸直解》相比,存有一定差异,国内外学者对此有过研究,尤其是日本当代学者竹越孝,比较《大学要略》和《中庸直解》《大学直解》用词上的差异,认为前者反映口语化的程度更高,而后两者相对来说口语性较弱。"直说"和"直解"二者共同之处,是以"直言"教人,语言切近,人所易晓,词求通俗。但作为作品名称,还是有细微差别,"直解"侧重训诂学上的意义阐释和解析,而"直说"是从元代开始将其用在作品题名之中,强调白话作品所使用的语言皆是俗语白话,同时,对经书史书著作用当时白话叙述和讲解,强调语言表述的通俗浅近。现存文本有四库全书《鲁斋遗书》所收本,正谊堂丛书《许鲁斋先生集》所收本,明万历二十四年(1596)刊《鲁斋遗书》所收本,明嘉靖四年(1525)序《鲁斋遗书》所收本,明正德十二年(1517)跋《鲁斋全书》所收本,清乾隆五十五年(1790)刊《许文正公遗书》所收本。本书采用的版本是清文渊阁四库全书本,比较而言,"四库全书本"全面、真实地反映了原书的面貌,学术价值最大。由许红霞点校的《许衡集》是目前最好的校勘本,博采众本,点校优良,我们以"四库全书本"为底本,同时参考许校。校勘工作对语言研究是很重要的基础工作,好的校勘本可以避免讹误,而讹误是语言研究十分忌讳的。

(二)元代吴澄和《经筵进讲》

吴澄(1249—1333),元崇仁人,字幼清,通经传,人称"草庐先生",在学术地位上与许衡齐名,卒谥"文正",有文集一百卷,元史有传。吴澄的《经筵进讲》是他给元泰定帝讲解历朝史事的"讲义",收于《吴文正集》卷九十,包括《帝范君德》和《通鉴》两篇,篇幅不长,采取正文和直解文对译的方式,语言富有特色,现据台湾影印文渊阁四库全书本将正文和直解文都抄录于下①。

### 《帝范君德》

夫民乃国之本,国乃君之体。人主之体,如山岳焉,高峻而不动;如日月焉,圆明而普照;兆庶之所瞻望,天下之所归仰。宽大其志,足以兼包;平正其心,足以断制。非威德无以致远,非慈厚无以怀人。抚九族以仁,接大臣以

---

① 刘坚,蒋绍愚. 近代汉语语法资料汇编(元代明代卷)[M]. 商务印书馆,1995:47-49.

礼，奉先思孝，处位思恭，倾己勤劳，以行德义，此乃君之体也。

唐太宗是唐家很好底皇帝，为教太子底上头，自己撰造这一件文书，说着做皇帝底体面。为头儿说做皇帝法度，这是爱惜百姓最紧要勾当。国土是皇帝底根本，皇帝主着天下，要似山岳高大，要似日月光明，遮莫那里都照见有。做着皇帝，天下百姓看着，都随顺着。行的好勾当呵，天下百姓心里很快乐有，行的勾当不停当呵，天下百姓失望。一般志量要宽大着，宽大呵，便容得人；心要平正着，平正呵，处得事务停当。非威武仁德，远田地国土怎生肯来归附？非慈爱忠厚的心，百姓怎生感戴？皇帝的宗族，好生亲爱和睦者，休教疏远者；朝廷大官人每，好生祗待，休轻慢者；奉祀祖宗的上头，好生尽孝心者。坐着大位次里，好生谦恭近理，休怠慢者。拣好底勾当尽力行者，这是做皇帝的体面么道。

### 《通鉴》

汉高祖至咸阳，悉召诸县父老豪杰，谓曰：父老苦秦苛法久矣，吾当王关中，与父老约法三章：杀人者死，伤人及盗抵罪，余悉除秦苛法。吏民按堵如故。凡吾所以来者，非有所侵暴，毋恐。

汉高祖姓刘名邦，为秦始皇二世皇帝的时分好生没体例的勾当做来，苦虐百姓来，汉高祖与一般诸侯只为救百姓，起兵收服了秦家。汉高祖的心只为救百姓，非为贪富贵来。汉高祖初到关中，唤集老的每、诸头目每来，说："你受秦家苦虐多时也，我先前与一般的诸侯说，先到关中者王之。我先来了也，与父老约法三章：杀人者死，伤人及盗者随他所犯轻重要罪过者，其余秦家的刑法都除了者。当时做官的、做百姓的，心里很快活有。大概天地的心只要生物，古来圣人为歹人曾用刑罚来，不是心里欢喜做来。孟子道不爱杀人的心厮似，前贤曾说这道理来，只有汉高祖省得这道理来，汉家子孙四百年做皇帝。我世祖皇帝不爱杀人的心与天地一般广大，比似汉高祖，不曾收服得国土今都混一了。皇帝依着世祖皇帝行呵，万万年太平也者。"

（三）元代贯云石和《孝经直解》

元代维吾尔族作家贯云石（公元1286年至公元1324年），字浮岑，号成斋、疏仙、酸斋。直解体文献的产生和广泛传播激励了更多的文人用当时白话口语著述，贯云石就曾效法许衡直说《大学》，撰有《孝经直解》。《孝经直解》全称是《新刊全相成斋〈孝经〉直解》，是把全部《孝经》译成了当时的口语。全相，就是指书的上部约1/3是图，下部约2/3是文字，与唐玄宗注、宋邢昺疏《孝经注疏》相比，具有更强的应用性和通俗性的特点，形成了一个完整的训诂体系。在训诂学处于衰落的元代，展现出新的进步。由于他是维吾尔族人，所以他更了解非汉族的其他民族在研读《孝经》时的困难和疑义所在,同时,贯云石精通汉语和多种少数民族语言,所以他的《孝经直解》采取了较为独特的方式,即在当时汉语口语的基础上,有意识地运用少数民族所熟悉、所便于接受的语言形式,采用逐字逐句直译的方式。这使得其译文既有当时汉语的口语特色,又有一定的少数民族语言特色,充分满足了那些汉语水平不高的少数民族读者的阅读需要,因此很受各少数民族读者的欢迎,甚至还受到了元仁宗的赞许。《孝经直解》的词汇完全采用元代当时的白话,口语性很强,也反映出元代训诂的灵活性,开创了新的训释方式,促进了元代训诂学的发展。《孝经直解》的语言有些类似于元代直译体作品的口语基础,在元代存在过一种特殊的"汉儿言语",最早提出这种观点的是太田辰夫,元刊本汉语教科书《老乞大》中提到过这种"汉儿言语",国内学术界也有学者认为元代直译体公文的口语基础就是"汉儿言语",它一般被认为是机械地翻译蒙古语原文的产物,所用语汇是当时的汉语白话,语法则是蒙汉两种语言的混合。这种特殊的元代汉语书面语作品是语言相互渗透和相互融合而成的,作为北方各兄弟民族交际的中间媒介使用,成为当时的共通语。和直译体文献不同的是,直解体文献没有过多的蒙古语成分,为了达到使普通百姓能够理解的目的,直解体文献是以当时普通百姓的口语为基础的,并且也面向普通民众,即使一般知识水平的人也能看得明白。《孝经直解》现存文本有:①明洪武七年(1374)刊本;②明嘉靖十四年(1535)序刊本;③明万历十年(1582)序刊本。我们以刘坚、蒋绍愚(1995)《近代汉语语法资料汇编(元代明代卷)》所收本为研究语料。

(四)元代郑镇孙和《直说通略》

关于郑镇孙的文献记载并不多,据《直说通略》自序可知他是括苍(现浙江青田人),其曾为监察御史,序文首先说明自己用口语来撰此书的原因,根据自序末尾的题署,该书的编成不晚于元英宗至治元年(公元1321年)。《直说通略》的写作成书并得以刊行,有其特殊的社会历史背景。《资治通鉴》自宋问世后便受到帝王、儒臣们的推崇,成为统治者"兴教化、化人心"的统治工具。有元一代,汉儒向蒙古皇帝讲述《通鉴》故事是经筵进讲的一项重要内容。《直说通略》是元代郑镇孙所撰的一部直讲体白话文献,主要以司马光的《资治通鉴》为"直说"的对象,用通俗口语或浅近文言讲述自三皇五帝迄南宋灭亡的历史和人物故事,目的在于帮助当时的贵族阶层或普通百姓大致了解中国历史概况,通俗浅近地讲述历史史实,因其"直说"的性质,较少议论,更突出强调使用元代的口语白话,全书共13卷,18万余字。元代白话使用更为普遍,这个时期"直说作品"中郑镇孙的《直说通略》更具有代表性,曾被称为"近日白话文之先导"，这是基于阅览传播之用而对经史典籍做通俗浅易阐述的白话著述，源于蒙元时期历史文化语境中白话地位的提高、人们对白话著述的自觉觉醒意识，以及服务蒙古权贵习得汉语学习汉文化的现实需要，进而影响、激励下层民众编刻白话著述，在普通民众中广泛传播，营造白话著述不断涌现的发展环境，造就了中国白话史发展的重要时期。本书所依据的《直说通略》版本，是中国国家图书馆所藏明成化庚子重刊本。《直说通略》的篇幅远超过现存其他几种直解体文献之和，是研究元代汉语尤其是研究汉蒙语言接触的珍贵资料，具有重要的汉语史、汉语接触史价值。直解体文献产生有着自身独特的社会背景，元朝建立之初，为了巩固政权，倡导文治，积极学习汉文化，采取了重用儒士、尊崇理学、兴办学校等诸多措施。统治者让大臣们用口语讲解儒家经典，或者把一些汉文典籍翻译成白话，来学习当时通行的口语。这类文献，起初主要流传于上层统治阶级之间。之后迅速向普通百姓传播和普及，原有的汉语书面语系统在元代口语的影响下，不断增加文言中的口语成分，进而演变成新的书面语系统，以当时口语为基础的书面语与蒙古语同时成为元代的官方语言，形成了不同于文言文系统的古白话系统。

元代直解体文献大致有这样一些特点：①存量适中，语言内容丰富。②语料的口语性非常突出。直解体文献记录了当时的口语，非常忠实地反映了当时的口语。就汉语词汇研究来看，汉语词汇史的分期应该以口语词汇的发展状况作为主要依据，而口语词汇的状况只能通过反映口语的书面语来了解，因此研究元代语言词汇的性质面貌可以重点考虑白话文献语料。"直解"的特点在于"直"，"直"就是解释浅近通俗，简单明了，不烦琐，不复杂，不旁征博引，不长篇大论，"解"就是运用当时的口语训释字词，用口语句式来解释文言语句。③语料的时代性较为明确。许衡、吴澄、贯云石、郑镇孙均生活在元代，所著直解作品作为元代语言研究的"同时资料"，基本真实可信，能够真实反映当时的语言面貌。以上是我们选择此类文献作为研究语料的原因。此外，目前学术界还未见围绕元代四位作者的直解体文献词汇的综合研究。综上所述，本文的语料来源于元代四位作家的直解著作：①收于元代许衡《鲁斋遗书》卷三的《直说大学要略》。收于元代许衡《鲁斋遗书》卷四的《大学直解》。收于元代许衡《鲁斋遗书》卷五的《中庸直解》。②收于元代吴澄《吴文正集》卷九十的《经筵讲义》两篇。③元维吾尔族作家贯云石的《孝经直解》，全一卷，元刊本。④元代监察御史郑镇孙《直说通略》，全书共有十三卷。除以上所提的主要参考版本外，同时参考刘坚、蒋绍愚编著的《近代汉语语法资料汇编（元代明代卷）》。

*17*

## 第三节 研究价值

在汉语史研究中,近代汉语的研究显得尤为重要,然而,从近代汉语研究状况来看,近代汉语词汇研究起步晚,相对于语音和语法研究,近代汉语词汇研究较为落后,只有加强近代汉语词汇研究,才能更完整地勾勒出汉语词汇发展的轮廓。

蒋绍愚先生提道:"迄今为止,对于上古汉语词汇研究得比较充分,而对六朝以后的汉语词汇的研究还相当薄弱。"① "20世纪以前对近代汉语口语词研究也存在着明显的不足之处,主要表现在下列三个方面:一是有些词语的诠释缺乏科学性;二是缺乏明确的历史观念;三是缺乏系统性。"② 汉语史研究,首先要做专书的研究,一个时代的词汇面貌,可以通过专书词汇的研究得到比较清晰的了解,只有对汉语史各个时段的语言进行细致的描写分析,然后才有可能做断代的研究。因此,我们从专书专题词汇研究作为切入点开展研究。对元代汉语词汇的深入研究有助于全面了解元代汉语的整体面貌,本书的研究就是希望为描写元代汉语词汇史做一些基础工作,为开展近代汉语词汇学以及词汇学学科建设尽一点绵薄之力。

今天研究近代汉语,主要依据传世文献。近代汉语文献与历史文化之间的联系尤为密切,以历史文化为广阔背景来考察近代汉语,将获得对于历史语言更加丰富、更加深刻的认识,元代社会文化多元,直解体文献是文化高度发达时期才能够产生的,是民族交往和联系的产物。并且,元代直解体文献是最重要的元代传世文献之一,其成书年代确定,存量适中,包含大量的口语成分,整体上能够反映元代社会口语使用的真实状况,要对元代汉语的词汇进行研究,元代直解体文献是较好的语料之一,较适合对其开展专题专类文献词汇研究。深入挖掘、整理这些材料,对于元代词汇及整个汉语词汇史研究,有着非常重要的意义。

本书的研究意义主要表现在以下几个方面:

第一,在元代文献中,直解体文献的语料价值很高,颇具代表性,对元代直解体文献复音词进行研究,不仅能考察当时的语言面貌,而且能为近代汉语

---

① 蒋绍愚. 古汉语词汇纲要 [M]. 北京:商务印书馆,2005:236.
② 蒋绍愚. 蒋绍愚自选集 [M]. 郑州:河南教育出版社,1994:182.

词汇研究补充优质语料。元代直解体文献是重要的元代白话语料，它的重要性体现在很多方面，从文本的解释性质来看，直解体文献属于训诂著作；直解体文献属于口语实录，从古白话的历时发展来看，元代直解体文献中包含大量的元代白话资料，这些是在元曲和元代个人文集中都很欠缺的，应当引起重视。

第二，就汉语词汇史研究而言，词汇史断代研究离不开新词新义和词汇系统的研究。新词新义是汉语词汇史研究的重要内容。新词语与时代关系密切，反映社会生活各方面的新变化，如"解库""役满""勾栏""赌博"等。同时，随着时代变迁，一些词语改变了在近代之前常见的词义，开始出现新用法，也体现出鲜明的时代特征，这些新义也是词汇系统自我调节的表现，如"气力""收拾""安排""勾当"等，还有一些俗语词为元代以及近代汉语的研究提供了新资料。通过全面整理文献中的新词新义，可以为同时期其他白话材料文学作品词义的考释提供参照，补充前人研究之不足，还可以探索语言内部的发展规律，包括词汇系统调节机制和词义演变的深层规律，以及语言发展与社会文化、思维、风俗习惯等方面的关系，这对词汇史研究具有十分重要的价值。

第三，元代是汉语复音词的一个重要的增长期，以直解体文献为专类文献进行复音词专题研究，可以深入探讨复音词在发展过程中的阶段性特点，为汉语词汇史的研究提供重要的依据。通过元代直解体文献复音词纵向的历时分析，又能帮助我们考察词汇的发展演变过程，能够对元代汉语词汇中新出现的一些语言现象做出分析和解释，并从中总结出汉语词汇发展的一些规律。

第四，本书的研究能够为元代汉语词汇史研究做一些基础性工作。元代多元的社会文化背景，语言也会有较大的变化，从词汇研究入手，有助于全面了解元代汉语的整体面貌和元代汉语词汇的特点，元代直解体文献中出现了一些反映时代特点的词语，还有一些在上古和中古的词义开始出现新的用法，在大型辞书中或失收词条，或失收某义位，因此，对补充辞书的词汇义项也有一定价值。

## 第四节　研究方法

中国传统训诂学格外重视意义，是植根于汉语词汇语义的，产生过很多有价值的训诂理论和训诂方法，这形成了汉语词汇语义的研究传统之一，王宁先生将这种传统的语言学观念概括为语义主体论，并进一步总结了这一传统在研究方法上的不足。王宁先生将传统训诂学系统化，"字、词、义一经类聚，就显

*19*

现出内部的系统性，为词义的比较创造了很好的环境"①。蒋绍愚运用"概念要素分析法"分析词义，厘清词义之间的联系及其历史发展。宋永培充分利用系统论思想和方法探求以《说文解字》为基础的上古汉语词汇意义系统。符淮青以"红""打"等为例，分析语素和词的结合能力和分布关系，系联词群，为微观词义系统分析指明了方向。李运富先生提出描写和分析汉语词汇意义系统的新思路，把概念场理论与语义场理论结合，把义素分析与词项属性分析结合，从语义属性、生成属性和使用属性三方面来辨析语义场中的词项，构建词项属性分析框架，从而揭示词汇和词义演变的某些规律。② 现代语言学研究中，语言结构和语言系统一度成为研究的主要关注对象。结构主义对语言的研究，使得对语言的结构特点和语言的系统性有了明确的认识。语言研究的结构取向在语言的宏观研究方面取得相当高的成就。应当说，没有完全脱离语法的语义，二者不是决然对立的。王宁先生提出，汉语词汇的发展有三个重要的规律：累积律、区别律和协同律。其中"协同"指语言的词汇是一个自足系统，在词汇发展中必然存在一个语义跟语音、语法之间的协调发展、互相制约的整合过程，语义跟语法之间具有协同性，这种整合过程表现为语法结构的形成有其意义方面的动因。

一、理论基础

语义是语言的内容，内容决定形式，语言的意义一定程度上决定语言的结构形式。语义作为"主体"决定着语法，是结构形成的基础，我们结合前人研究成果，筛选出元代汉语的新词新义，尤其是代表时代特点的新兴词，并关注词义发展，梳理新词的发展线索，这离不开语义主体论的指导，因为不结合词义发展的历史就会忽略这一个结构形成的语义动因。语义和语法具有相关性，且相互作用，汉语词汇语义的两个研究传统启示我们进行语义和语法综合考察，从这个认识出发，我们结合语法结构和语义分析进行综合研究。

二、研究方法

近代汉语时间跨度大，文献语言状况复杂，研究视角多样，研究方法系统至关重要，应该有特殊的研究方法。汉语词汇语义研究非常复杂，如果没有一

---

① 王宁. 训诂学原理 [M]. 北京：中国国际广播出版，1997：70.
② 李运富. 论汉语词汇意义系统的分析与描写 [M] //北京师范大学民俗典籍文学研究中心. 民俗典籍文字研究：第八辑. 北京：商务印书馆，2011：191-201.

套恰当的研究方法，这一任务难以完成。总体来说，应当从近代汉语文献语言的特点出发，恰当选择研究方法。结合我们的研究对象，可以采取以下几种方法。

（一）定量与定性相结合

原则上可以从很多方面分析复音词，也就可以从很多方面进行穷尽性统计。尹斌庸在《汉语语素的定量研究》中较早使用定量方法研究汉语单音节语素，对语素的词性、独立性等进行多角度定量统计。由于材料是封闭的，定量方法对于专类文献词汇、专书词汇研究具有可行性。定量统计可以做到言之有据，避免泛泛而谈，更具有说服力。本书以语料为基础，确定判定复音词方法，切分出全部复音词，并运用统计法，统计不同类型构词法的复音词数量和所占比例，结合定量分析结果，对语言事实定性分析，是本书将采取的研究方法之一。

（二）描写与解释相结合

描写至关重要，本书在计量的基础上，对元代直解文献复音词的结构类型、历史来源、新词新义进行详尽描写，在对结构类型、结构关系和语义特点等属性的分析中，对典型词语进行重点个案描写，力争展现语料复音词全貌。同时，描写不等于解释，不是研究的全部，本书侧重表层平面结构和深层语义结构综合考察，在语义和语法综合考察的基础上，借鉴有关的现代语言学理论，吸收近代汉语词汇研究的相关成果，对构词特点、新词新义理论、词汇生成、词义演变等诸多方面进行阐释，只有将描写与解释结合起来，研究才更具有说服力。

（三）共时与历时相结合

词汇研究中，共时与历时不能截然分开，仅从共时平面的结构认识复音词，在另一方面表现为对语义的忽略，对语义的忽略容易忽略语义跟语法的关系。将元代直解体文献中的常见结构类型进行分类，运用构词理论对复音词进行分析，以反映该时期词汇面貌，属于共时研究。从历时角度，探求复音词的历史来源，考虑造词方式的变化，和宋代或者元代以后的研究成果做比较，探讨构词语素义的变化，梳理词语的消亡和保留，比照现代汉语探寻发展规律，这些属于历时研究。

（四）宏观与微观相结合

专类文献的词汇研究，以宏观研究为主体，以微观研究为基础。所谓微观研究，是确定每一个词在文献中所表现出来的每一个意义，这是专类文献词汇研究的重要基础。所谓宏观研究，是对词汇构成、词汇系统等方面进行系统的研究，在具体研究中，宏观与微观应当紧密结合起来。

# 第二章

# 元代直解体文献复音词来源及特点

## 第一节 元代直解体文献复音词的判定

**一、古汉语复音词的研究现状**

复音化是汉语词汇发展的一种重要趋势。复音词可以分成单纯复音词和合成复音词，据此古汉语复音词研究可分为单纯复音词和合成复音词研究两个方面。单纯复音词研究主要是联绵词，如朱起凤的《辞通》、符定一的《联绵字典》等，对联绵词的研究角度多样，从联绵词的判定、分类、成因、特征到个别词语考释辨别和专书联绵词的系统研究，乃至联绵词对汉语史的贡献与不足都有涉及，研究成果可观，这在古汉语复音词研究中比较集中。对于合成复音词研究可以追溯到马建忠《马氏文通》，其中提到的"骈列"就是合成词，是现代构词研究的雏形。章士钊是中国历史上科学地提出"词"的概念的第一人，在他的《中等国文典》中把词分成"单字名词"和"合成名词"，此后学界关注现代汉语语料中的复音词和构词法研究，直到1964年，郑奠的《古汉语中字序对换的双音词》一文开始考察古汉语合成复音词中同素异序词现象，从此以古汉语复音词为研究对象才逐步展开。

（一）对古代专书复音词的描写

20世纪80年代后，学者们对断代专书、专类文献复音词以及复音词的成词原因和规律等方面进行了研究。对汉语史的分期，学术界一直存有分歧。比较一致的看法是"三分法"，即上古、中古和近代，其中上古时期指先秦至西汉，中古时期指东汉至魏晋南北朝，近代从隋唐开始到民国结束。元代属于汉语史的近代时期，并且处于近代汉语的主干期。按照汉语史的分期，复音词的研究可以分为三个时期，上古汉语时期、中古汉语时期和近代汉语时期，元代复音词研究属于近代时期。

1. 上古汉语时期

目前古汉语复音词的研究多以专书研究的形式展开，经史子集等专书语料中的复音词都得到了关注，涉及的研究语料颇为丰富，对专类文献复音词进行分析描写的比较少。总的来说，上古时期复音词的研究非常深入，从范围上来看，挖掘的语料较为广泛，专书专类文献中的复音词基本得到了广泛研究，有的是对经书、史书的专书复音词研究，较早的有陈克炯的《左传》复音词初探、马真的《先秦复音词初探》。程湘清的《先秦双音词研究》是对先秦《尚书》《诗经》《韩非子》《论语》等专书双音词的考察，也有的是对出土文献甲骨文、金文、竹简等的研究，如严宝刚的《甲骨文词汇中的复音词》，研究成果非常丰富，对上古复音词的研究也是比较深入的，针对多种上古时期的语料，从构词法角度运用统计分析的方法，关于复音词词义的初步分析也有所涉及。有的不是以复音词为研究对象，但在专书词汇研究中涵盖了复音词研究部分，如张双棣的《吕氏春秋》词汇研究。总之，上古时期以丰富的语料考察为基础，取得了很丰富的研究成果，为中古及其以后的复音词研究提供了基础。

2. 中古汉语时期

相比于上古词汇研究，中古词汇研究起步晚，但近年来逐渐受到学术界重视，中古时期的词汇研究成果也较为丰富，与上古时期相比，中古时期复音词语料选择范围更为广泛，从研究范围来看，不仅有专书复音词研究，还有出土文献、佛经、字典辞书等语料中的复音词研究，如刘志生的《东汉碑刻复音词研究》，吴泽顺的《〈百喻经〉复音词研究》，胡敕瑞的《〈论衡〉与东汉佛典词语比较研究》，喻遂生、郭力的《〈说文解字〉的复音词》等的研究。上古时期的复音词研究，为中古时期的研究提供了基础，有助于对复音词进行更细致的探讨，从研究视角来看，有的侧重中古复音词构词方式的描写，如董玉芝的《〈抱朴子〉复音词构词方式初探》、周生亚的《〈世说新语〉中的复音词》、万久富的《〈宋书〉复音词研究》，程湘清的《〈论衡〉复音词研究》《〈世说新语〉复音词研究》，韩惠言的《〈世说新语〉复音词构词方式初探》等；有的侧重对某一类复音词构词方式开展探讨，如王云路的《从〈唐五代语言词典〉看附加式构词法在中近古汉语中的地位》《从"蒙色""鞭耻"说起——谈一种特殊的汉语析词方式》。除了以复音词为研究对象的成果外，有些研究成果没有被称作复音词研究，但还是把复音词研究作为专书词汇研究的一部分，以注释文献语言为研究语料，如焦冬梅的《高诱注释语言词汇研究》等。有对复音词的语义有所关注，如魏达纯的《〈颜氏家训〉中联合式双音词的词义构成论析》，但缺乏理论归纳，比较零散。研究方法上，一般采取定量研究结合定性分析，这种研究方法被广泛使用。李仕春的《从复音词数据看中古汉语构词法的发展》等系列文章，通过综合专书复音词的统计数据，反映出中古汉语构词法的发展。

3. 近代汉语时期

在汉语词汇史研究中，由于诸多原因，近代汉语词汇起步最晚，因此，相关研究成果也很少，把复音词作为研究对象的成果更少。有的是对复音词构词方式的探讨，如程湘清的《变文复音词研究》，有的是对某类复音词构词方式的探讨，如祖生利的《〈景德传灯录〉中的三种复音词研究》《〈景德传灯录〉中的联合式复音词研究》是对宋代佛教禅宗史书《景德传灯录》中复音词的研究，还有的是从复音词词类角度进行的研究成果，如程娟的《〈金瓶梅〉复音动词研究》《〈金瓶梅〉复音形容词研究》等。张永绵的《近代汉语中字序对换的双音词》是对近代汉语双音词的专题研究，还有一些专著是对近代汉语词汇所开展的宏观研究。总体上，研究多集中在先秦两汉魏晋南北朝时期，对宋元及以后的专书专类文献复音词关注不多。近代汉语是上古、中古到现代汉语的重要过渡阶段，是汉语史的重要组成部分，很有必要对这一时期进行系统研究，尤其是对处于主体时期的元代汉语研究亟待加强。

（二）对复音词成词规律的理论探讨

20世纪80年代，较早探讨复音词成词规律的有盛九畴的《汉语由单音词渐变为复音词的发展规律》（1983），也有关于复音词研究方法的探讨，如刘又辛的《古汉语复音词研究法初探》（1982）。近十几年来，关于复音词成词的理据和规律成为新的学术增长点，得到了学术界的关注，王宁的《现代汉语双音合成词的构词理据与古今汉语的沟通》（1997）、《论本源双音合成词凝结的历史原因》（1997）和刘又辛的《汉语同族复合词的构成规律及特点》（2002）是对复音词构词理据、规律及特点开展的理论思考。丁喜霞的《中古常用并列双音词的成词和演变研究》（2006）侧重中古时期常用词的成词和演变研究，董秀芳的《词汇化——汉语双音词的衍生和发展》（2002）、肖晓晖的《汉语双音并列合成词语素结合规律研究》（2003）、符渝的《汉语偏正式双音合成词语素结合规律的研究》（2003）、卜师霞的《源于先秦的现代汉语复合词研究》（2007）对复音词的衍生和发展、语素结合规律进行研究。王云路的《试论复音词的结构关系与成词理据》《论核心义在复音词研究中的价值》（2017）对复音词的成词以及研究方法进行了理论探索，王艾录的《汉语的语词理据》（2001）是全面探讨语词理据的成果，也有微观探索构词理据的，如束定芳、黄洁的《汉语反义复合词构词理据和语义变化的认知分析》。陈宝勤的《汉语词汇的生成与演化》对汉语词汇的生成进行了全面研究。从复音词研究史来看，研究较为逐渐深入，需要加强的几个方面有：一是加强复音词成词规律的理论探讨，尝试更深入的分析和多角度的研究；二是近代汉语时间跨度大，是联系古今汉语的纽带，对近代汉语复音词的研究还很欠缺，近代汉语词汇内部不同阶段的差异性还不够明朗；三是缺少与现代汉语复音词研究的沟通，宏观研究、综合研究多，缺少微观的更全面的研究成果。

**二、元代直解体文献复音词的判定**

汉语词汇在音节方面的发展走的是复音化道路。上古汉语词汇早期以单音节词为主，在西周初期，复音词开始萌芽，其中双音节化倾向明显，在春秋战国时期已经形成复音词的构词法，最晚至唐代，双音词为主的词汇系统已经建立，数量大幅度增加。在现代汉语中，双音词已经取代了单音词在词汇系统中的主导地位，甚至出现了三音节词的大幅度增长。元代是近代汉语的中间时期，复音词发展成熟，具有承上启下的重要地位，呈现这一时期的特点。复音词的研究涉及很多问题，如汉语的基本结构单位、复音词的起源和发展、复音词的结构分析、词组研究、汉语复音化的原因等，首要的问题是复音词的判定，本节介绍复音词判定标准，并提出本书判定复音词的方法。

（一）复音词的判定标准

复音词的判定是学术界的热点，也是难点。学者们对于复音词的判定标准有宽有严。复音词可以分为单纯词和合成词，尽管有些单纯词的判定学术界存有分歧，但是单纯词的性质特点使得鉴别单纯词相对容易。真正的困难在于区分复合词和短语。汉语本身的特征和其发展的复杂情况使得很难区分词和短语。汉语属于孤立语，缺乏西方屈折型语言中形态、重音等标志性变化，也不像其他语言那样有"分词连写"，对区分词和短语造成了困难。很多复音词来源于自由短语，处于历时演变过程中的复音形式由于结合的紧密程度不一样，并且在历时平面上，还同时存在构成成分单用的情况，因此，给区分词和短语造成了更大的困难。词汇词和语法词的存在，也影响了词和短语的区分。因此，学者们提出了一些符合汉语特点的解决方案，下面介绍一些比较有代表性的判断方法。王力先生最早提出了判定汉语复音词的方法："意义法""插入法"和"转换法"。他是最早提出给词划界的学者，也是最早提出辨识双音词的学者。后来陆志韦将王力先生的判定方法演化为"同形替代法"和"扩展法"，"同形替代法"利用的是结构主义分布理论，该方法可以用来分离音素和语素，但不适合用来分离词，"扩展法"是在插入法的基础上增加了一些限制条件或操作原则，

"扩展法"至今仍是现代汉语中常用的区分词和短语的方法。很长一段时间内，古汉语复音词的判定也依照此法。林汉达第一个用意义和语法结构标准对具体的名词、动词进行了较细致全面的研究。对于任何一个历史时期的词语，只用替换、扩展和插入法都无法确定其是否成词，这些方法只能是检验复音形式成词的一种辅助手段。吕叔湘的《汉语语法分析问题》不仅探讨词和短语的区分，而且还探讨了词和语素的区分，并引发了后来关于词的划界问题的大讨论，文中讨论了很多种划分词的依据，并指出企图用一个并且只用一个手段来划分所有的词是不可能的。区别对待具体情况的标准，反映出用一种标准划分之难。

以往基于语法学上的考虑来讨论词和短语的划界，而刘叔新的《论词的单位的确定》第一次提出从词汇学角度对词进行划界，抛开语法单位的性质，仅仅是把词按照词汇单位的性质看，转换了语法角度看问题，这样的观点是突破性的。在此观点上，提出确定词的两个条件，以意义是否明晰作为判定词的最关键条件之一，但在实际操作时，尤其处理古汉语语料时，难免陷入主观化的境地。鉴于古汉语语料的特殊性，马真提出了五项具体的操作标准，归纳如下：①结合的两个成分，成分义融入新义中；②同义、近义的两个成分，凝结的意义更概括；③结合的两个成分，其中一个成分义消失；④重叠形式增加了意义的；⑤结合的两个成分，其中一个无词汇意义。后来学者多同意马真的这种操作标准，将词汇意义的整体性、单一性作为判定先秦复音词的最主要标准，同时辅以考察复音组合的语法结构、词汇意义、修辞表现、见次频率等诸多方面的特点来区分复音词和短语。这样的标准为当前古汉语复音词研究者所广泛承认，从这个标准反映出学界普遍认为"意义标准"是至关重要的，单独使用一个标准来判定词是不容易的，还有一些辅助标准如形式标准、使用频率等，辅助标准具体差别很大，这可能与选取的语料年代、语体风格不同有关。郭绍虞的《中国语词的弹性作用》（原载1938年《燕京学报》第二十四期），提出的观点是文化语言学、字本位学说、韵律语法等理论的先声，文中指出："盖中国之复音语词，与他族语言之复音语词不同。中国之复音语词，也以受方方的字形牵制，只成为两个单纯化的声音之结合。其孳化的基础，依旧是建筑在单音上的。由这一点，即谓为单音化的复音词语也未尝不可。所以复音词语以二字连缀者为最多，其次则三字四字。二字连缀者成为二音步，三字连缀者成一个单音步一个二音步，四字连缀者则成为两个二音步。中国文学之得有一种特殊的韵律者，即因语词的音缀，适合这种配合条件的缘故。"[①]

---

① 郭绍虞. 郭绍虞论语文教育 [M]. 郑州：河南教育出版社，1989：143-145.

吕叔湘的《现代汉语单双音节问题初探》也提出音节、节律对于汉语构词的重要性。20世纪80年代后，冯胜利正式提出将韵律作为判定词和非词的标准，他从汉语的实际出发，运用生成音系学和韵律构词学的理论，研究汉语的构词法与复合词的生成，指出音节大都有独立意义，相当于一个单音语素，音步组合和语素组合相等同，实现音步导致语素组合，而复合词产生的主要方式是语素组合，也就等同于音步组合，进一步提出了汉语"韵律词"的概念，韵律词的实现主要方式是"复合"，并详尽地列举了汉语韵律词的不同表现形式。因此，论定汉语的复合词必须首先是一个韵律词，汉语复合词的"形式标记"就是该语言韵律系统中的"音步"模式，韵律词决定汉语复合词的构造。王宁先生从汉语词源学的角度判定词与非词，强调沟通古今、探讨双音合成词凝结的历史原因才是解决双音合成词和双音短语区分问题的关键，提出双音词与词组的构成不是同一层面的，分析二者的结构也不应当采取同一句法结构的方法，不应采用同一套术语，否则二者难以区分，并通过大量训诂语料分析，总结出四条判定双音合成词的原则，概括为：①非自由语素鉴定法；②非词源意义鉴定法；③非现行语法鉴定法；④非语义搭配鉴定法。另提出只要符合其中一条就可以判定为词。① 这种"本源双音合成词鉴定法"是对以往仅从共时平面判定复音词方法的一种突破，充分考虑了现代汉语复音词的历史来源和层次，这种从传统训诂学中总结出来的方法，更切合汉语实际。本书结合语料的实际情况，同时参考以往研究成果，提出关于本文判定复音词的具体标准。

(二) 本书复音词的判定方法

1. 意义标准

语义融合为一个更概括精简的含义，或者被赋予了新的意义，这样的组合是词。如"先生"谓"早出生"，是偏正词组，《诗·大雅·生民》："诞弥厥月，先生如达。"朱熹集传："先生，首先也。""先生"表示"有学问的老年人"，则是偏正式复音词，《孟子·告子下》："宋牼将之楚，孟子遇于石丘，曰：'先生将何之？'"赵岐注："学士年长者，故谓之先生。"两个意义基本相同的单音词，复合后共同表示一个意义相关的新概念，就成为一个复音词。如"法度"，"法"指"刑法"，"度"指量长短的标准，"法度"是由两个意义基本相同的单音词合成的复音词，后引申为"法制"，合成后泛指一切法律制度。同义语素联合如"变易、依靠、眷念、辨别、栽植、筵席、仔细、歪斜、平白、

---

① 王宁．当代理论训诂学与汉语双音合成词的构词研究［M］//沈阳，冯胜利．当代语言学理论汉语研究．北京：商务印书馆，2008：415．

回还"等，同义的语素结合后语义更加概括，属于同义连言词。如果双音组合的意义偏重在其中一个语素上，另一个不表义，就是一个偏义复词。如用两个意义相反的语素构成的偏义复词，"利害"表示"利益和害处"，如《韩非子·观行》"时有满虚，事有利害，物有生死"，用作偏义复词，指祸害，又如《列子·杨朱》"趋走不足以逃利害"。由两个意义相类相关的语素构成的偏义复词，如"衣冠"指衣服和帽子，是两个词，而《史记·魏公子传》"侯生摄敝衣冠，直上载公子上坐"，"衣冠"只指"衣服"，是偏义复词。需要注意确定复音词词义，必须从语料出发，根据具体的语境判定其是复音词还是词组。如"爱亲"，述宾词组，指"爱父母、尊长"。《孝经直解》："圣人因他有这般心呵，就教他每爱亲敬君，有勾当有。""爱亲"指受爱昵的亲属，偏正式复音词。《汉书·文三王传赞》："梁孝王虽以爱亲故，王膏腴之地，然会汉家隆盛，百姓殷富，故能殖其货财，广其宫室车服。"颜师古注："太后爱子而帝亲弟，故曰爱亲。"本书参考《说文》《尔雅》、先秦古籍、同时代训诂专书以及某些复音组合在直解体文献同期或前后期著作中的使用情况以及当前的最新研究成果，正确理解复音组合在文中的具体含义来判定是词还是词组。

2. 搭配关系

搭配关系是语素之间或者词语之间的横向组合关系，词语之间或语素之间具有一定的语义相关性。伍宗文利用搭配关系分析了两种情况：一种是类别种属；另一种情况是一个义位是另一个义位特定的性质状态或动作行为，或有某种特定的关系，因而常常固定在一起使用①。主谓式、述宾式、动补式以谓词性为主，大多是由句法结构中处于相邻位置的结构凝固而成，它们之间的"搭配关系"更明显。这种关系涉及词汇和语法两个层次，既受句法关系的制约，也被组合成分的意义所牵制，具有一定的强制性，构成新词也与语素间的搭配关系有关，可以通过义位之间的搭配关系判断复音词，当然还要辅助以其他标准。

在实际语料中，会遇到一些特殊情况，需要说明的几种情况有：①关于"者"字结构是否为复音词。有学者认为"者"的语义功能有两种，自指和转指，"者"使谓词性成分名词化，判定"×者"结构为复音词，应当在转指范围内考虑，同时尽可能是双音节，还要考察"者"的后置是否能使其中的"×"的语法性质或意义明确化等因素。②关于"所"字结构是否为复音词。"所"可以放在动词或动词性词组的前面构成"所"字结构，作用相当于名词性词组，除了已经凝固成词的"所谓""所以""所有""所在""所见"等，"所+V/

---

① 伍宗文. 先秦汉语复音词研究 [M]. 成都：巴蜀书社，2001：71-132.

VP"结构判定为词组。③关于"相+V"组合是否为复音词。"相"在组合中粘附性增强,变成构词成分,同时,考虑"相+V"组合是个"韵律词",即双音节音步,结合语料以及同时期乃至其后文献的使用频率,可以判定该组合为词。④否定词"不""无""未""非"后常与动词、形容词甚至名词性语素或词搭配,有的已经凝固成词。我们在判定否定语素前置的组合是否为复音词时,如果该搭配是一个双音节音步,并且同时期乃至其后的文献中多次出现,不论是否发生语义转指,都视为词。

3. 结构标准

结构标准强调组成部分之间结合的紧密程度,综合了形式和意义两个方面。如果两个构词语素结合比较紧密,一般不能拆开或随意扩展。不能插入其他成分,或者插入后意义发生改变的为词。还有一类从结构上说具有添加词头词尾这样的明确标志,这样的双音组合,其中一个语素是并不代表明确概念的附加成分,语义只是另一个语素表达,如表数词的"第",与指代性的语素"某""自""余",表副词的"当""复",表形容词的"然",表名词的"子""头""儿"等,一般来说,这样的组合可视之为词。由于古代语料的特殊性,我们要根据对文献语料的解读和意义的把握,观察同时期文献有无意义相关的复字词,因此,结构标准不可能单独发挥判定复音词的作用,必须结合其他标准。

4. 语用标准

从修辞学的角度看,认知策略包括了比喻、借代、缩略、用典等修辞手法,两个构词语素利用修辞手法结合之后,本身靠修辞关系来维系,这样的组合一般承载了凝固而丰富的语义,超过两个语素义的加入,在确定复音词的时候应该考虑到这些方面。

5. 见次频率

见次频率可以提供一些词使用状况的旁证,很多学者意识到见次频率的重要性,在研究语料或同时期文献中,某些同义复音词经常出现,形式和意义比较固定,要注意排除是单音词组合,见次频率主要应用于判断联合式的一些类义组合和偏正式的一些组合,很可能研究语料本身语多重复,见次频率并不完全可靠,所出现的频率只能算作一次。因此,基本不依据见次频率来判断,仅作为参考。在做参考的时候,不仅要看其在研究语料和同时语料中的出现情况,还要考察其在历时文献中的使用情况,关注用例表述的变化。另外,依据语言发展演变的方向,有些形式处于词和词组的过渡阶段,不是非此即彼的状态,可以考虑提前把这样的词划归为词或者短语。本书在切分复音词时,参照前人的研究成果,考虑元代直解体文献复音词的发展特点,从词汇的角度、语法的角度，还从结构的角度，参考语用和见次频率，综合运用各方面的标准。实际操作中，还需要综合考量，宽严适度，结合研究语料的实际，考虑这个语言形式发展演变的轨迹，以及所处的时代层次，使得文字的统计和分析翔实可靠。本书复音词的提取过程是：先选择文献的底本；然后阅读文献原文，将文献原文中所有可能是复音词的复音组合都划分出来，将词组剔除；再根据本文的复音词判定方法，划分出直解体文献全部复音词，对于有争议的形式，仔细甄别，最终形成元代直解体文献复音词语料库，为下文研究准备材料。为便于统计，我们将直解体文献复音词中使用的古字尽量改为简化字，以免因字形差异而导致同一复音词的计数不同。对于其中古今字、俗字、错别字造成一词的不同写法，我们遵照从严的原则，将意义和用法完全相同而仅仅是形体有别的词语归为一个词位，选择通用形体做代表。本书参考《汉语大词典》《辞源》《近代汉语词典》，以及《宋元语言词典》《唐语言词典》《宋语言词典》《元语言词典》等工具书，并检索《宋金元明清曲辞通释》《戏曲词语汇释》《元曲释词》《诗词曲语辞汇释》《金元戏曲方言考》等相关著作，将那些不太能反映近代双音词语变化规律的人名、国名、地名、年号、篇目名、职官名词语舍弃，最后从元代直解体文献中切分出5000多个双音词、300多个三音词作为研究对象。①

**三、元代直解体文献复音词的计量研究**

李运富先生提出从语义属性、生成属性和使用属性三个方面来辨析同一语义场的各个词项的异同关系，② 这对本书的研究很有启发。元代词汇是汉语发展史中一个时代断面所呈现的词汇系统，它的发展变化是多方面的，受多种因素影响，因此可以从不同的角度来描写分析这种发展变化。元代词汇是一个具有不同时间层次的系统，从来源看，其中的复音词既有承古也有创新；从使用地域看，既有通语词也有方言词；从使用频率看，既有常用词也有非常用词。

（一）复音词的计量研究

依据已确定的复音词判定标准，切分出复音词总量，并统计复音词的使用属性，按照出现频次区分为高频词、中频词、低频词和极低频词，可以非常清楚地掌握研究语料中出现频次不同的词语的总量，哪些是比较常见的词语，哪

---

① 受划分复音词时某些不确定词语的影响，我们对数量和频率的统计结果存在较小的误差。
② 李运富．论汉语词汇意义系统的分析与描写［M］//北京师范大学民俗典籍文学研究中心．民俗典籍文字研究：第八辑．北京：商务印书馆，2011：191-201．

些词语出现频次较少，计量的结果可以作为元代常用词的参考之一。高频词指使用 18 次以上的词语，中频词指使用 6 到 17 次的词语，低频词指使用 2 到 5 次的词语，极低频词指使用仅为 1 次的词语。①元代直解体文献复音词中有 69 个词语用次在 18 次以上，总共出现频次 1824 次，平均使用频度 26.43 次，属于高频词。②有 1427 个词语用次在 6 到 17 之间，总共频次数量 6537 次，平均使用频度 4.58，属于中频词。③有 2449 个词语的用次在 2 到 5 次之间，总共使用频次数量为 9047 次，平均使用频度为 3.69 次，属于低频词。④有 1526 个词语使用频次只有 1 次，为极低频词。词频的统计，对语料的数量有较高的要求，具有相对可靠性，苏新春指出："与定性相对的定量，突出的是要求材料的众多、特定范围内材料的穷尽、对特定范围内材料忠实而详尽的描写。"① 词汇计量研究具有一定的方法论意义，相对客观，研究中可以结合词频统计阐释一些语言现象，加以参照。由以上数据可以发现研究语料极低频词数量较多，占总复音词项的 26.33%，高频词仅占总复音词项 1.19%，两者使用频度相差很大，这反映出元代直解体文献复音词的使用倾向，一方面是有大量复音词仅被使用 1 次，另一方面是少数词被重复多次使用。随着词语出现频次的增加，该类词语的数量递减。

　　元代直解体文献中出现频率较高的复音词有天下（136）、意思（113）、道理（95）、自然（72）、百姓（68）、人君（63）、不能（60）、一般（58）、不可（47）、前面（46）、如此（45）、自家（43）、天地（33）、国家（30）等，这些词的使用率都高于 30 次，甚至有的超过 100 次，说明这些词在直解体文献中较为常见，有些词语的词义可能还处于分化演变过程中，是语言发展中比较活跃的现象。有些词语出现频率相对来说不高，如比先（1）、百般（2）、买嘱（4）、过送（1）、伴当（3）、得实（1）、恰便似（1）、开写（1）、备细（1）、便当（2）、差发（1）、抄估（1）、撺掇（1）、地下去（1）、不碍事（1）、临了（1）、就里（4）、儿孩儿（1）、跟赶（1）、多早晚（1）、扇惑（1）、不中（1）、大概（2）、着实（2）、好歹（3）、勒掯（1）、面皮（3）、别人（4）、官里（4）等，但是非常口语化，甚至保留在现代汉语方言或普通话中，也较为常见。统计结果显示，上文高频词不仅有较高的出现频率，而且大多数在研究语料中分布广，也有个别高频词语覆盖面不广，许衡《大学直解》《中庸直解》出现次数为 20 次的高频词语"天命""事物""小人"，不应该视为直解体文献乃至元代时期的常用词。一般来说，这些高频词具有一定的覆盖面和分布率，

---

① 苏新春. 词典与词汇的计量研究［M］. 上海：上海辞书出版社，2013：1.

使用越广泛，作为常用词的可靠性越强，而研究语料低频词语或极低频词语往往是新兴词语，有些复音词仅被使用1次，表明新兴词语处于萌芽阶段，使用不广泛，覆盖面不高，处于不稳定之中，还没有变成元代的常用词。

(二) 元代直解体文献常用词

20世纪50年代，学术界提出了"常用词"概念。王力先生将常用词语指称的语义范畴归纳为自然现象、肢体名称、方位和时令、亲属名称、生产、物质文化六个范畴。学术界对于常用词研究一般持有两种观点：第一种观点认为常用词的意义简单、明了，训诂学中所说的"疑难词语"和"常用词"是相对的概念，因其意义"常用"，以及与人们的生活密切相关，更容易让人掌握，曾经一度被认为没有研究必要。20世纪80年代以来，掀起研究"常用词"的热潮，专著等研究成果不断出现，有代表性的如李宗江的《汉语常用词演变研究》（1999）、汪维辉的《东汉—隋常用词演变研究》（2000）、王云路的《中古常用词研究漫谈》（2002）等。第二种观点认为"常用词"应当从出现频率的角度来确定。通常出现频率高且分布广泛的词语是"常用词"，这种利用现代统计手段确定常用词的方法，较为客观，但是对于统计的对象要求覆盖面广泛，对于语料有较高的要求，否则确定的"常用词"可能失之片面。我们认为确定常用词，要紧密结合这两种观点，"常用词"多数与人们日常生活密切相关，一部分常用词语，自古以来在人们日常生活中都经常用到的，由于有长久的历史，其核心也是基本词语。自然现象、人体器官、衣食住行、房屋建筑、表示心理情绪的词语、方位和时令是产生最早跟人类日常生活最密切的认知内容，这些词的内涵意义不会随时代改变，在近代汉语中依然是常用词语，构成常用词的主体，构成一个历史时期的词汇系统的主要成分是那个时期中使用较多的常用词。李宗江在《汉语常用词演变研究》中按常用词涉及的范围对常用词进行分类，还从词类角度，同时也兼顾语义范畴分类和词类小类，如性质形容词，还有词缀等划分常用词，这样的分类便于深入开展常用词研究。其中第二种观点从依据词语使用频率高低划分出来的常用词具有一些特性：使用频率高、使用范围广、与社会活动密切相关、意义简单明了、易为人们掌握等。这种客观性的统计方法和结果为确定常用词提供了重要依据。古白话中的一些常用词有的源于秦汉以前的口语成分，"舟"与"船"都见于先秦典籍，"船"始见于战国，《方言》卷九："自关而西谓之船，自关而东谓之舟。""船""舟"最初可能是口语中的方言之别，最终都进入了通语。从文献典籍用例来看，"船""舟"方言差别不明显，战国时期同时见于书面语。汉代时"船"常用，《诗经·谷风》："方之舟之。"《毛传》："舟，船也。"元代，"船"变成常用词。"就是船,江淮江南民夫及船只运黎阳并洛口诸仓,米粮船车千里,数十万人往来,日夜不绝。"(《直说通略》卷九)常用词具有时代性,它体现的是在某个历史平面(比如元代)语言系统中的词语使用情况和特点,但是常用词又并非孤立地存在,而是与前、后断代语言系统中的词汇有着密切的联系。元代直解文献的常用复音词一部分承袭古代,一部分是近代新造,常用词的古今演变大多是文白的交替,随着古白话中新的口语常用词不断地产生,一些文言中的常用词逐渐被替代。这些文言中的常用词被白话替代后,成为复合词中的常用构词成分,变成不自由语素保留在新构成的双音词中,如常用词"拿"对"取"的替换,"取"成为构词成分,构成了"夺取、攻取、获取、索取、取舍"等,由常用单音词素参与构造的复音词一般也是文献中通用度比较高的词语,一些文言中的常用词被替代后往往凭借其历史的积蕴而具有比替代它的白话词更大的构词能力。从历时角度看,古白话中的常用词有些沿用至现代汉语中,这些常用词的产生、发展和更替反映了白话发展史中新旧质素的交替变化和白话替代文言的过程。在元代直解体文献中,大风、风力、风俗、风雨、风云、水土、国土、泥土、土地、山川、山泽、水草、水池、水火、水面、河水、露水、云气、云雨、火光、火热、火灾、点火、小人、事物、天命等,使用频率和通用度高。元代直解文献的常用词语义范畴有表示时间的,时候、起初、当元、随时、当时、四时、一时、时节、晌午、年代、百世、一日、明日、平日、今日、如今、今世、每日、日夜、少时、比先、岁时、先时等,常用时间词中,"年、岁、春、秋"以及一天之内记录时间的词语比较多,反映了农业生产生活对人们时间观念的影响很大,体现了当时经济发展对人们生活习惯和社会生活的影响,古代表示过去、将来等时间概念的常用词语"昔、翌、来"等,到了元代被"先时、如今、明日、今日、当时"等复音词所取代。元代直解文献的常用词语义范畴还有表示国家政权、政治关系的词语,这些是封建社会发展和等级观念的反映,《直说通略》中表示国家政权、阶级关系的词语有即位、篡位、夺位、帝位、大赦、改元、建都、皇帝、帝王、陛下、皇子、天子、庶民、太子、百姓、君臣、群臣、臣民、贤臣、人臣、微臣,其中由"臣"参与构成的双音词出现次数多达58次,其中"人臣、使臣、贤臣"使用频次超过6次,属于中频词,反映出封建社会政治意识形态。表示职官名称的词语,如丞相、宰相、将军、司马、司农、大夫、诸侯;表示政治区域名称的词语,如天下、四海、九州、国家、社稷、朝廷;表示家庭关系、亲属称谓的词语,如弟子、跟前人、叔叔、媳妇、儿孩儿、子孙、姑姑、婆婆、父亲、母亲、夫人、嫂嫂、女婿、门户人。"父亲""母亲"在汉语中出现时间虽然早,但在古代书面典籍中并不常见，直至唐代才逐渐发展成熟起来，《直说通略》中"父亲"出现 1 次，"母亲"出现 5 次。常用词有实词也有虚词，大多数进入现代汉语常用词行列的是近代新造的代词、副词以及意义虚化了的连词和助词，如"只要"表示必要或充足条件，谓"直要；一味地要"，连词用法晚唐五代已见，"只要当来圆佛果，不辞今日受艰辛"（《敦煌变文集·妙法莲华经讲经文》）。元代，连词用法使用更广，"圣人不务听讼，只要使百姓每畏服自然无讼，这便是知得那明德为新民的根本，所以说此谓知本"（《大学直解》）。有些常用词的使用受元代语言接触影响，呈现出与明代后期不同的特点，如代词复数形式用"每"，研究语料中没有用"们"。其他如"不成、自从、只管、从而、于是、这儿的"等。宋元时期新兴的常用词时代性、口语性很强，但多数没有保留到现代汉语口语或者书面语中，这些常用词属于不稳定部分。起初绝大多数在新兴词中处于不稳定的状态，大多进入常用词语行列的是新造的副词、代词以及意义虚化的连词和助词。语言的渐变性决定了汉语词汇不会随着朝代更迭马上改变，元代汉语保留了前朝的语言成分，大部分沿用的是唐宋时期的复音词，宋代尤其是南宋以来新产生的词语数量居多，且在使用频率上至元代形成了高峰。本书采用的"常用词"综合两种观点，主要依据是词语的出现频次，以及在直解体文献中的分布情况，既有常用词意义方面的共性，也满足了现在直解体文献中的频率要求。

## 第二节 元代直解体文献复音词的来源

元代直解体文献复音词的来源分为两部分：承古和新创。本书以元代直解体文献复音词为研究对象，元代以前已经出现的汉语词汇算作承古词。本书所指的承古词，主要是先秦西汉、东汉魏晋南北朝、隋唐五代的承古词。既有上古时期的词语，也有中古时期的词语，有些词并不常用，直到近代才成为常用词，它们并不是一成不变的。元代直解体文献复音词对前代词语的继承以词语的继承、义位的继承为主，反映出元代汉语词汇系统是一个不断累积的时间层次系统，任何一个共时的词汇系统都是历史的积淀以及外界因素共同造成的结果，从历史发展看，这些词语产生自不同的时代，具有时代的差异性，因此，仅对语言事实进行共时描写是不够的，还要考虑历时的因素，有必要从历时角度对语言事实做出解释。

## 一、承古

### (一) 继承自先秦西汉的词语

#### 1. 继承自先秦的词语

##### 小人

(1) <u>小人</u>是指后世的百姓。(《大学直解》)

(2) 百姓的含哺鼓腹,安享太平之乐,耕田凿井,安享自然之利,是<u>小人</u>皆得其所。(《大学直解》)

"小人"指平民百姓,指被统治者。《书·无逸》:"生则逸,不知稼穑之艰难,不闻小人之劳,惟耽乐之从。"直解体文献中"小人"出现了20次,是个高频词语,但是所指不同,这两句中的"小人"指平民百姓,被统治者。"小人在没人看见处,干那不好的事,千般百样都做出来。"(《大学直解》)这句中的"小人"指人格卑鄙的人,这一义位在先秦已有出现,《书·大禹谟》:"君子在野,小人在位。"

##### 名分

周王信用尹氏,致得天下乱了。所以诗人拖物起兴,说道望着南边的山截然高大,山上的石头也岩岩的堆着,如今尹氏做着太师,其<u>名分</u>势位赫赫的显盛,恰便似那高山一般,百姓每都瞻仰着他。(《直说通略》卷九)

"名分"通常指名位与身份。

##### 大丈夫

母怒说道恁做<u>大丈夫</u>无饭吃,我可怜见你,与你饭吃,那里指望你谢。(《直说通略》卷三)

"大丈夫"指"有志气、有节操、有作为的男子"。《孟子·滕文公下》:"富贵不能淫,贫贱不能移,威武不能屈,此之谓大丈夫。"《直说通略》中出现9次。

#### 2. 继承自西汉的词语

汉代开始,言文分离逐渐明显,西汉被认为是上古汉语向中古汉语发展的过渡阶段。元代直解体文献继承自西汉的词语,比之先秦有所增加。

##### 下贱

裕的从母收养长大,好生勇猛,有大志,卖鞋为业,好赌博,乡人道裕是一个<u>下贱</u>的人。(《直说通略》卷五)

"下贱"指"卑贱",西汉已见。汉代贾谊《新书·孽产子》:"贾妇优倡下贱产子,得为后饰,然而天下不屈者,殆未有也。"元代指落到卑贱的地位,

35

《汉语大词典》用例为明代例证，过晚。

### 事迹

士良教众人长远取宠爱的法度，说道天子不可令闲了，常把奢华的物色，喜悦他的耳目，教他日渐无暇理会政事似这般，俺这般人便可得志，休教他读书，亲近儒生，他见了前代兴亡的<u>事迹</u>了，心里忧惧。（《直说通略》卷九）

"事迹"谓"事情经过的痕迹"。

### 委任

苏峻镇历阳，精兵万人，朝廷将江外事<u>委任</u>峻。（《直说通略》卷五）

"委任"谓"信任；信用"。

（二）继承自东汉魏晋南北朝

1. 继承自东汉的词语

### 怠慢

坐着大位次里，好生谦恭近理，休<u>怠慢</u>者。（吴澄《经筵进讲》）

"怠慢"先秦指懈怠轻忽，东汉指轻慢不敬、冷淡。

### 拣择

黄鸟是微小之物，于欲止之时，尚且晓得<u>拣择</u>个好止的去处，况人为万物之灵，岂可反不如那禽鸟，知所当止乎？（《大学直解》）

"拣择"指"挑选"，最早见于汉代文献。

### 废坏

此时朝廷纪纲<u>废坏</u>，独有麐高尚有风力，士大夫若得容接，唤作登龙门。（《直说通略》卷四）

"废坏"指败坏，败落。

2. 继承自魏晋的词语

### 迎接

帝名曜，简文帝第三子，初即位，桓温来朝，有诏教尚书谢安侍中王坦之与百官<u>迎接</u>温，摆着军马接见。（《直说通略》卷五）

"迎接"指客人到来时，先期前往等候。晋王献之《桃叶歌》之二："但渡无所苦，我自来迎接。"这是承袭自晋代的词语。

### 巡游

至武帝奢侈，更要求神仙盖宫室，<u>巡游</u>用兵，严刑重赋，论他行事与始皇争甚么，只为他崇儒重道，求贤纳谏，所以成败不厮似昭帝，年幼聪明，辨出奸诈，宣帝行事强如孝武，元帝处事不决，汉业遂衰，成帝贪爱酒色，委任外家，哀帝狠暴不明，邪佞满朝，平帝幼少，王莽因而篡位。（《直说通略》卷

三)

"巡游"是晋代产生的词语,指遨游;漫游。晋郭璞《江赋》:"海童之所巡游,琴高之所灵矫。"

### 吞并

自此,藩镇互相攻击,朝廷亦不与他分辨曲直,各处倚气力,自相吞并,更无忌惮。(《直说通略》卷九)

"吞并"谓"并吞,兼并"。北魏郦道元《水经注·澛水》:"然地理参差,土无常域。随其强弱,自相吞并。"

### 救援

贼人自正月至十月围城,并无救援,众人商量弃城,东走巡远寻思,睢阳是江南的遮障,若无了睢阳,便无了江淮,必索坚守。(《直说通略》卷九)

"救援"指救助,援助。《三国志·魏志·陈矫传》:"鄙郡虽小,形便之国也,若蒙救援,使为外藩,则吴人锉谋,徐方永安。"

### 推极

致知在格物者,是说人要推极自家心里的知识呵,便当就那每日所接的事物上,逐件穷究其中的道理,务要明白,不可有一些不尽处。(《大学直解》)

"推极"指推求穷究。晋潘岳《马汧督诔》序:"而雍州从事忌敦勋效,推极小疵,非所以褒奖元功。""致知在格物"朱熹集注:"致,推极也;知,犹知识也。推极吾之知识,欲其所知无不尽也。"发展到近现代,"推极"指达到顶峰。

3. 继承自南北朝时期的词语

### 委付

又说我与诸公披着荆棘,随先帝取天下,及受先帝委付托孤,尽力事国家,如今诸公皆死,我怎生独自得活,您众人奉行诏书取我头去报天子,不致相累。(《直说通略》卷十)

"委付"谓"交付;托付",南北朝时已见使用。《三国志》裴松之注:"及其来还,委付大任,同奖王室,自以为与君古之石交也。"又《三国志》裴松之注:"备之命亮,乱孰甚焉!世或有谓备欲以固委付之诚,且以一蜀人之志。"《全梁文》:"上怀委付之重,下惟生原之痛,岂可卧薪引火,坐观倾覆?"同时代元代文献,如《元典章》也有"委付"用例。《元典章·刑部》卷四:"俺商量得他根底打一百七,今后勾当里不委付呵,怎生。"《元语言词典》收释"委付"指"委托给人以某种名分"。

37

## 测度

以地言之，指其一处，不过一撮土之多而已。及举其全体而言，则广博深厚，不可测度。(《中庸直解》)

"测度"指"猜测，料想"。元代直解体文献复音词承古的情况颇为复杂，有些复音词是上古或中古汉语就已经产生并普遍使用的，如哀矜、安定、安排、聪明、从化、慈爱、女婿、传述、初始、充塞、车辙、陈列、称美、诚信、祷祝、败坏、宝物、暴戾、爱慕、辅佐、都下、才智、辞归、处所、刺杀、得志、德望、堕落等。上古汉语主要以单音节词为主，近代新兴的复音词有的构词语素是由上古汉语的单音节词降格而来的，如"慈心"指"慈悲之心"，"纯全"指"完全"，"弊病"指"弊端，毛病"，构词语素是由上古汉语中的单音节词降格而来，体现出元代直解体文献对前代词汇的继承，以及词汇新质总是在继承旧质的基础上完成词汇的渐变式发展这一规律。我们从承古词语的来源考察了元代汉语承古词语的时间层次，承古词语作为元代汉语词汇中一个重要的组成部分，还有其使用方式上的特点，在直解体文献中，使用承古词语的原词原义是主要方式，但有时词性不变，用其引申义。

## 报复

孔子说：如何是南方之强，人能宽容柔巽，以教诲人之不及。人或以横逆不循道理的事来加我，我亦直受之，不去报复他，这便是南方之强。(《中庸直解》)

"报复"指的是"酬报；报答"。《汉书·朱买臣传》："悉召见故人与饮食诸尝有恩者，皆报复焉。"《中庸直解》继承了汉代"报复"一词，在元代词义有进一步的发展，在《中庸直解》中指的是"积怨，愤恨"。同期文献如元刘祁《归潜志》卷七："布衣有事或数谒见在位者，在位者相报复甚希。""报复"指"答复；应对"。又如元关汉卿《陈母教子》第四摺："令人报复去，道有陈婆婆同四个状元来了也。"此处"报复"为"禀报；报知"。

## 说话

(1) 众人去吊慰刘秀，秀不敢与人私下说话，亦不敢与兄戴孝，更始心里羞惭，除刘秀做破虏大将军。(《直说通略》卷三)

(2) 帝听了，好生喜欢，说话到半夜，赐与御缥（音摽）十瓢水，晶盐四两，说道俺听您地言语滋味也如盐酒一般。(《直说通略》卷八)

(3) 众官惊惧失色，惟有谢安不惧，与桓温说话终日。(《直说通略》卷五)

(4) 遂走归汉，为治粟，都尉与萧何说话，萧何好生爱信，信料度汉王亦

不能大用。(《直说通略》卷三)

(5) 大王走马到长安，太尉请间(回避众人说话)，宋昌道所言公，公言之所言，私王者无私，太尉遂上皇帝符玺。(《直说通略》卷三)

第一例"说话"指的是用语言表达意思；发表见解。这一义项来源于唐代。白居易《老戒》诗："矍铄夸身健，周遮说话长。"第二、三例指的是"闲谈"，同时期其他文献也有用例，如周德清《红绣鞋·赏雪偶成》曲："共妾围炉说话，呼童扫雪烹茶。"第四例中"说话"谓"说理；交涉"，元代产生新义，并见于同期其他文献。元吴弘道《上小楼·闺庭恨别》曲："若到家，下的马，如何干罢，和这吃敲才慢慢地说话。"第五例"说话"谓"言辞"。元代直解体文献中源于上古和中古时期的词语，由于有些承古词语的义项发生了改变，或者又有了新的发展，并且在直解体文献中已经采取的是后世新出义项，这种类型很难说完全是承古词语，如"罢官"，南朝时指"辞官弃职"，在语料中指"免除官职"。"百般"唐代指"各种各样"，宋代指"十分，万分"，元代指"想尽一切方法"。"道理"到宋代指"处理事情的办法、打算"。

(三) 继承自隋唐五代的词语

### 赌博

全昱将玉骰子打在盆里，斜眼觑太祖说道朱三恁本是砀山一个百姓，随黄巢做贼，天子用您做四镇节度使，富贵极了，怎生一朝灭了唐家三百年社稷，自称帝王，早晚见您灭族，更索甚赌博，太祖不喜欢，罢散了。(《直说通略》卷十)

一个词如果代表的概念是新的，同时它的形式也是新的，那么这个词一定是新词。"赌博"是用钱物作注以比输赢的一种不正当的娱乐活动。词语形式在唐代出现，"赌博"所指称的事物和概念此前也没有出现过，属于形式和意义全新的词语。

### 别人

(1) 子思说：人能尽得这实理，不但可以成就得自家，别人因我而感发兴起，也都尽得这个实理，是即所以成物以成己。(《中庸直解》)

(2) 杵臼遂取别人一个小孩儿藏在山里，却教程婴出来假意说道与我千金我报与恁赵氏孤儿的所在。(《直说通略》卷二)

"别"指"分别"，《书·禹贡》："禹别九州。"孔传："分其圻界。"引申指"另外；另外的"义，《史记·项羽本纪》："项梁前使项羽别攻襄城，襄城坚守不下。""别"大概到了西汉时，才产生"另外；另外的"义，但在先秦时期表示"别人"时，主要用"他""他人"或"人"。"别人"较早出现在唐代口语性很强的敦煌诗歌中，王梵志诗《有钱不造福》："奴婢换曹主，马即别人骑。"王梵志诗是中晚唐具有代表性的口语语料，"别人"用作旁指代词，唐代当已产生。在元代，文献中用例越来越多，《大学要略》和《中庸直解》中"别人"各出现1次，《直说通略》出现2次，都是旁指用法，到明清时期，"别人"已经在人称代词系统中占有重要的位置，是口语性很强的旁指代词，据景盛轩调查"别人"在现代汉语方言中的使用情况，并和"人家""旁人"比较，调查结果显示："使用'别人'的有12个，官话、吴语、湘语、闽语、客家话中都有。"① 所以得出"别人"在现代方言中普遍性使用的结论。

### 生员

帝频频到国子监亲释奠（古代在学校设置酒食以奠祭先圣先师的一种典礼），召天下明儒做学官，学生明一经的皆补官，添盖学舍千二百间，生员三千二百六十人。(《直说通略》卷九)

"生员"指"国学及州、县学在学学生，后指经本省各级考试考取入府、州、县学学习者，统指在学学生的数额"。

### 闻风

朱穆为冀州刺史，令长数十人，闻风回避，有宦官用玉匣葬父，穆取问得实。(《直说通略》卷四)

"闻风"谓"听到音讯或传闻"。

### 盖覆

子思又说：圣人至诚之德，广博而深厚，所以承载得许多事物，与那地之承载万物一般，高大而光明。所以盖覆万物一般，博厚高明。(《中庸直解》)

"盖覆"谓"覆盖，遮盖"。

### 恁地

圣人教人今日学一件，把那一件道理穷究倒是处，明日再去为一件，又恁地穷究，今日明日只管穷究将去。(《大学要略》)

具有指示作用的代词"恁"是宋代产生的单音词，表示"这么，如此；这，那"，宋代出现了具有口语色彩的复音词"恁地（的）"，并且在当时各类文献频繁出现，到了元代，"恁地（的）"除了保留代词性用法和意义外，还产生了疑问代词"怎么、怎样"的新义新用法，除了"恁"作为单音词单独使用外，由"恁"参与构成的复音词，如"恁时（节）、恁般、恁末、恁大"等在元代直解体文献常用，由"恁"构成的复音词也大量出现在宋元时期，说明

---

① 景盛轩. 旁称代词"别人"的产生和发展[J]. 浙江师范大学学报，2006(6)：40.

"恁"组合构词能力很强,其中"恁地(的)"出现频率最高,是元代汉语的常用词。

### 索强

晋文公这般,诸侯必定奉礼义征伐他,今既禀命天子与他,这便是受天子的命做诸侯了,谁敢征讨他,推原起来不是三晋坏礼,是天子自坏了君臣的礼,礼既坏,因此,天下将智力**索强**。(《直说通略》卷一)

"索强"谓"争强,恃强"。

### 厮勾

梁王又遣节度使王檀发河中陕,同华诸镇兵三万出阴地关,忽然到晋阳城下,日夜急攻城,城中几遍**厮勾**陷了,晋昭义节度使李嗣昭得知,遣牙将石君立将五百骑来救,早晨离上党,晚西到晋阳城下。(《直说通略》卷十)

"厮勾"亦作"厮够",指"贴近;相接",这里指"将要,就要"。元代直解文献中"厮"的使用很频繁,"厮"在宋时出现新义,犹相互,宋欧阳修《渔家傲》词:"莲子与人长厮类,无好意,年年苦在中心里。"犹相,表示一方对另一方有所动作,如"厮战""厮杀""厮守"等。

### 勾唤

次年九月,所放罪囚三百九十人,无人**勾唤**,皆如朝自来,朝堂无一个走闪的,帝都赦了。(《直说通略》卷九)

"勾唤"指"召唤,传呼"。从先秦西汉到隋唐五代,元代直解体文献复音词继承自前朝的词语主要有以下几个特点:一是从不同阶段承古词的数量上看,继承自唐宋时期词语最多,其次是继承自先秦西汉,最少的是东汉魏晋南北朝时期的词语。二是从承古词的词义发展看,一部分是从上古沿用到元代的词语,意义上没有发生太大变化,另一部分是沿用到元代直解体文献中词义发生变化的,如"理会",这部分词语在继承的基础上进一步发展,对探讨元代汉语词汇特点以及汉语词汇系统具有重要价值。三是从义项数量变化看,元代直解体文献承古的复音词义项增多,复音的多义词占多数,出现"一词多义"现象,这与元代直解体文献受众人有关,为迎合受众的需要,多用语简洁,多义词增多是语言系统最优化使用词语,充分利用已有词语的表义潜力。四是从音节数量上看,承古词中有三音词,数量很少,大多数是官职名称,也有四音节的成语或固定语。部分元代新词虽在宋代产生,但在元代较为常用,因此,本书新词部分将宋代已见的少量词语酌情收入。

## 二、新创

元代直解体文献复音词的另一重要来源是新词，主要指有新词形的词语，也包括旧词形中某一义位已经明显独立出来的词。考虑到语言的渐变性，本书讨论的新词上限主要是以晚唐五代为界，把新词放在一个近代汉语较长的时段来考察。

（一）旧词形中某一义位已经明显独立出来的词

### 法度

(1) 帝心不平，要整治纲纪，平定僭逆，用杜黄裳为宰相，唐朝贤相黄裳劝帝立<u>法度</u>，裁制藩镇。(《直说通略》卷九)

"法度"指"法令制度"，先秦时已出现，《书·大禹谟》："儆戒无虞，罔失法度。"

(2) 今天下一统，诸儒不学如今的<u>法度</u>，却说学古时的<u>法度</u>好，如今的<u>法度</u>不好，这的每言语惑乱百姓，俺商量来，将上古的文书除行医、弄卦、种田的文书，其余百家诗书都教尽数烧毁了。(《直说通略》卷三)

"法度"在先秦时还表示"规矩"。

(3) 齐得家事，便是治国的<u>法度</u>，治国又在齐家。(《大学要略》)

元代"法度"产生新词义，指"办法；手段"。"法度"在研究语料中是高频词，"法度"一是指"一定的方法和程序"，元明时期常用，《元典章·吏部六》："伪造钞，须问始初何人造意，如何会得雕造法度。"明代《朴通事谚解》卷上："不须贴膏药，有个法度便好了。太医哥，你教与我这好法儿。"二是指"本领；手段"，特指惩罚的手段，明许潮《写风情》："今早着人去唤如云赛月，这早晚还未见来。待他来时，与他一个法度。"

（二）元代新产生的词形

### 儿孩儿

擗踊哭泣，哀以送之；（<u>儿孩儿</u>、女孩儿行者哭者送出去着。）（《孝经直解》）

"儿孩儿"表示"男孩"，仅见于元明时期。在《孝经直解》《新校元刊杂剧三十种》《元朝秘史》《全元曲》中都能见到用例，如：①大凡结亲呵，儿孩儿便看他家道，女孩儿便看他颜色。(《元朝秘史》卷一) ②他根前得了个儿孩儿，唤作李庆安。(关汉卿《钱大尹智勘绯衣梦》第一折) ③婆婆，我如今住庄上去计点，怕小梅分娩时分，若得个儿孩儿，千万存留了咱！(武汉臣《散家财天赐老生儿·楔子》) "儿孩儿"《元语言词典》收录，释为"男孩"，所举例证就是《孝经直解》这一句,《汉语大词典》未收录"儿孩儿",应当增补一个词条:"儿孩儿",男孩。《汉语大词典》收录"孩儿",第二个义项"特指儿子","孩儿"和"儿孩儿"一词不同。"儿孩儿"主要在元代使用,清代"儿孩儿"已经不用于指男孩,"儿孩儿"的消亡与"男孩"一词广泛使用有关,"男孩"一词较早出现在《新编五代史平话》,其他元明文献未见使用。"男孩"在元明以后逐渐增加,至现代汉语中用例大增,成为常用词。有些词语在唐、宋已见,但当时用例很少,到元代用例大增,考虑到语言渐变性特点,有些宋代出现的词语,我们酌情收作元代新词,以便考察汉语词汇的兴衰更替。

### 孳畜

孔子做小孩儿戏耍时摆布礼乐,及长大为季氏,史料均平又为司职吏,<u>孳畜</u>繁多,至周见老子问礼,既回,徒弟来的渐多。(《直说通略》卷二)

"孳畜"指"牲畜",宋代始见。"张觉等邀截下郎君锡库,及援送燕京遣发统军司所管以上逐起职官、百姓、工匠及诸军下亡去,驱使人口、军人、妻室,并劫掠偷递过孳畜财物。"(《大金吊伐录》卷一)元代使用频繁,检索汉籍全文系统元代使用17例,如:"士卒煮马驹,采野菜以为食,孳畜道毙者十七八。"(《辽史·太祖纪上》)"今不推奴婢孳畜、地土数目,止验产业科差为便。"(《金史》卷四六)"怕不的赀财足备,孳畜成群。"(元李五《虎头牌》第一摺)新词从宋代萌芽到元代的广泛使用,反映出语言的演变是不能用分期的上下限来隔断的。新词既包含元代新兴的复音词,也包含旧词性在元代产生新义位,如"田禾"泛指庄家,也指"谷物"。有些复音词在语料之前已见,但直到元明时期才被广泛使用,如"孳畜"等,如同枯木逢春。此外,讨论新词新义研究需要注意不能把词形的变化当作新词新义的产生或消失。如"伶俐"又作"怜悧","料绰"又作"略绰","凌迟"又作"凌持"等。

### 根底

汤出外见人张网四面拿飞禽,那人祷祝说道从天上来的,从地下出来的,四方来的都投入我网里,汤除去了三面,只留一面,祷祝道要左的,投左去,要右的,投右去,要高的,飞上去,要低的,飞下去,不依我说的入我网,诸侯听得这言语,都道汤的仁德,禽兽<u>根底</u>也到有,何况百姓,归顺汤的四十余国。(《直说通略》卷一)

"根底"为"跟前;旁边",又作"跟底"。最能反映元代词汇特点的是新产生的复音词,为语言系统增添了新质,丰富了语言的表达方式。有些上古、中古复音词词义在近代汉语中已经消失,但在此基础上衍生出新义,不言而喻,具有较高的研究价值。新义与旧义形成一个具有不同时间层次的累积的词汇系统。从历时来看，元代直解体文献复音词来源有两方面，承古和新创，后者更能体现语料的时代性和特点，因此，这部分不展开讨论，仅是和承古相对应，简略指出复音词的另一方面的来源。按照新词上限为晚唐五代为界，本书的新词新义大约占元代直解体文献复音词总数四分之一，上面简要分析了新词新义的三种情况。

## 第三节　元代直解体文献复音词的特点

蒋冀骋、吴福祥在《近代汉语纲要》中曾经指出："近代汉语在构成上有四个显著特点：1. 口语词多；2. 方言俗语词多；3. 市语多；4. 外来语多。"① 近代汉语词汇发展的特点之一是出现大量的口语方言。"直解"语料性质使得直解体文献语言具有口语色彩浓厚、通俗浅近的特点，此外宏观上考察元代直解体文献复音词概貌，还具有地域性、异质性的特点。

### 一、口语性

任何语言表达上都有口头和书面的差异，因此，也存在口语和书面语差别，不同时期，不同语料中这种差别有大有小，尤其从中古过渡到近代汉语时期，这种差异表现得更明显，所谓"言文脱节"就是指这种差距大，最终形成共时层面上各自独立的词汇系统。元代口语方言不仅进入像"元曲"那样的文学语言，也进入直解经书、史书的文献中。为了适应交际需要，口语化新词应时产生，口语化的表现主要表现在口语词的运用。"口语词"是相对于"书面语词"而言的，"口语词"具有很强的通俗性，运用通俗的古白话书写，具有十分强烈的口语色彩，最后形成现代汉语的白话系统，对现代汉语词汇形成具有重要作用。元代文献中如元代碑文、元代戏曲、元代直译体文献、元代的汉语教科书等，是能够体现元代语言的白话文献，本书研究语料属于口语性很强的元代白话文献，因为直解体文献重在"直"讲，用当时通俗浅近的口语化语言训释解读经史书，突出特点是口语化程度高，为我们了解元白话口语提供了资料，有助于更全面地认识当时的语言面貌。

确定口语词是个比较困难的问题，徐朝晖指出了口语词的范围：宋元时语化程度较高的语料中出现的词、宋元之前和宋元时期具有口语特点的词语以

---

① 蒋冀骋，吴福祥．近代汉语纲要［M］．长沙：湖南教育出版社，1997：185.

及研究语料中的俗语词方言词,对本书具有启发意义。① 一般来说,确定口语词的方法是结合所用语料的口语化程度,判定该词或者一种用法出现的时间,如果词语在语料之后的文献中出现,则依据词语所在语料的口语化程度,具体分析其用法。如果词语出现在所在语料之前的典籍,那么应该不算当时的口语词。

直解体文献口语化的体现,主要有以下几个方面:

第一,词缀"子""儿"和"头"使用频率很高,构造了大量元代新词。

(1) 心既能静,<u>身子</u>便到处皆安稳,自然不动摇,这便是静而后能安。(《大学直解》)

"身体"在直解体文献中仍有使用,例如:"身体头发皮肤从父母生的,好生爱惜者,休教伤损者么道。"(《孝经直解》)"泰伯与仲雍,断了头发,纹了身体,走入荆蛮,自号勾吴。"(《直说通略》卷二)和"身体"同义的"身子",如:"吃饮间,是进言说:'这场工程必是迟缓,久后累了身子。'"(《逆臣录》卷五)"身子"表示"身体;全身",元代使用频繁。词缀"子"的构词能力很强,构成的词语数量丰富,如弟子、哑子、道子、袴子、鞋子、嫂子、身子、位子、鞋子、袖子、匣子、车子、里子、庶子、席子、宅子、帐子、袋子、鞍子、质子、豹子、臣子、船子、妃子、阁子、钩子、婢子、车子、堂子、癫子、牌子、城子、蹄子、图子等,其中有大量的新兴口语词。

(2) 人若意诚,方才德润其身,所以为学君子,必使这个<u>念头</u>常常着实。(《大学直解》)

"念头"指"心思",苏轼《水陆法像赞·下八位·一切人众》:"地狱天宫,同一念头;涅槃生死,同一法性。""念头"表示"心思"。元代"念头"还指"主意",元乔吉《两世姻缘》第三摺:"我好意请你,你倒起这样歹念头。"明代"念头"引申指"想法"。"头"构词能力较强,如木头、石头、边头、上头、下头、后头、坟头、里头、日头等。直解体文献口语色彩浓厚,尤其是使用了大量的儿化口语词。如:

(3) 便如<u>蜜蜂儿</u>,有个<u>头儿</u>,便自理会得那君臣的道理。大虫、豹子,不吃他<u>孩儿</u>,便自省得那父子的道理。(《大学要略》)

(4) 尔朱荣听得大怒,说道立未能言语的<u>小孩儿</u>君临天下,怎生会治安,遂起兵,高欢做先锋,迎立献文帝孙攸为帝,即敬宗。(《直说通略》卷八)

第二,很多口语词都采用叠音化的形式来体现其口语色彩。在直解体文献中,叠音词的数量很多,比如一些描摹状态的叠音词:

---

① 徐朝晖. 南村辍耕录词汇研究 [M]. 广州:广东人民出版社,2015:131.

(1) 大丈夫行事，须是磊磊落落，如日月皎然，终不学曹孟德，司马仲达，欺人孤儿寡妇，狐媚天下群臣，皆顿首称万岁。(《直说通略》卷七)

(2) 不教有些儿不到处，都教做得正正当当地好，似这般便能齐家，能齐家，则俺家大的小的都学俺一般样好。(《大学要略》)

(3) 帝频频到国子监亲释奠（古代在学校设置酒食以奠祭先圣先师的一种典礼），召天下明儒做学官，学生明一经的皆补官，添盖学舍千二百间，生员三千二百六十人。(《直说通略》卷九)

第三，直解体文献词汇的口语性不仅表现为儿化词、子尾词、重叠词的使用，还表现为使用多音节口语词，如：

(1) 项羽嗔楚怀王主约，说道怀王是俺家里立，他不曾有功，怎生擅自主约，遂假意尊他为义帝。(《直说通略》卷三)

(2) 游说即是到处里将口说化人，唤作游说之客。(《直说通略》卷二)

(3) 其余诸舅并封列侯，黄雾四塞，因此上王氏权势强盛，富贵奢侈。(《直说通略》卷三)

(4) 项王独自个又杀了千余人，自身也受了十来创，项王道我听得汉军里得我头的，与他一千两金子及一万户。(《直说通略》卷三)

(5) 赤眉众尚有十万余人，诏令县厨都赐饭，帝可怜见，盆子教做赵王郎中。(《直说通略》卷四)

(6) 后生每胡说乱道，官里休听，帝以此不疑，王氏槐里县令朱云上书求见，说道如今朝廷大臣都尸位素餐，只顾赐臣上方斩马剑断佞臣一人头，警戒众人。(《直说通略》卷三)

有的是骂人话，如"臊羯狗"：

(7) 你本是营州看羊羯奴，天子擢用恁做三道节度使，有甚亏恁了，反我累世为唐臣，虽然是恁题奏，怎生随恁反，我为国家讨贼，恨不斩了恁，如何唤作反，又骂道臊羯狗为甚不便杀我，禄山大怒，并将袁履谦缚在中桥柱上剐杀了。两人至死骂不停口，颜氏一门被杀的三十余人，贼人遂克常山。(《直说通略》卷九)

元代三音节词增多，不仅在直解体文献中，而且同时期其他文献中也有三音词的使用，并且使用广泛。口语性词语的运用使得直解体文献语言更直白浅近，这些词语适应口语表达和交际需要而产生，涉及范围广、数量大、种类多，体现了直解体文献通俗性和口语性的特点，形成了直解体文献通俗的语言风格，涉及衣食住行、游戏活动、亲属称谓和社会风俗等各个方面，如：

(1) 近侍宦官把权，外头诸藩镇强横，譬如嬴病的人一般，若把粥糜养他，

犹自怕不济，况又把毒酒与他吃，如何得活。（《直说通略》卷九）

"糜"谓"煮米使糜烂"，"粥糜"即"粥"。

（2）帝名鸾，太祖第三子，即位后，诈称海陵王有病，使人<u>看病</u>，因而害了魏孝文帝。（《直说通略》卷六）

"看病"即"医生诊视疾病；找医生治病"。

（3）三思孩儿武承训娶韦后女安乐公主，三思遂出入宫禁，帝教皇后与三思<u>打双路</u>，帝亲自数筹，三思遂私通韦后，帝又与三思商量政事，三思与韦后日夜谮说张东之等有歹心。（《直说通略》卷九）

《元语言词典》"打双陆"也说"打马"，"双路（陆）"是古代一种博戏，类似今天的行军棋，根据骰子的点数来行棋。相传由天竺传入，在木制的盘子上设局，左右各有六路。用木头做成锥形的子，叫作"马"，黑白各十五枚。黑马从左到右，白马反之。以先走到对付为胜。例句中的"筹"即行棋的骰子，因形似算筹，故名之为"筹"。《东堂老》三［粉蝶儿］："出来的拨琵琶，打双陆，把家缘不顾。"无名氏［耍孩儿］《拘刷行院》："不会投壶打马，则惯拨麦看牛。"

（4）孔子遂行，过卫，至陈匡，人疑是阳虎，将孔子拘留，既得脱。到卫，在伯王家<u>安下</u>。（《直说通略》卷二）

"安下"表示"住下，安歇，住宿"，在元明小说、戏剧、话本等语料中常见，如："来到察罕脑儿平易店安下。"（《南村辍耕录》卷十三）"仍禁约使臣人等毋得于庙学安下，非理骚扰。"（《元典章·礼部四》）"因此俺就这西厢下一座宅子安下。"（元王实甫《西厢记》第一本楔子）

## 二、地域性

方言词是某个特定地域的词语，与口语词关系密切，反映了口语的地域性；从应用范围来讲，口语词流行地域更广泛，在不同的流行地区，存在多种书写形式，我们研究元代汉语词汇面临的困难是：我们可以依据的汉语方言词汇史内容不丰富，对元代汉语方言不够了解，这些成为元代汉语方言研究的障碍。本书借鉴学术界已有的研究方法，结合直解体文献作者的方言背景，以及依据元代白话文献，判断元代口语词在现代方言中的留存情况。直解体文献作者许衡和贯云石都是北方人，并长期在北方生活，在他们的作品中使用了一些北方的方言词，而郑镇孙和吴澄是南方人，因此，四部作品所用的口语词可能反映出不同的地域特色。

（1）柔然国主纥升盖可汗所有，百姓<u>头口</u>遍满草地，不曾防备。（《直说通

(2) 将柔然、高车降附人民，迁在汉南，东至蠕原，西至五原，阴山三千里，中间教他每种田喂养<u>头口</u>。(《直说通略》卷九)

"头""口"都是量词，多用于指牲畜，"头口"连用，指"指骡马驴牛之类大牲畜"。明·沈榜《宛署杂记》卷十七："驴骡曰头口。"清·赵翼《瓯北诗话·吴梅村诗》："京师人谓骡马曰头口。"汪维辉为《朴通事谚解》"头口"作注："数猪以头，数牛亦曰头，数羊以口，数獐亦曰口，故泛称牲口曰头口。"① 最初"头口"泛指大小不等的牲畜，后来只是指骡马等类的大牲畜，今天一些地区如银川、太原等地"头口"仍在使用，泛指牲口。

(3) 且说朝廷根前行呵，把心敬谨，便是为官的道理最上等好处。<u>爷娘</u>根前孝顺，便是为子的道理最上等好处。以至孩儿每根前慈爱，便是做爷娘的道理，最上等好处。(《大学要略》)

"爷娘"谓"父母"。

(4) 丞相御史休将文法拘<u>俺</u>，许<u>俺</u>便宜行事，帝准奏，添赐金子，驰驿前去，郡民听得新官来到，发兵迎接。(《直说通略》卷三)

《说文》收录"俺"，释为"大也"，和表示"我（我们）"义的"俺"意义无关。"俺"最初见于宋人词和金人两种诸宫调。宋代以后，用旧字形"俺"表示"我"，《正字通·人部》："俺，北方读阿罕切，安上声，凡称'我'通曰'俺'。"金元时期出现"我们"义，所以近代"俺"的"我；我们"义和表"大"义的"俺"属于同形的不同词位，新词词形与旧词词形在意义上没有联系，读音不同。清·李渔《闲情偶寄·词典部》："北曲有北音之字，南曲有南音之字，如南音自呼为我，呼人为你，北音呼人为您，自呼为俺为咱之类是也。"北方地区人们使用的自称口语词，相当于"我"。语料中可见"俺"以及"俺"参构的复音词，"俺"多见于官话区的北方方言作品，《汉语方言大词典》指出"俺"见于陕北方言、北京官话、冀鲁官话、江淮官话、晋语、吴语、闽语等，② 这是一个口语词。

(5) 好的人服事官里呵，向前思量公心向宫里的勾当，退后思量，休教官里有过失时勾当，好处<u>将就</u>行者，歹处当着整理者。这般呵，上下都一心有。(《孝经直解》)

"将就"表示"迁就"。

---

① 汪维辉. 朝鲜时代汉语教科书丛刊 [M]. 北京：中华书局, 2005: 262.
② 许宝华, 宫田一郎. 汉语方言大词典 [M]. 北京：中华书局, 1999: 32.

(6) 巡军三千人与许远军厮合，共六千八百人与贼战，一日二十合，十个日头拿贼将六十人，杀士卒二万。（《直说通略》卷九）

唐宋时，"日头"表示"太阳"，张鷟《朝野佥载》卷四："暗去也没雨，明来也没云。日头赫赤赤，地上丝氲氲。"宋杨万里《山村》诗之二："歇处何妨更歇些，宿头未到日头斜。"句中"日头"指"天；日子"。

(7) 王玄谟做老伧仆射，刘秀之做老悭，颜师伯唤作老鲽，其余长短肥瘦的都有称号。（《直说通略》卷六）

"老伧"詈词，谓粗野之人。《汉语大词典》首见例证用清代文献，无赖相呼之称。章炳麟《新方言·释言》："今自镇江而下，浙闽沿海之地，无赖相呼曰老伧。"后亦用为讥人吝啬之词。

(8) 孟子道不爱杀人的心厮似，前贤曾说这道理来，只有汉高祖省得这道理来，汉家子孙四百年做皇帝。（《经筵进讲》）

"省得"指"记得；晓得；明白"。

(9) 爱惜小的孩儿，要立为嗣，废了大的孩儿六修，教六修拜着兄弟，六修不肯，遂迤外去谋反。（《直说通略》卷八）

"孩儿"特指"儿子"，"孩儿"指"男孩"，仍保留在现代北方方言。元代直解体文献中"孩儿"指"儿子"，如："惠帝崩后，取后宫美人的孩儿做太子，唤少帝，杀了他的母，假做皇后生的。"（《直说通略》卷三）"司马温公论唐高祖自晋阳举兵六年间海内归顺，只因太宗是他的孩儿，太宗有文武的才，驱驾英雄，混一天下，自三代以后中国强盛，未有似这般时节。"（《直说通略》卷九）指"女儿"时，在"孩儿"前加上性别区分，如："单父人吕公好相人，见刘季说道，我相人多也，无一个似刘季，遂把女孩儿嫁季，即吕后。"（《直说通略》卷三）"女孩儿"指"女儿"。

(10) 凡事物之来吉凶祸福，他都预先晓得，如国家将欲兴起，必先有那等祯祥的好事出来，这便是福之兆。（《中庸直解》）

"晓得"谓"明白；知道"。

(11) 汉高祖初到关中，唤集老的每、诸头目每来，说："你受秦家苦虐多时也，我先前与一般的诸侯说，先到关中者王之。"（《经筵进讲》）

"先前"本指"最前处"。引申指"以前；刚才"。

(12) 帝令赵匡胤北征，当日出爱景门，晚西至陈桥驿，军中有一人，名苗训，省得天象，见日光下，有一个日黑光相摩，说道这是天命，当夜五更时，诸军都聚集，说道我每众人披着霜露，与国家出气力，如今上面无年长的君王，功成时，谁赏我，不如策立点检太尉做天子。（《直说通略》卷十）

"晚西"指"晚上"。

（13）曾子问孔夫子，这孝道都省得了也，这孩儿每依着父母行呵，父母有不是处不谏？中那不中？（《孝经直解》）

《元语言词典》"不中"表示"不适合；不宜"。《蓝采和》二［贺新郎］："你休这般胡做胡称，这言语也不中使，这言语也不中听。"《李逵负荆》一［赏花时］："呆老子，常言道女大不中留。"又指"不好"，《替杀妻》三［醉春风］："我因此上揽定青丝，杀坏了不中淫妇，我待学知心管鲍。"

（14）明德、新民，譬如两件物，明德便是本，新民便是末，终是临了，始是初起。知止能得，乃是一件事。（《大学直解》）

"了"谓"了解"，《后汉书·仲长统传》："人远则难绥，事统则难了。"引申为"完了"。唐·杜甫《缚鸡行》："鸡虫得失无了时。""临了"谓"到最后；到末了"，最早见于宋代文献。《朱子语类》卷五六："人臣之道，但当以极等之事望其君，责他十分事，临了只做得二三分；若只责他二三分，少间做不得一分矣。"直解文献中仅此一例。元·王晔《桃花女》第二摺："临了又有一个油嘴小星儿，也与我一岁，说我整整的一百岁。"通过宏观上考察直解体文献中的方言词，一定程度上反映的是元代北方汉语的口语实际，其中有些方言词仍沿用到现代汉语方言中。

### 三、异质性

汉语发展史上出现过几次重要的语言接触阶段，在近代汉语时期，南宋和金对峙，女真语等北方少数民族语对汉语有过渗透，蒙元时期，蒙古语对汉语产生过一定程度的影响，非汉语和汉语的接触，使得汉语在历史发展过程中，受到异质语言因素的影响，表现出异质性的特点。元代汉语词汇构成上显著特点是外来语多，由于直解体文献主要内容是经书、史书，极少出现外来词，却呈现出一定的混合语特色，不仅反映在文献语言的语法方面，也反映在特殊词汇现象上，体现了语言的时代性。贯云石《孝经直解》是对儒家经典的义理阐释，在表达方式上与《直说通略》同样使用俗语白话，但和《直说通略》的叙事有所不同，相比较而言更具有时代特色，其句法用词，全为今之白语白话直说，甚而杂有蒙氏汉语白话的词汇如蒙古语"呵""有"诸辞，贯云石解"在上不骄，高而不危。制节谨度，满而不溢"。如下："在人头上行呵，常常的把心行着么道。这般呵，自家的大名分也不落后了有。大使钱的勾当，休做着，小心依着法度行者，这般呵便似一缸满的水，手里在意拿着呵，也不漏了。"在本书绪论中提到学术界对于元代汉语研究所采用的语料，按照受语言接触影响

<<< 第二章 元代直解体文献复音词来源及特点

程度的不同,一般可分为两类:一类是纯汉语文献,如元曲;另一类是汉蒙混合语文献,如元代碑文和直讲、直译体文献。混合语文献早在20世纪30年代就被称为"元代白话",冯承钧的《元代白话碑》(1931)最早命名元代碑文为"元白话",蔡美彪的《元代白话碑集录》(1955)继承了"元代白话",判定元代碑文的性质,认为这种材料能够一定程度反映当时的白话口语现状,指出其作为研究元代汉语的重要价值。道布和照那斯图也使用"元代白话"这一命名,并认为这类文献是"受蒙古语影响较深的一种汉语白话变体"①,祖生利对直译体文献深入研究,提出"直译体"的说法,强调了这类文献的翻译体例性质,认为这是一种特殊的"混合语体"②,在基本词汇和语法方面,选用了当时北方的口语,是中古蒙古语和汉语的混合。通拉嘎认为此种文体被称为"元代白话"并不十分妥当③,学术界对这种类型的文献的性质存有分歧,较为一致的观点是有一部分元代文献,如元代碑文和直讲直译体文献,和元代白话口语关系密切,具有混合语特色,但是否就是元代北方的白话口语,或者多大程度上反映了元代北方口语实际,这些问题还没有完全弄清楚,这使得元代汉语的真实面貌难以考察。直解体文献受语言接触的影响,保留了异质语言因素。

上头

(1) 禹道尧舜时,人都把尧舜的心做心,如今寡人为君,百姓每各把自的心做心,为这般上头,我为他痛苦。(《直说通略》卷一)

(2) 因这般上头得那普天下欢喜得心,把祖先祭祀呵,也不枉了。(《孝经直解》)

(3) 唐太宗是唐家很好的皇帝,为教太子底上头,自己撰造这一件文书,说着做皇帝底体面。(《经筵进讲》)

(4) 奉祀祖宗的上头,好生尽孝心者。坐着大位次里,好生谦恭近理,休怠慢者。(《经筵进讲》)

"上头"有单独使用,表示原因的用法;也有与"为""因"连用表示目的、原因。关于"上头"的来源、用法,学术界有不同观点,有学者认为"上头"具有一种语义上的冗余特点,"上"可充当表目的或原因的后置词,是和汉语固有词照应,"上头"常出现在有因果关系的前一分句之末,可看作是"上"

---

① 道布,照那斯图.河南登封少林寺出土的回鹘式蒙古文和八思巴字圣旨碑考释[J].民族语文,1993(5):3.
② 祖生利.元代白话碑文中助词的特殊用法[J].中国语文,2002(5):459.
③ 通拉嘎.论"元代白话"与蒙元硬译体[J].内蒙古师范大学学报(哲学社会科学版),2007,No.154(2):62.

附后缀"头"而成，如例句中"为教太子底上头""奉祀祖宗的上头"，而整句没有其他表因果、目的的词语与之呼应。也有一种观点推测这与中古蒙古语语法影响有关，元代汉语中的"上/上头"是表目的、原因的后置词，余志鸿《元代汉语的后置词系统》认为"上头"是元代特殊后置词，特殊之处在于是对译中古蒙古语时产生的，文章指出"上头"和"秃剌（tula）"①对应，蒙元时期，很多翻译体文献是对译中古蒙古语，因此汉语词汇中出现的新用法可能来自这种对译。祖生利《元代直译体文献中的原因后置词"上/上头"》也认为"上头"的后置词用法来源于直译中古蒙古语语法成分，该文考察了元代直译体文献，还考察了非直译体文献"上/上头"，发现"上/上头"的原因后置词用法"是中古蒙古语向元代汉语渗透的结果"②，以元代文献实际考察为依据，全面深入分析"上/上头"特殊用法的来源，探究元代汉蒙语言接触的程度。

## 么道

（1）拣好底勾当尽力行者，这是做皇帝的体面<u>么道</u>。（《经筵进讲》）

（2）身体头发皮肤从父母生的，好生爱惜者，休教伤损者<u>么道</u>。（《孝经直解》）

"么道"蒙古语动词兼助动词 ge、he 的对译。"么"或作"么""莫"，可以作动词，表示"说，想，叫作，认为"，《元典章·朝纲一》："奏呵，'那般者'么道，圣旨了也。"又《兵部一》："收复了江南之后，这的每根底并入军去呵，不宜么道，伯颜丞相等官人另委付了管匠的头目，与物料交造作来。""不宜么道"表示"认为不宜"。在元白话碑中也有"么道"的动词用法，《元碑一二九六年彰德上清正一宫圣旨碑（二）》："成吉思皇帝、哈罕皇帝圣旨里，'和尚、也里可温、先生、答失蛮每，除地税商税，不拣甚么休当者，告天祈福与者'莫道来。""么道"放在引语或某种内容的表述之后，用作助动词，《元典章·吏部四》："钦受宣赦不赴任去的人每，依先圣旨体例，要他每罪过呵，怎生？么道，奏呵，奉圣旨：'那般者。'钦此。"元白话碑也有此种用法，《元碑一二九六年彰德上清正一宫圣旨碑（二）》："这先生每，有圣旨莫道，没体例的事休做着。"在研究语料中，《孝经直解》出现 3 次，《经筵进讲》出现 1 次，都是作助动词用法。

---

① 余志鸿. 元代汉语的后置词系统 [J]. 民族语文，1992（3）：8.
② 祖生利. 元代直译体文献中的原因后置词"上/上头"[J]. 语言研究，2004（1）：53.

## 也似

(1) 帝道，选用贤良，只待抚安百姓，遂奏说治乱民如理乱丝也似，紧他不得，款款的，方才可治臣愿。(《直说通略》卷三)

(2) 司马温公说道新室末年民心思汉，如渴的望饮饥的待食也似，以此诸刘一出，远近响应。(《直说通略》卷四)

(3) 帝喾之子，原封为唐侯，尧德仁如天一般，智如神道一般，近看如日月照临也似，远望如云气覆盖也似，建都在冀。(《直说通略》卷一)

"似"本是动词，谓"相像、类似"，单用"似"作比拟助词始见于金元戏曲资料。比拟助词"也似"始见于金元戏曲作品及元代某些文献，用在名词语或动词语后，表比况。关于始见于金元语料中的比拟助词"也似"的来源，学术界主要有两种观点，一种是"本土说"，黑维强《从陕北方言看近代汉语助词"也似"的来源》结合具有近代汉语特点的陕北方言，考察其中比拟助词"也似"，并和古代文献比较，分析得出近代助词"也似"是汉语本土成分，而非受民族语影响产生。[①] 应当说，解释语言现象首先从语言内部入手，然后从语言外部探寻原因，该文利用汉语方言材料，探寻"也似"的来源是有说服力的；还有一种是"影响说"，江蓝生先生认为"也似""似的"来源"很可能是受到阿尔泰语语法的影响所致"[②]，这也反映出考证"也似"的来源有很大难度，需要综合各种因素更全面地分析。翟燕《明清山东方言中的比拟助词"也似"及其来源问题》是利用近代汉语方言材料，考察"也似"来源，认为"也似"是汉语本体语法形式，可以归入"本土说"，不过文章也指出外族语对"也似"产生起到"推波助澜"[③]的作用，应客观辩证地看待这一问题。杨永龙《从语序类型的角度重新审视"X+相似/似/也似"的来源》借鉴语序类型学的最新成果，重新分析"X+相似/似/也似"的来源，认为"也似"来源"也受到语言接触的影响"[④]。这种跳出汉语本体分析用类型学的视角审视问题，获得的调查结果令人信服。不可否认，历史上，语言接触对汉语产生过影响，除元代蒙古语外，宾语前置型语言以及佛经翻译对汉语都产生过间接或直接的影响，直到现

---

① 黑维强. 从陕北方言看近代汉语助词"也似"的来源 [J]. 延安大学学报（社会科学版），2002（1）：113.

② 江蓝生. 助词"似的"的语法意义及其来源 [M] //蒋绍愚. 近代汉语研究二. 北京：商务印书馆，1999：315.

③ 翟燕. 明清山东方言中的比拟助词"也似"及其来源问题 [J]. 语文研究，2008（1）：54.

④ 杨永龙. 从语序类型的角度重新审视"X+相似/似/也似"的来源 [J]. 中国语文，2014（4）：291.

在，语言接触对汉语也从未停止过影响。语言接触对元代语言影响的痕迹十分明显，这从学术界的研究成果可见一斑，如《元代汉语语法研究》等，除了语法方面的影响，在词汇方面其他民族或部族的词语也有少数进入了汉语词汇。如方龄贵对元曲中外来语的研究，元代直译体公文常用的词语如"勒掯"，表因果或目的关系的"上头"，代词"么道""这般"，一些口语词的产生等是在语言接触背景下元代汉语词汇所特有的现象，有些用法在明初的白话语料中还在使用。在元代多元的社会历史文化背景下，汉语中"似"从动词到用作比拟助词，以及"也似"的成词，除去语言本身发展的因素外，不可忽视和其他语言接触的影响。

## 第四节 小结

本章先切分出研究语料中的复音词，确定了研究对象。在考察学术界复音词判定标准的基础上，提出本书所采取的切分复音词的方法，即综合运用语义标准、结构标准、搭配关系、见次频率和语用标准，并注意以语义标准为中心。按照所采取的方法原则，把复音词切分出来，确定本书复音词研究总量，以统计结果为研究基础。元代直解体文献中的双音词5471个，三音词324个，共出现18934次。对全部复音词的使用频率进行统计分析，通过对词语的计量，可以更清楚地了解复音词的不同见次频率，以便从宏观上对元代直解体文献复音词使用属性有总体的把握。根据词语出现的频率，区分为高频词、中频词、低频词和极低频词。元代直解体文献复音词中有69个词语用次在18次以上，总共出现频次1824次，平均使用频度26.43次，属于高频词。有1427个词语用次在6到17之间，总共频次数量6537次，平均使用频度4.58，属于中频词。有2449个词语的用次在2到5次之间，总共使用频次数量为9047次，平均使用频度为3.69次，属于低频词。有1526个词语使用频次只有1次，为极低频词。极低频词指使用仅为1次的词语，直解体文献复音词中极低频词占总复音词项的26.33%，高频词指使用18次以上的词语，高频词仅占总复音词项1.19%，这表明元代直解体文献复音词的使用倾向，一是少数词被重复多次使用，一是有大量复音词仅被使用1次。判断直解体文献常用词可以参考见次频率。直解体文献是较典型的元代白话口语文献。元代直解体文献复音词的特点可以概括为口语性、地域性和异质性。口语性主要表现在：利用常见的"子""儿""头"构造新兴口语词，口语词丰富；多音词主要是三音词现象突出，形成了直解体文献通俗浅近的语言风格，一定程度上反映了当时的口语实际。地域性表现在研究语料使用了一些北方方言词，体现出研究语料的地域性特征，具有一定的北方方言色彩。异质性表现在研究语料使用了一些"接触词"，这类词也见于元代其他文献，尤其是蒙汉接触文献，反映了元代直解体文献语言的异质性。这类词数量不多，与语料中特殊语法现象一起反映出语料的混合语特色。由于研究语料大量地继承和使用前代已经出现的常用词，并为汉语词汇史提供了丰富的口语新词，使得文献语言通俗易懂。承古和新创是元代直解体文献复音词的两大来源。按照汉语史分期的不同，从汉语历时发展中截取了先秦西汉、东汉魏晋南北朝和隋唐五代宋三个时期展示语料中复音词的承古情况，反映出语言的继承性。新词新义反映出语料的时代性，本书新词的上限以晚唐五代为界，新词既包含元代新产生的词形，也包含旧词形元代产生的新义位，还有一部分唐宋始见到元代才用例大增的词语，约占全部复音词总数的四分之一。

# 第三章

# 元代直解体文献复音词构词法研究

本章主要从语法构成和语义构成的角度对元代直解体文献中的复音词进行综合考察，主要是就构成合成词的两个语素之间的语法关系而言。在利用汉语固有语素进行构词的过程中，要遵循一定的内部规律，要探究语素组合成词的方法，在对两个构词语素进行分析时，要从当时的语言情况入手。从构词语素的角度，复音词可以分成单纯词和合成词两大类。通过考察，元代直解体文献合成词主要有七种构造方式，包括联合式、偏正式、动宾式、主谓式、述补式、附加式和综合式七大类型。其中前五种都是实语素的结合，而附加式是通过实语素与虚语素构成复音词。构词法分析是针对复音词展开的，双音节构词成为主要构词手段。其中汉语复音化过程中最能产生的一类词是合成词，合成词是由两个词根构成的词语，通常所说的合成词词语结构的特殊性决定了传统词语结构不能包含所有的词语结构，特殊的词语结构我们另做处理。

## 第一节 单纯复音词概貌

由一个语素构成的复音词是单纯复音词，元代直解体文献复音词中的单纯复音词包括联绵词和叠音词两种。

### 一、联绵词

联绵词中的两个字仅仅代表单纯复音词的两个音节，又叫"联绵字""连字""连语""连语"等，是汉语词汇特殊种类。王国维说它"合二字而成一语，其实犹一字也"。[①] 联绵词中的两个字拆分开来，有的有意义，有的无意

---

[①] 王国维. 王国维全集·书信：王国维 1922 年 12 月 8 日致沈兼士信[M]. 刘寅生，袁英光，编. 北京：中华书局，1984：335.

义。即使有意义，这些字的意义也与联绵词的词义毫无关系。学术界对于联绵词的认定观点并不一致，但都承认这一类别的存在，归结起来联绵词主要有以下几点：①必须由两个音节组成；②必须是单语素；③两个汉字都没有意义，只起表音作用。根据联绵词音节的语音关系，把联绵词分成双声、叠韵、双声兼叠韵、非双声叠韵四类。元代直解体文献联绵词数量不多，共计11个，本书不做细类划分。这些联绵词几乎都沿袭自先秦，少部分来自中古时期。由于联绵词按声音的不同来构词，不拘泥于字形，因而单个字的字形、字义基本上不会对整个词造成影响，只要读音相同或相近的字，就可以成为联绵词的选择材料。因此，联绵词会有多种书写形式，如"恍忽"又作"恍惚"，"络绎"又作"络驿"，"浑沦"又作"浑仑"等。

### 混沌

天地未开辟时，模样恰似鸡蛋一般，唤作混沌，又唤作太极。(《直说通略》卷一)

"混沌"皆属上古文部字，属叠韵联绵词，指"浑然一体，不可分貌"。

### 须臾

子思说：君子因道不可离，心里常存敬畏。于那目所不睹之处，虽是须臾之顷，亦戒慎而不敢忽。于那耳所不闻之处，虽是须臾之间，亦恐惧而不敢慢。(《中庸直解》)

"须臾"皆属上古候部字，属叠韵联绵词，承袭先秦，指"片刻，短时间"。《玉篇》"须臾，俄顷之间"，是表时量的词。慧琳《一切经音义》释"须臾"引《俱舍论》："一日一夜有三十须臾共分为六十刻是也。""须臾"直解体文献出现3次，比如："当初安父死，寻葬地，路上遇着三个书生，指安一处所说道葬此地当世代为三公，须臾间，三人皆不见，遂葬此处。"(《直说通略》卷四)

### 络绎

帝遣使臣络绎问病赐药，及遣中郎将李安偃在征宅守宿，动静上闻。帝又同太子同到征家指衡山公主许嫁征子叔玉。(《直说通略》卷九)

"络绎"连续不断；往来不绝。《文选·马融〈长笛赋〉》："繁缛络绎，范蔡之说也。"李善注："辞旨繁缛，又相连续也。"张铣注："笛声繁多，相连不绝，如范雎、蔡泽之说辞也。"元代新兴的构词法已经出现，旧有的构词法也已成熟，通过语法构词产生的元代新词占据了大部分。元代直解体文献没有新产生的联绵词，联绵词数量并不多，基本是承袭先秦，词义基本没有变化。

## 二、叠音词

叠音词的产生源于语言表达的需要，当语言交流中单音节不足以表情达意时，就需要增加音节，增强拟情状物的气势。当对事物的声音、状貌进行模拟描绘时，重叠二字可以造出双音新词，使语言更富有表现力。叠音词是两个不表义的音节重叠而构成的词，又叫"重言词""叠字"等，利用"语音的重叠"而构成，主要用来模拟声音和描绘状貌。元代直解体文献中有17个叠音词，主要是形容词，基本都是摹声或者拟状貌。

### 矫矫

人若和顺，易至于流荡。君子虽与人和顺，而不至于流荡，其强之<u>矫矫</u>者。人若中立，易至于偏倚。君子能卓然中立，而不至于偏倚，其强之<u>矫矫</u>者。(《中庸直解》)

"矫矫"是描绘状貌，《礼记·中庸》："故君子和而不流，强者矫。"孔颖达疏："矫，亦强也。""矫矫"，勇武貌，《诗·鲁颂·泮水》："矫矫虎臣，在泮献馘。"郑玄笺："矫矫，武貌。"《文选·潘岳〈杨荆州诔〉》："矫矫杨侯，晋之爪牙。"吕延济注："矫矫，武貌。"

### 荷荷

帝既被景禁持，饮食都裁减了，忧愤成病，口苦，索蜜不得，帝道<u>荷荷</u>，遂殂，在位四十八年，寿八十六岁。(《直说通略》卷六)

"荷荷"是模拟声音，状怨恨声，《南史·梁纪中·武帝》："疾久口苦，索蜜不得，再曰'荷荷'，遂崩。"

### 汲汲

人君于那谗谄的小人，斥逐他不使之在左右。于那美好的女色，疏远他不使之在目前。於那宝货财物，轻贱他不<u>汲汲</u>去求取。(《中庸直解》)

"汲汲"是描绘状貌，表示心情急切貌的意义。《礼记·问丧》："其往送也，望望然，汲汲然，如有追而弗及也。"孔颖达疏："汲汲然者，促急之情也。"

### 洋洋

鬼神之灵能使天下的人。齐明以齐其内。盛服以饰其外。畏敬奉承以供祭祀。当此之时，但见那鬼神之灵<u>洋洋</u>乎流动充满，仰瞻于上。(《中庸直解》)

"洋洋"是描绘状貌，指"广大，盛大"，《礼记·中庸》："大哉圣人之道，洋洋乎发育万端，峻极于天。"孔颖达疏："洋洋，谓道德充满之貌。"

58

第三章　元代直解体文献复音词构词法研究

**赫赫　岩岩**

诗人拖物起兴说道望着南边的山截然高大，山上的石头也岩岩的堆着，如今尹氏做着太师，其名分势位赫赫的显盛，恰便似那高山一般，百姓每都瞻仰着他。(《大学直解》)

"赫赫""岩岩"描绘状貌，指"显赫；炽盛"。"岩岩"指"高大，高耸"。

**碌碌**

毛遂道取鸡狗马血，捧铜盘跪进，说道王当歃血，其次我君，其次遂，左手拿盘，右手诏这十九人就堂下歃血，说道公等碌碌，正是因人成事的人。(《直说通略》卷一)

"碌碌"描绘状貌，为"繁忙劳苦貌"，唐牟融《游报本寺》诗："自笑微躯长碌碌，几时来此学无还。"现代保留使用，如"忙忙碌碌，忙碌碌"，匆忙急迫的样子。"叠音词"词义一般同书写它的单字意义无关，不能就单字来推测词义。这是区别它和单音词重叠形式的主要标准。汉语属于意音文字，只记音的"叠音词"很容易造成语义理解障碍，并且"叠音词"不容易创造新词，仅以摹音和描绘情貌为主，表达功能有限。叠音词语音方面的特点，导致叠音词在适应汉语词汇发展中具有局限性。从来源上看，直解体文献中的叠音词数量少，大部分来自中古时期。在汉语复音化的初始阶段，复合词的发展迅速超过了单纯复音词。

## 第二节　合成复音词概貌

从音节分布来看，元代直解体文献中合成词以双音节占优势，而三音词相对双音节来说较少，三音节以上的复音词更少。就构词法来说，元代直解体文献中的合成词初步具备了现代汉语所有的构词方式，此外，还出现了综合式构词方式。我们从构词法的角度，对复音词的构词特点进行分析。

### 一、联合式复音词

联合式复音词是由两个意义相同、相近、相关或相反的词素并列起来构成的合成词，两个词素可以相互补充、说明。早期汉语中单音词很丰富，为联合式复音词的成词做好了物质准备，传统训诂学中的"同训、互训、递训"为构造联合式提供了充足的材料。元代直解体文献中联合式双音词共有 1661 个，占双音合成词总数的 30.36%。联合式是直解体文献中构词能力很强的构词方式。

59

根据两个词素在词中的表意作用，联合式复音词主要分为同义、类义、反义和偏义这四种。四个小类里面，以同义关系构词的数量最多，词素的语义关系相同的891个，占联合式复音词的53.64%；类义次之，词素的语义关系相类的569个，占联合式复音词的34.26%；反义关系数量最少，词素的语义关系相反的201个，占联合式复音词的12.1%。偏义复音词是两个单音的近义词或反义词作为词素组成的，其中一个词素的本来意义成为这个复音词的意义，另一个词素只是作为陪衬，数量极少，不做统计。联合式双音词的内部分类较为复杂，因此，从语义、语序以及词性等角度进行考察。

（一）语义特点及词例分析

1. 同义联合复音词

构成同义联合复音词的两个词素表意上处于并列地位，在某一个义位上相同或相近。所谓"两个词素在某一义位上相同或相近"是指基本意义相同，而附加意义不同。由于同义联合的构词词素属于同一语义场，而这些处于同一语义场的词素可以在语义以及其他因素的促使下结合成词，所形成的复音词也具有同义关系，语义更概括。研究语料中由众多同义为训所产生的同义并列复音词，构词上化单为双，很像训诂上释词和被释词的关系相互注释。同义联合复音词共891个，占联合式复音词的53.64%。

（1）构成名词

**筵席**

此时，项羽杀了义帝，洛阳三老董公劝汉王率三军为义帝发丧，告报诸侯道天下共立义帝，今项羽弑了，遂率诸侯兵五十六万伐楚，入彭城置酒做大筵席。（《直说通略》卷三）

"筵席"指铺地藉坐的垫子，古时制度，筵铺在下面，席加在上面。《周礼·春官·序官》："司几筵下士二人。"郑玄注："铺陈曰筵，藉之曰席。"贾公彦疏："设席之法，先设者皆言筵，后加者为席。"孙诒让正义："筵长席短，筵铺陈于下，席在上，为人所坐藉。""筵席"指酒席；宴会，见于五代。五代王定保《唐摭言·散序》："曲江大会比为下第举人，其筵席简率，器皿皆隔山抛之。"

表名词素并列的词由名词并列的词组词汇化而来，如"坑坎"一词，"陷阱是掘的坑坎，都是挣取禽兽者。如禽兽落在网罟机槛之中，陷在陷阱坑坎之内，不知辟去，如此岂得为知乎"（《中庸直解》）。"坑"指"地上深陷处"，《慧琳音义》卷三"沟坑"注引《仓颉篇》："坑，陷也。"《慧琳音义》卷七十二"坑阱"注引《考声》云："坑，坎也。""坎"指"地面低陷的地方"，《易·

说卦》:"巽,入也;坎,陷也;离,丽也。""坎坎"同义连用,指"洼地;坑穴"。

(2) 构成形容词

**备细**

心正的勾当,在上的正呵,在下的也正,一家正呵,在下孩每都正,一国正呵,天下的人心都正。备细思量,正心是《大学》的好法度。(《大学要略》)

"备"指皆,尽,《楚辞·离骚》:"百神翳其备降兮,九疑缤其并迎。""细"指详尽,仔细,唐杜甫《春日忆李白》诗:"何时一尊酒,重与细论文。""备细"详尽,元代始见,元武汉臣《生金阁》第四摺:"你将那屈死的词因,备细诉来。"

**歪斜**

心若正,便有些行不尽的政事,决没一些个歪斜偏向处。(《大学要略》)

《字汇·止部》:"歪,不正也。""歪"不正;斜;偏,元马致远《残曲·集贤宾》:"酷吟得诗句稳,忙写得字儿歪。"《说文·斗部》:"斜,抒也。"《玉篇·斗部》:"斜,不正也。""斜"不正;歪斜,唐韩愈《南山诗》:"或斜而不倚,或弛而不彀。""歪斜"不正;不直,元代开始"歪斜"谓"不正;不直"。元杨暹《刘行首》第三摺:"只见他,玉佩狼藉,翠钿零落,云髻歪斜。"

**平白**

幽王平白地擂鼓烧火,诸侯每都来,褒姒见了大笑。诸侯每来到见没事,知道幽王召咱每来,只是要引得褒姒笑。(《大学要略》)

"平"表示"凭空",唐李山甫《风》诗:"能将尘土平欺客,爱把波澜枉陷人。""白"表示"平白地,凭空地",元睢景臣《哨遍·高祖还乡》套曲:"白什么改了姓,更了名,唤作汉高祖。""平白"表示"凭空;无根据地",元关汉卿《窦娥冤》第二摺:"却教我平白地说甚的?"又表示"无缘无故",宋袁吉甫《论会子札子》:"若每贯作五贯折支,则在官之数,未免平白折陷。"例句所指"无缘无故",宋代以后常用,《谢金吾》二[梁州第七]:"平白地闯出这场祸。"《西游记》第七二回:"自妖精到此居住,占了他的濯垢泉,仙姑更不曾与他争竞,平白地就让与他了。"

(3) 构成动词

**言说**

君子之人进而感格于神明之际,极其诚敬,不待言说,而人自化,无有与他争的。(《中庸直解》)

61

《说文·言部》:"言,直言曰言,论难曰语。""言":说话,说,《论语·先进》:"夫人不言,言必有中。"《左传·成公二年》:"岂敢言病。"引申为谈问题,对某事表示意见,《论语·学而》:"赐也,始可与言诗已矣。"《说文·言部》:"说,释也。从言、兑。一曰谈说。"《易·咸》:"咸其辅颊舌,滕口说也。"高亨注:"滕口说,谓翻腾其口谈,即所谓'口若悬河'。"引申为解释,说明,《论语·八佾》:"成事不说。"何晏集解引包咸曰:"事已成,不可复解说。""言说"指"谈论;说话",《北史·裴叔业传》:"听其言说,不觉忘疲。"

### 违悖

小德川流,大德敦化,此天地之所以为大也,似乎相反而实不相**违悖**。(《中庸直解》)

"违"指违背;违反,《书·君陈》:"违上所命,从厥攸好。"孔传:"人之于上不从其令从其所好。""悖"指违逆;违背,《礼记·中庸》:"万物并育而不相害,道并行而不相悖。""违悖"指"违背;违反"。

### 厌怠

孔子论鬼神为德之盛于此,引大雅抑之诗说:鬼神之来格视不见,听不闻。不可得而测度,况可**厌怠**而不敬乎。(《中庸直解》)

"厌"表示饱足,泛指满足,进而引申指"因过多而不喜欢,憎恶,嫌弃"。《文选·司马相如〈子虚赋〉》:"怠而后发,游于清池。"郭璞注:"怠,倦也。""厌怠"指"厌烦怠慢;厌倦怠惰"。

### 体察

肥亲前去**体察**,恭与肥亲同坐,田中忽有野雉飞下恭跟前,又有小儿童在边傍,肥亲对小儿说道为甚不拿这野雉,小儿来这里,正为**体察**君的政迹。(《直说通略》卷四)

"体"指体会,《庄子·应帝王》:"体尽无穷,而游无朕。"成玄英疏:"体悟真源,故能以智境冥会,故曰皆无穷也。""察"指省察;体察,《国语·吴语》:"今君王不察,盛怒属兵,将残伐越国。"韦昭注:"察,理也。""体察"指"体验观察",也指"实地考察;亲自考察"。

### 倚靠

这经纶大经,立大本,知化育三件事,都从圣人心上发出来,乃至诚无妄。自然之功用不须**倚靠**他物而后能。(《中庸直解》)

"倚",《说文·人部》:"倚,依也。从人,奇声。"又:"依,倚也。"《玉篇·人部》:"倚,依倚也。""倚"和"依"二字还是有细微区别,"倚门"的"倚"一般不作"依";"不偏不倚"不说成"不偏不依"。"靠",《说文·非部》:"靠,相违也。从非,告声。"段玉裁注:"今俗谓相依曰靠,古人谓相背曰靠,其义一也。""靠"即为"倚靠"。"倚靠"谓"将身体靠在他物之上"义,宋代已见,也指"依赖,依靠",《朱子语类》卷八:"不可倚靠师友。"

### 眷念

上帝<u>眷念</u>文王之明德。而其隐微不大着于声色之间。(《大学直解》)

《说文·目部》:"眷,顾也。"又:"顾,还视也。"二字都是回首而视,"眷",回头看,引申为眷恋,"念",《说文·心部》:"念,常思也。""念"即思念,怀念;"眷念"谓"怀念;想念"。

### 辨别

然处事之时,<u>辨别</u>众理,择得个中庸,便当谨守不失。(《中庸直解》)

《墨子·非命上》:"坐处有度,出入有节,男女有辨。"孙诒让间诂:"辨、别同。""辨别"谓"分辨区别"。

### 栽植

凡物之<u>栽植</u>的有生长之理。便降雨露滋养他。(《中庸直解》)

"栽"指"种植",《文选·张衡〈东京赋〉》:"植华平于春圃,丰朱草于中唐。"薛综注:"植,犹种也。""栽植"即"种植"。

### 戏耍

帝<u>戏耍</u>说道您年纪大了,合当废了你,换少年的。贵人心里烦恼,至夜,帝卧在清暑殿,贵人把酒与众宦官吃都醉了,将被盖帝面,弑了帝。(《直说通略》卷五)

"戏耍"谓"捉弄轻侮"。表动词素并列的词由动词并列的词组词汇化而来,意义更概括。及物动词的并列比不及物动词的并列更容易词汇化。动词类同义并列复音词占多数,这一类词语很丰富,还有"打探、省悟、托付、喜欢、探问、流落、馈送、挑担、窥觑、拷打、躲避、殴打、打探、改移、戏耍、叹服、拦截、浑融、等待、攻打、偏依、中正、任用、煽惑、试验、替代、掌管"等。

2. 类义联合复音词

类义联合中的两个语素的语义,虽然不尽相同,但由于共属于同一个大的语义关系中,具有相同的上位义素,因而具有相类的性质。如"耳目"一词,两个构词语素语义有差别,但具有相同的上位义素,都是人体器官,属于一个大的语义关系,具有同类的特性。也有把这类称为变义复词,构成词义不是词素义的简单相加,而是其意义的引申、比喻或借代。类义联合复音词共569个,占联合式复音词的34.26%。"类义联合"与"同义联合"的语素特征基本一致，但是，由于构词语素往往只是语义相关，因而在融合过程中比"同义联合"困难。

（1）构成动词

**摆列**

摆列祭器，祭奠呵，好生痛烦恼着。(《孝经直解》)

"摆列"元代已见，"排列，陈设"义，元张子坚《得胜令》曲："宴罢恰初更，摆列着玉娉婷。"

**撰造**

唐太宗是唐家很好的皇帝，为教太子底上头，自己撰造这一件文书，说着做皇帝底体面。(《经筵进讲》)

"撰"指"著述，写作"，《楚辞·招魂》："结撰至思，兰芳假些。"洪兴祖补注："撰，述也。""造"指"编写"，《后汉书·王充传》："年渐七十，志力衰耗，乃造《养性书》十六篇，裁节嗜欲，颐神自守。"元代"撰造"指"创作，编制"，有时也侧重指"臆造；捏造"。

**憎嫌**

媢，是妒忌。恶，是憎嫌。违，是拂戾不相合的意思。俾，是使。(《大学直解》)

"憎嫌"指厌恶，埋怨，唐代韩愈《县斋有怀》诗："夷言听未惯，越俗循犹乍。指摘两憎嫌，睢盱互猜讶。"

（2）构成副词

**交错**

孔子之德，悠久盛大，譬如那四时之气，交错运行，无有差忒。譬如那日月之明，昼夜更代，无有穷已。(《大学直解》)

"交错"指古代祭毕宴饮时互相敬酒的程序，东西正对面敬酒为"交"，斜对面敬酒为"错"。"交错"皆是宴饮时敬酒的程序，因为这种类同联系，共处于一个语义场，所以经常在一起使用，《仪礼·特牲馈食礼》："众宾及众兄弟交错以辩，皆如初仪。"郑玄注："交错，犹言东西。"随着"交错"频繁使用和意义的变化，汉代也指"交叉；错杂"，《史记·扁鹊仓公列传》："太子病血气不时，交错而不得泄，暴发于外，则为中害。"由并列短语"交错"变成一个双音词，宋代凝固成词，指"交替，交相"，《汉语大词典》首见例用的《朱子语类》卷七四："交错代换而不可以形体拘也。"《大学直解》中"交错运行"即用的此义。

### (3) 构成形容词

**昏愚**

人于那学问、思辨、笃行五件事上果然能用百倍工夫,气质虽是昏愚,必能变化做个明白的人。气质虽是懦弱,必能变化做个刚强的人。(《中庸直解》)

"昏愚"指糊涂;愚蠢,北宋已见,《旧五代史·晋书·李从温传》:"后以多畜驼马,纵牧近郊,民有诉其害稼者,从温曰:'若从尔之意,则我产畜何归乎?'其昏愚多类此也。"

**停当**

一般志量要宽大着,宽大呵,便容得人;心要平正着,平正呵,处得事务停当。(《经筵进讲》)

"停当"犹"妥帖"。

### (4) 构成名词

**肱股**

仁杰道,王者四海为家,那一件不是陛下家事,君是元首,臣是肱股,义同一体,说臣备位宰相,怎生不得干预。(《直说通略》卷九)

"肱"指"胳膊上从肩到肘的部分",《诗·小雅·无羊》:"麾之以肱,毕来既升。"毛传:"肱,臂也。""股"指"大腿,自胯至膝盖的部分",《诗·小雅·采菽》:"赤芾在股,邪幅在下。"因为"肱股"都是人体部位,即"大腿和胳膊",具有共同联系,共处于一个语义场,同时彼此也有区别,"肱股"组合是"同中求异",两个构词词素互有偏重,《书·说命下》:"股肱惟人,良臣惟圣。"孔传:"手足具乃成人,有良臣乃成圣。""肱股"即"股肱",比喻左右辅佐之臣,《书·益稷》:"臣作朕股肱耳目。"

**头目**

汉高祖初到关中,唤集老的每、诸头目每来,说:"你受秦家苦虐多时也,我先前与一般的诸侯说,先到关中者王之。"(《经筵进讲》)

构词语素"头"和"目"的语义不同,但是都具有相同的上位词,反映的大类都是人体器官,使得"头目"具有语义融合的基础。"头目"本指"脑袋和眼睛",句中"头目"借指"带头的人;负责的人"。语素在结合时并没有因为语素义不尽相同而扩大差异,反而更加趋同,发展出借代义。

**心腹**

杨骏私意改换要紧官职,皆用自己心腹人,其实藏着不好的意,忽然帝病稍可,看见根前所用的人都被杨骏改换了,正色对杨骏说道如何便这般的。

(《直说通略》卷五)

"腹"指肚,《道德经·第三章》:"虚其心,实其腹,弱其志,强其骨。"《庄子·逍遥游》:"偃鼠饮河,不过满腹。"引申指"内心的想法",《左传·宣公十二年》:"敢布腹心,君实图之。"又引申指"中心部位",《盐铁论·刺腹》:"方今为天下腹居,郡诸侯并臻。""心腹"连用,喻"亲信",在身边参与机密的人物。

### 茶饭

眼中只要见好颜色,耳中只要听好音乐,口中只要吃好茶饭,鼻中只要闻好香气,只要快活,一就把那心都使得这上头去了,不问道理合与不合,只拣他爱的便做,此等人虽有人形,便与禽兽一般了。(《大学要略》)

"茶饭"指饮食,宋代已见,《太平广记》卷三九引唐卢肇《逸史·刘晏》:"刘公渐与之熟,令妻子见拜之,同坐茶饭。"

### 府库

不比盗窃之臣,止盗府库之财,而祸不及民。(《中庸直解》)

"府库"旧指国家贮藏财物、兵甲的处所。《礼记·曲礼下》:"在府言府,在库言库。"郑玄注:"府谓宝藏货贿之处也;库谓车马兵甲之处也。"《说文》:"府,文书藏也。"《一切经音义》九:"府,文书财物藏也。""府"指"国家贮藏财物或文书的地方",《汉书·郊祀志上》:"史书而藏之府。"颜师古注:"府,藏书之处。"《说文》:"库,兵车藏也。从车,在广下。"藏甲兵战车的房屋,引申泛指藏财物的房屋,《礼记·檀弓》:"管库之士。"郑玄注:"库,物所藏。""库"亦藏财货,非独车马兵甲也。府、库连用,泛指藏物之所。

### 肺肝

小人阴为不善,而阳欲揜之,不知道别人看着自家,把肚里那肺肝都见了相似。(《大学直解》)

《说文》:"肺,金藏也。""肺"谓"人和高等动物的呼吸器官","肺腑"连用喻指内心,唐白居易《代书诗一百韵寄微之》:"肺腑都无隔,形骸两不羁。"《说文》:"肝,木藏也。"《史记·淮阴侯列传》:"臣愿披腹心,输肝胆,效愚计。""肺肝"比喻内心。元代直解体文献中类义联合的数量虽然没有同义联合多,但也较为能产。如"茶饭、心腹、豺狼、水火、亿万、金玉、锦绣、耳目、头目、交错、肱股"等,类义联合复音词的构成语素往往表达形象具体的概念,两个语素合在一起构成词所表达意义更抽象,融合成一个一位,代表一个更概括的意义,具有整体性,是其意义的引申,词义不是语素义的简单相加。在元代直解体文献中很多类义联合词是逐渐发展成熟,在由词组凝固成词的初期，要仔细辨别，如"盔甲"。"孔子又说：如何是北方之强。那刀枪盔甲是征伐时所用的凶器。"(《中庸直解》)"盔"用以护头，"甲"用以护身，是古代战士的护身服装，还不是一个复音词。很多类义联合复音词要经过逐渐脱离词组向双音词过渡的阶段，再凝固成词，往往发展出比喻义，如"统绪"一词。"孔子又说：武王缵继他祖宗大王、王季、文王的统绪。一着戎衣以伐商纣，遂有了天下，百姓每都仰戴称美他。"(《中庸直解》)"统"指事物的连续关系，"绪"本义为丝头，引申指世系，传统。"若统绪失宗，辞味必乱。"(南朝梁刘勰《文心雕龙·附会》) 比喻皇室世系。

3. 反义联合复音词

反义联合词，顾名思义，两个构词语素在某一义位上具有相反的关系。直解文献中的一些反义联合词，多数来源于先秦，有些在元代发展出新义，而有些反义联合词组，还没有凝固成词，所以语义就是两个语素的简单相加。有些元代新生的反义联合复音词，通过考察发现，数量较少，共 201 个，占联合式复音词总数的 12.1%。应当说，反义联合复音词在联合式复音词中的数量相对来说最少，并且大多数沿袭先秦旧词，但是，它们往往具有更强的生命力，稳固性较强，很多词都保留到了现代汉语中。由联合式所构成的名词，基本上都是由同义、近义的语素并列成词，但也有个别反义语素结合而成。

### 轻重

我先来了也，与父老约法三章：杀人者死，伤人及盗者随他所犯轻重罪过者，其余秦家的刑法都除了者，当时做官的、做百姓的，心里很快活有。(《经筵进讲》)

"轻重"指"主次"。

### 早晚

世民说道骨肉相害，古今至今的勾当，我也知道祸在早晚要等待他先动，却伏羲讨他，尉迟敬德道祸机已到了，王犹自不烦恼。(《直说通略》卷九)

"早晚"早见于晋代文献，在唐代指"早晨和晚上"，是时间名词，如唐杜甫《江雨有怀郑典设》诗："春雨暗暗塞峡中，早晚来自楚王宫。"郭知达集注："谓旦为朝云，暮为行雨也。"元代起，不说"早晚"，而是"多早晚"，更后"早晚"变成合音词，从前写成"咱/喒"，现代写成"偺"，"早晚"两个构词语素语义相对，具有相对独立性，但一经结合就相对稳固，句中谓"迟早"义。

### 本末

这是曾子传大学的第四章，解释经文中本末的意思。(《大学直解》)

"本末"指树木的下部与上部，《说文·木部》"木下曰本，木上曰末"，

"本""末"结合以后，发生语义转指，属于反义联合复音词，指"事物的始末，原委"，大多数的反义联合词，结合以后都会语义融合，产生质的变化。

### 好歹

相如自来微贱，只将口辨居我上，我羞在他下，我见相如好歹羞辱他，相如得知，每遇朝见推病，不与颇争班次。（《直说通略》卷二）

"好歹"指"好坏"，同时期文献常见，元马致远《黄粱梦》第三摺："那先生好歹，哥哥说与我听。"元高明《琵琶记·蔡婆埋冤五娘》："胡乱这般时节，分甚好歹？""好歹"两个构词语素意义相反，语素地位是平等的，义联合的关系一经形成就相对稳固，近代"好歹"不断词汇化，多指"无论如何，不管怎样"。元无名氏《鸳鸯被》第一摺："姑姑，你若作成我这桩亲事，重重相谢。你好歹早些儿来回话。"因而，在反义关系的语素结合的过程中一般不会出现类义联合词语素义影响互相抵消的情况，如"左右"，构词语素属于互补对立，也就是说这对方向非左即右，所以构词时不会互相干扰，语义也比较固定，这种词一经形成便可以使用较长时间，如"上下、多少、父母、利害、生死、长短、早晚、善恶、是非、远近、内外、邪正、彼此、得失、难易、赏罚"等，而有一类反义联合复音词构词语素并非相反，而是在构成义位的某一个义素上相对，如"往还、首尾、昼夜、浅狭、广狭、亲疏、厚薄、贵贱、古今"。

4. 偏义复词

偏义复词是比较具有争议的一类，学术界有观点认为这只是语境中一种特殊的修辞现象，并不是一种构词形式，因为这类词受语境影响，可能其中一个语素义消失，发生偏指，只是用另一个语素表义；还有一种观点认为偏义构词虽然很不能产，但也是联合式中的一小类，反映了汉语的辩证思维以及汉语双音化发展趋势。因为这类词保持联合式特点，不同于其他构词法，本书把偏义复词处理成联合式的一个小类。两个构词语素语义上只有一个词素表示词义，另一个词素只起陪衬作用不表词义，这类词大多由意义相反或相对词素构词，由意义相反词素构词的，如出入、来往、甘苦、早晚、始终、生死、安危、作息、福祸、利害、异同、存亡、毁誉、饥穰、动静、成败、休祲、寒暑等；由意义相关的词素构成的，如国家、园圃、金鼓、衣冠、车马、父兄等。

### 动静

帝令将小殿的木植与征起盖，仍赐素屏风素褥几杖等物，后又为太子太师，知门下省事，至贞观十七年再病，帝遣使臣络绎问病，赐药及遣中郎将李安俨在征宅守宿，动静上闻，帝又同太子同到征家，指衡山公主许嫁征子叔玉。（《直说通略》卷九）

"动静"偏指行动;动作;举止。

### 浅深

水之为物,指其一处而言,不过一勺之多而已。及其全体而言,则汪洋广大。不可测度他浅深。(《中庸直解》)

"浅深"偏指"深"。

偏义复词和语境关系密切,正确理解偏义复词也离不开特定语境,这类词直到魏晋以后才兴起,较为特殊,近代汉语中,常见的只有表示特殊意义和表示委婉语气的偏义复词,还有一些偏义复词是由意义相关的词语组成,如"国家、园圃、金鼓、衣冠、父兄、车马"等,这类词数量极少,整体词义与其中一个构词语素相同,语义基本固定,常留存到现代汉语中。

5. 联合式中的同素异序词

联合式复音词还有一类双音词,即同素异序词,这对词的表义一般相同或相近,是两个相同的构词语素并且内部的语素顺序互换的一对词。学术界对同素异序词的讨论开始很早,这是汉语发展中出现的一种重要的语言现象。20世纪六七十年代,有学者开始关注这类语言现象,如郑奠(1964)、陈爱文(1979)、曹先擢(1979)、于平(1979)等,并且对此有不同的称呼,称之为字序对换的双音词、异序词、同素异序词等,我们采用"同素异序词"这一名称。80年代以后,研究成果逐渐丰富,这类词在近代汉语中具有很突出的表现,是近代汉语的特色,并且大量研究文章出现,探讨这些字序对换的双音词产生的原因和分类等问题。研究同素异序词分类的文章,有宏观上探讨这类词的,如张永绵的《近代汉语中字序对换的双音词》;有围绕史书材料分析同素异序词的,如韩陈其的《〈史记〉中字序对换的双音词》;有研究注释材料中的同素异序词的,如何志华的《郭注双音词中的同素反序现象》;有从语音角度探讨某一类结构中的同素异序词的,如蒋冀骋的《论近代汉语并列结构词的语素间声调关系》;有分析出土文献中这类词的,如程湘清的《变文复音词研究》。还有从汉语史不同分期阶段,如上古汉语探讨这类语言现象的,如伍宗文的《先秦汉语中字序对换的双音词》等;研究同素异序词规范的文章,如侯敏的《同素异序词的发展和规范问题》;研究这类词形成原因和规律的文章,如陈爱文、于平的《并列式双音词的字序》,赵小刚的《"前有浮云,后须切响"别解》,肖晓辉的《论类推机制在同素异序词分化中的作用》,张博的《先秦并列式连用词序的制约机制》,陈明娥的《敦煌变文同素异序词的特点及成因》等。从来源上说,这类词一部分是承古,一部分是新创,意义相同或相近,有的成对出现,有些不是在共时平面上同现,这种现象是汉语复音化过程中值得关注的现象。

元代直解体文献正处于近代汉语的主干时期，共出现同素异序词189组，其中有62组，两个词在文献中都出现，涉及124个，另外有127组，只有一个词在元代直解体文献中出现，同素异序词在元代直解体文献中共有251个。下面我们选取用例进行分析。为了便于称说，便用A和B表示同素异序词构词语素，本书统计两类情况，一是两个词在文献中都出现；一是只有一个词在元代直解体文献中出现。纵观整个汉语词汇史，还有可能出现在元代常用AB，发展到现代汉语却只剩下BA的情况。两个词在文献中都出现，即语序AB和BA都存在的。如：

第一种情况，AB和BA都存在。

### 理义/义理

(1) 况兼佛家口里不说先王法度的言语，身上不穿先王法度的衣服，不知君臣的<u>理义</u>，不识父母的恩爱，假如佛亲身在这里，来朝京师，其间官里接见了，不过赐他茶饭衣服等物，差人护送他每出境去，阿的便是了也。(《直说通略》卷九)

(2) 若能嗜好学问。讲明<u>义理</u>。虽未便尽知之德。而可以破其愚惑。是亦近乎知矣。(《中庸直解》)

"理"指道理，《孟子·告子上》："故理义之悦我心，犹刍豢之悦我口。"《淮南子·本经》："喜怒刚柔，不离其理。""理义"指社会道德规范，行事准则，《吕氏春秋·劝学》："人君人亲不得其所欲，人子人臣不得其所愿，此生于不知理义。"高诱注："不知理义，在君父则不仁不慈，在臣子则不忠不孝。""理义"唐代以后也专指儒家的经义。"义"指道理，"义理"合于一定的伦理道德的行事准则。称宋以来之理学为义理之学，《二程遗书》卷十八："或读书讲明义理；或记古今人物，别其是非；或应事即物而处其当，皆穷理也。"

### 得知/知得

(1) 匈奴谎说苏武已死，使臣<u>得知</u>武所在，遂说道，俺天子在上林中射雁，雁脚上有裁帛写着道苏武在大泽中，匈奴隐不得，遂放令回。(《直说通略》卷三)

(2) 帝亲去探病，因问萧何那一个好，替你做丞相，萧何道<u>知得</u>人臣无如人君，惠帝道曹参如何，萧何道是也，何薨。(《直说通略》卷三)

"知"指晓得，了解，《书·盘庚》："予弗知乃所讼。"《左传·僖公七年》："知臣莫若君。""知得"指晓得，"得知"指获知，知晓，同时期文献例证，《元朝秘史》卷十二："后河额仑得知，心内忧闷，所以老了。"

## 怕惧/惧怕

(1) 焚烧大臣宅第，朝廷<u>怕惧</u>，不问政事，如此气象可见了，遂家去，尽将家私接纳宾客。(《直说通略》卷八)

(2) 秦王坚闻慕容恪死，有志咸，燕<u>惧怕</u>，垂威名不敢动，及垂到秦，秦王大喜，欲与垂一同併天下。(《直说通略》卷七)

"怕"表"畏惧"是后起义，唐代元稹《侠客行》："侠客不怕死，怕死事不成。""惧"指害怕，《诗经·小雅·谷风》："将恐将惧，维予与女。""怕惧"指有所顾忌，害怕。"惧怕"指害怕，唐道世撰《法苑珠林》卷六："有不养者其母辄死，故惧怕之无敢不养。"元杨梓《豫让吞炭》第二摺："不料赵襄子惧怕，出走晋阳。"

## 杀戮/戮杀

(1) 禹德感天地，雨下三日都是金子，禹会会稽诸侯防风氏，来迟<u>戮杀</u>防风氏，身横九亩，禹崩，寿一百岁，逊位与益，百姓不顺益，都归禹子启，启遂即位。(《直说通略》卷一)

(2) 高宗是偷安的人，被女色迷惑了，如落在水里一般，又兼虽有仁爱，却无刚断，以致武后坏了唐家，<u>杀戮</u>宗支，累及士大夫，都是高宗使令得恁底。(《直说通略》卷九)

《说文》："戮，杀也。"《书·汤誓》："尔不从誓言，予则孥戮汝，罔有攸赦。"《说文·杀部》："杀，戮也。""杀"即"杀戮"，"杀戮"即"杀害；屠杀"，"戮杀"即"杀戮"。

## 宴饮/饮宴

(1) 帝乘羊车，随羊所到处便<u>宴饮</u>宿卧，宫中都把竹叶插在门上，又将盐汁洒在地上，引羊到来，与群臣议论其间并无一言语国家长久的计策。(《直说通略》卷五)

(2) 又再做刑书加重，密地使左右人伺群臣有小罪便杀了。又好声色<u>饮宴</u>，好生无道。(《直说通略》卷八)

"宴"指以酒肉款待宾客，宴会，《左传·成公二年》："宴于季氏。""饮"以酒食款待，宴请，"宴饮"设宴聚欢。"饮"也指"酒席"，"饮宴"指聚在一起饮酒吃饭。

## 紧要/要紧

(1) 众欲说忘了所说的言语，遂大笑，左右亦笑将士皆怒说道自身尚如此，我每有甚<u>紧要</u>，都无战心。(《直说通略》卷八)

(2) 杨骏私意改换<u>要紧</u>官职，皆用自己心腹人，其实藏着不好的意，忽然

帝病稍可，看见根前所用的人都被杨骏改换了，正色对杨骏说道如何便这般的。（《直说通略》卷五）

"紧"有"重要"义，《三国演义》第四九回："徐盛曰：'请暂少住，有紧话说。'""要"指重要，主要，《孝经·开宗明义》："先王有至德要道，以顺天下。""紧要"即"重要"，宋代出现"紧要"一词，《朱子语类》卷一一五："道夫曰：'以此见得孟子求放心之说紧要。'""要紧"谓"重要；至关重要"，宋代已见，宋龚昱《乐庵语录》卷二："文章如美妇，可以倾人之城，可以倾人之国，然要紧在行事处。"

### 久长/长久

（1）所以承载得许多事物。与那地之承载万物一般，高大而光明，所以盖覆万物一般。博厚高明。又皆悠远久长。所以能化成天下。（《中庸直解》）

（2）故博则极其广博。厚则极其深厚。高则极其高大。明则极其光明。博厚高明。又极其悠远长久。天地之道。各极其盛如此。（《中庸直解》）

"久"，《汉书·礼乐志》："吾易久师。"颜师古注："久，犹长也。"《说文·长部》："长，久远也。从兀，从匕。兀者，高远也。久则变化。""长"谓"长久；永久"，《书·盘庚中》："汝不谋长。"孔传："汝不谋长久之计。"《吕氏春秋·诬徒》："虽贤者犹不能久。"高诱注："久，长也。""久长"即"长久"，"长久"指"时间很长；持久"，保留在现代汉语中，均指时间久远义。

### 弟子/子弟

（1）帝亲袒割牲、执酱、进酒，行礼了毕，引桓荣及弟子升堂，诸佛儒执经问难，士大夫每绕着学前桥门看望的亿万来人。（《直说通略》卷四）

（2）遂收下狱，连累数百人，皇后父窦武上疏分解，及李膺等词语多有攀指宦官子弟，宦官怕惧，遂奏，帝赦了党人二百人，皆罢官职，归田里，终身不用。（《直说通略》卷四）

"弟子"指"为人弟者与为人子者，泛指年幼的人"。"子弟"指"子与弟，对父兄而言，亦泛指子侄辈或年轻后辈"。

第二种情况是和现代汉语比较，只有语序 BA 的复音词。如：

### 诉告

（1）文王将己身代武王死，武王较可，周公将诉告文字藏在金縢匮里，武王寿，九十三岁，崩。（《直说通略》卷一）

"诉告"指"告诉，向人诉说（苦难、冤枉等）"。

### 窄狭

（2）始皇为见咸阳人众多，在先宫殿窄狭，遂起造朝宫，自渭南上林苑中

作前殿阿房。(《直说通略》卷三)

"窄狭"谓"狭隘;狭小"。

### 畏敬

(3) 子思引孔子之言说:鬼神之灵能使天下的人,齐明以齐其内,盛服以饰其外,<u>畏敬</u>奉承以供祭祀。(《中庸直解》)

"畏敬"指"尊敬;敬重"。

### 告报

(4) 项羽杀了义帝,洛阳三老董公劝汉王率三军为义帝发丧,<u>告报</u>诸侯道天下共立义帝,北而事之。(《直说通略》卷三)

"告报"指"告知;报告"。

### 减削

(5) 错累曾提说<u>减削</u>吴帝,文帝不忍。(《直说通略》卷三)

"减削"指"降低;减少"。

### 容仪

(6) 齐明以齐其心思,盛服以肃其<u>容仪</u>。(《中庸直解》)

"容仪"谓"容貌举止;容貌仪表"。

### 模楷

(7) 学中亦有言语说道天下<u>模楷</u>李元礼,不畏强御陈仲举,天下后秀王叔茂,天下人一时争要好名声。(《直说通略》卷四)

"模楷"指"楷模;榜样"。

### 救解

(8) 佛如有灵感,能作祸福呵,将这灾祸都加在臣身,上书奏,帝大怒,要杀了韩愈,裴度崔群等一力<u>救解</u>,遂贬为潮州刺史。(《直说通略》卷九)

"救解"指予以援助,使脱离危险或困难。

### 谐和

(9) 人能和于妻子,意气和悦,有如弹琴瑟一般,宜于兄弟,心志和乐。乐而且久,为室家的则相<u>谐和</u>,无乖戾的意思,为妻孥的则相欢乐,无怨怒的意思。(《中庸直解》)

"谐和"指"和谐;和顺"。

### 葬埋

(10) 葬是<u>葬埋</u>。(《中庸直解》)

"葬埋"谓"埋葬"。

### 习学

(11) 孟子习学回来,母亲问文子到那里,孟子听文子只如旧,孟母正织机,将刀截断了机,说道恁地废文子,便如我断机一般。(《直说通略》卷二)

"习学"谓"学习"。

### 盖覆

(12) 圣人至诚之德广博而深厚,所以承载得许多事物,与那地之承载万物一般高大而光明,所以盖覆万物一般。(《中庸直解》)

"盖覆"指"覆盖;遮盖"。

### 习熟

(13) 帝名演,显祖之弟,识度明敏,自小居台阁,习熟吏事,即位后精勤政事,革去文宣帝时弊政,只是太细碎,性又至孝,友爱诸弟,不以君臣礼为拘。(《直说通略》卷八)

"习熟"指"熟悉;熟知"。

### 余剩

(14) 国家用度时,必须酌量撙节,常有些余剩。这便是用之者舒。(《中庸直解》)

"余剩"指"剩余"。

### 事奉

(15) 国之有长与家之有兄一般,在家事兄之弟,即是国之所以事奉尊长的道理。(《中庸直解》)

"事奉"谓"供奉;侍奉"。

### 漏泄

(16) 那河海这等深的也振收得住,不见其漏泄。(《中庸直解》)

"漏泄"指"泄露"。

### 承顺

(17) 人要取信乎朋友,自有个道理,只在承顺自家的父母。若不顺乎亲,那厚处先薄了,朋友如何肯信。(《中庸直解》)

"承顺"指"遵奉顺从"。

### 壮健

(18) 魏军破了宋、兖、徐、豫、青、冀六州,杀掠无数,遂回军,底为人壮健勇猛,临城对阵,亲犯矢石,左右虽多有死伤,帝神色不变。(《直说通略》卷八)

"壮健"指"强壮;强健"。

**同共**

(19) 王莽因而篡位,莽自恃奸诈,劳民弄兵,天下人<u>同共</u>诛他,是他罪过,做得满了似这般有。(《直说通略》卷三)

"同共"指"共同;一起"。

**谋计**

(20) 在后几至国亡,帝被杞欺妄,却说道人都说庐杞奸邪,我独不觉得,帝又用杨炎<u>谋计</u>立两税的法,每年夏秋两遍征收百姓赋税。(《直说通略》卷九)

"谋计"指"计谋"。

如果以近代汉语上限晚唐为界来划分,从出现时间看,同素异序词主要有以下几种情况:①一对词中的一个词(词义)出现在唐以前,一个在唐以后才出现,如承继(先秦)/继承(宋代)、小大(先秦)/大小(元代)、共同(先秦)/同共(宋代)、盖覆(唐代)/覆盖(东汉);②一对词可能都出现在唐以前,属于旧词,如货财(先秦)/财货(先秦)、久长(先秦)/长久(先秦)、事奉(晋代)/奉事(西汉);③一对词都出现较晚,在唐代以后才有用例,如余剩(宋代)/剩余(明代)。在一定条件下可以对换双音词的字序,双音词字序对换后意义不变,这是联合式同素异序词的一个特点,反映了汉语词汇复音化的一个重要侧面,现代也有这样的双音词,但是现代汉语中还有大量语义不同,甚至相差很大的同素异序词。

通过考察元代直解体文献中的同素异序词,可以得出以下一些结论:

第一,汉语单音节向双音节过渡的阶段中出现大量同素异序词,在汉语发展的各个历史阶段都存在一定量的同素异序词,到了元代,大量成对的同素异序词出现。从元代直解体文献来看,主流还是成对的同素异序词并存,并且在使用时可以互换。从词性来看,动词性同素异序词的总数最多,其次是名词,最少的是形容词。这些成对的词有些是继承古代汉语,有些是近代新产生的,形成交错复杂的情况,体现出历史词汇的累积性特点。

第二,同素异序词的存留情况。汉语史上出现的联合式同素异序词,绝大多数都是语素一致,语义基本相同或相近,语序可以互换,这势必会造成语义表达的冗余,不符合语言的经济性原则。有些在发展的过程中不适应社会的发展,整组同素异序词被淘汰,有些整组被保留下来,而有些则是其中一个被淘汰,另一个被保留下来。因此,同素异序可以看作汉语单音节向双音节发展的一种尝试,但不是所有同素异序词都保留到现代汉语。

第三,同素异序词在汉语词汇发展史上具有重要价值。元代直解体文献和现代汉语相比,还存在大量的非成对的同素异序词,反映出用词的多样性。同素异序词绝大多数是语义基本相同，语素一致，而同素异序词的存在恰好透视出词义演变的信息，反映了部分词语的演变过程，可以从中发现联合式复音词演变的一些规律，也为构词法研究提供了参证。

第四，近代汉语词汇突出的特点是存在大量同素异序词，同素异序词的存在情况反映了语素的凝固度，构词语素语义的变化对同素异序词的发展产生影响。语素义位的主次发生易位，会使人们在面对这些语素所构成的复合词时进行重新解读，变化了的构词语素也会影响同素异序词前后语素的位置变化，从而使词义发生变化。

第五，语用和使用频率对同素异序词发展演变产生影响。任何双音词并非一结合就成词，要在语言使用过程中，得到语言使用者和社会的认可，同素异序词是由单音词发展为双音词过程中的一种现象，可能同时成对出现，也可能出现时间有早晚，但其使用频率往往是不同的，有的使用频率还相差很大，其中一个同素异序词出现次数较多，逐渐成为唯一词语形式，使用频率较高的构词词形更可能会保留下来。

6. 重叠式复音词

利用重叠的方式可以较便捷地产生大量复音词。学术界对于重叠词的性质问题，存在不同意见，出现分歧的原因主要是范围界说不清，没有把重叠词进行分类，指称的名称也不统一，而往往是各有所指，却混在一起讨论。从语素构成上看，重叠式复音词是由相同的词根重叠而成，从单个词根表义和重叠词词义关系区分为两种，一是单个词根与重叠词意义一致；一是单个词根与重叠词意义相关。

（1）形容词重叠式

拳拳

但得了一件善道，便拳拳然奉持在心胸间，守得坚定，不肯须臾失了。（《中庸直解》）

"拳"谓"真挚"，"拳拳"诚挚貌，汉司马迁《报任安书》："拳拳之忠，终不能自列。""拳拳然"义同"拳拳"，这类是由两个单音形容词性词素重叠构成的。

（2）副词重叠式

略略

武后意中略略省悟。（《直说通略》卷九）

"略"用作副词，指"稍微"，"略略"唐代已见，可用作形容词，唐元稹《送友封》诗："轻风略略柳欣欣，晴色空濛远似尘。"元代以后，用作副词，犹稍微,稍稍。

### 频频

更天降甘露地出醴泉,频频有祥瑞的事,只为帝性褊急太过,风闻的事便要人罪过,以此不得全美。(《直说通略》卷四)

"频"指皱眉,《易·巽》:"频巽,吝。"孔颖达疏:"频者,频蹙忧戚之容也。"也指危急;急切。《诗·大雅·桑柔》:"于乎有哀,国步斯频。"毛传:"频,急也。"引申指屡次,接连,"频频"指屡次,连续不断,唐刘知几《史通·书志》:"前志已录,而后志仍书,篇目如旧,频频互出。"

### 渐渐

徐吏萧何曹参教樊哙去唤刘邦来管领沛县众百姓,收拾得二三千人,称刘邦做沛公,后来人渐渐多了,昌邑人彭越领众归沛公。(《直说通略》卷三)

"渐"本古水名,《说文·水部》:"渐,渐水。出丹阳黟南蛮中,东入海。"朱骏声《说文通训定声》:"渐源有二:北源出今安徽徽州府诸山;南源出今浙江严州府诸山。合流至萧山县,合浦阳江,经杭州府城东南,至龛赭二山之间入海。"南北朝后指称今浙江。借用指逐步发展,表示缓步、逐步,《易·坤》:"臣弑其君,子弑其父,非一朝一夕之故,其所由来者渐矣。"宋曾巩《鸿雁》诗:"性殊凡鸟自知时,飞不乱行聊渐陆。""渐渐",汉代已见,指"逐渐",汉荀悦《汉纪·武帝纪四》:"广伪死,渐渐腾而上马,抱胡儿而鞭马南驰。"唐张籍《早春病中》诗:"更怜晴日色,渐渐暖贫居。"

(3) 名词重叠式

名词重叠式可分为两类,一类是事物名称,以重叠词的形式给事物命名,在语料中未见此类重叠式,这和语料性质内容有关,大概宋元以后,这类重叠式已见,北方话中较少见。名词的重叠比较有限,少数名词 AA 重叠有周遍义,如人人、家家、户户等。另一类是亲属称谓,重叠式亲属称谓在语料中多见,有的出现新用法,如"姑姑"产生"丈夫之母"义。

### 哥哥

孝顺父母、敬重哥哥的勾当都行到尽处呵,好的名听神明知道,四海都知道。(《孝经直解》)

唐代以前,用"兄"指"哥",有学者考证"哥"从阿尔泰语借来,唐代以后使用频繁,有多种意义。"哥哥"是"哥"的重叠式,称呼同父母或只同父、只同母的兄长。宋代也指妻对夫的称呼,宋无名氏《朝野遗记》:"光宗既愈,后泣谓曰:'尝劝哥哥少饮,不相听。'"元代也指父母对儿子的称呼,或称呼父母。

### 姐姐

赵平原君的夫人是信陵君的<u>姐姐</u>，赵国被围紧急，使臣络绎来求救信陵君。（《直说通略》卷二）

"姐姐"称呼同父母（或只同父、只同母）而年长于己的女子。

### 婆婆

韩信，淮阴人，先时家贫，在城下钓鱼，有一个漂母见信饥，与信饭吃，信谢漂母道，我去后必定好生谢<u>婆婆</u>。（《直说通略》卷三）

"婆婆"谓"对老年妇女的尊称"。

### 嫂嫂

典护军周勃说道陈平虽生得好如冠玉一般，就里未见他有甚才能，听得他在先居家时，曾偷了<u>嫂嫂</u>事，魏与楚皆容身不得。（《直说通略》卷三）

"嫂嫂"谓"兄之妻"。

### 叔叔

广是<u>叔叔</u>，受是侄儿，广对受说为人知足，不至危辱，我每仕官至二千石，功名有了，若不知退，恐后悔去也。（《直说通略》卷三）

"叔叔"即"叔父"。

(4) 动词重叠式

### 看看

顾，是常常地<u>看着</u>。天之明命，即是上天与我的明德。伊尹作书告太甲说，人人皆有天的明命，都丧失了，独诚汤常常看着这明命，无一时不明。（《大学直解》）

"看看"指"看着"，中古时期，动词较少重叠使用，唐以后动词重叠使用增多，宋元以后出现表时间短暂的动词重叠词。重叠式构词具有合成词的优势，同时具有重复和便捷的特点，这种构词方式的优点，一是适应汉字表意性，二是增强语义表达，如"渐渐""略略""频频"等，相同语素结合，与"同义连言"形式上近似，受到汉语双音化发展趋势影响，这种重叠构词的相对优势性，促使重叠词使用增多。

（二）从各语素同复音词词性变化分析联合式复音词

从词性变化角度来看，可以分为两种情况，一种是联合式复音词词性和构词语素词性一致，另一种情况是联合式复音词词性和构词语素词性不一致。

1. 联合式复音词构词语素与成词词性一致

(1) 名+名→名

这种类型的复音词是指构词语素都为名词性，构成的复音词词性也为名词，各语素的词性同复音词成词词性一致。如：

### 冠帽

古人年二十岁才有<u>冠帽</u>，必能济世安民，遂取名世民。（《直说通略》卷九）

"帽"古代特指布帛制的圆形软帽，指帽子，《后汉书·耿秉传》："安得惶恐，走出门，脱帽抱马足降。"《说文》以冠为牟冕之总名，帽为小儿蛮夷头衣，可见冠帽不同义，"帽"一般指便帽，"冠"一般指冠冕。"冠帽"即帽子。《晋书·谢万传》："尝与蔡系送客于征房亭，与系争言。系推万落床，冠帽倾脱。"

### 臂膊

宪宗聪明果决，选用忠良，任人不惑，百年来可忧之事一时平定，后来怠心一生，祸起<u>臂膊</u>里面。（《直说通略》卷九）

"臂"指人的上肢、动物的前肢。《庄子·人间世》："汝不知夫螳螂乎？怒其臂以当车辙，不知其不胜任也，是其才之美者也。"《荀子·劝学》："登高而招，臂非加长也，而见者远。""膊"指肩膀，胳膊，南朝梁元帝《金楼子·箴戒》："令此人袒膊立正，以矛刺膊洞过。"《魏书·孝文帝纪》："少而善射，有膂力。年十余岁，能以指弹碎羊膊骨。""臂膊"指"胳膊"，唐路德延《小儿诗》："臂膊肥如瓠，肌肤软胜绵。"

### 资禀

天下国家是至难平治的，然<u>资禀</u>之近于知者能均得，爵禄是至难推却的，然资禀之近于仁者能辞得，白刃是至难冒犯的，然资禀之近于勇者能踏得，三者虽若至难，其实容易。（《中庸直解》）

《说文·贝部》："资，货也。从贝，次声。""资"本义为财货，钱财。引申为资本，基础，天赋也是一种资本，故又引申指"物的素质，人的智力禀赋"，"禀"同"稟"，禀受，承受，禀性，天性所赋。《文选·三国魏·陈琳·答东阿王牋》："此乃天然异禀，非钻仰者所庶几也。""资禀"指天资，禀赋。

这类"名+名→名"总量396个，占联合式复音词总数的23.84%，"其他名+名→名"的如臣寮、恩谊、朝代、珍宝、首尾、菜蔬、根脚、宅第、边界、粥糜、日期、田禾、器具、田地、帐幕、房舍、几杌、床榻、膏血等。

(2) 动+动→动

### 改移

<u>改移</u>的风俗好呵着，百姓情性不邪，常常的和气有着。（《孝经直解》）

"改"指变更，改正，《逸周书·常训解》："天有常性，人有常顺。顺在可变，性在不改。""移"指变动，改变，《尚书·周书·毕命》："既历三纪，世

79

变风移,四方无虞。"孔传:"言殷民迁周已经三纪,世代民易,顽者渐化,四方无可度之事。""改移"指"更改,改变",唐代已见,唐白居易《埇桥旧业》诗:"改移新迳路,变换旧村邻。"

### 叱喝

敬德走马到来,叱喝元吉,元吉走入武德殿,敬德赶上,射杀元吉。(《直说通略》卷九)

"叱"指大声呵斥,《公羊传·庄公十二年》:"仇牧闻君弑,趋而至,遇之于门,手剑而叱之。"引申为"呼喝"。"喝"指大声喊叫,多用于使令、呼唤、制止等,"喝"的"呼"义是后起义,宋欧阳修《回丁判官书》:"吏人连呼姓名,喝出使拜。""叱喝"谓"呵斥;呼喝"。这类"动+动→动"复音词最多,共883个,占联合式复音词总数的53.16%,占一半以上。

(3) 形+形→形

### 轻易

敬宗轻易荒纵,自取死亡,文宗无决断,为家人所制,虽有好贤文雅之心,终是不足道。(《直说通略》卷九)

"易",《说文》作"傷",训为"轻也"。《说文》:"轻,轻车也。"段玉裁注:"《周礼》:'轻车之萃。'郑曰:'轻车,所用驰敌致师之车也。'汉之发材官轻车,亦谓兵车。轻本车名,故字从车。引申为凡轻重之轻。"由于"轻"的名词义后世很少使用,所以用"轻"的引申用法,对人轻则为怠慢,有"慢易"义。"轻""易"连用,源于先秦,《列子·说符》:"虞氏富乐之日久矣,而常有轻易人之志,吾不侵犯之,而乃辱我以腐鼠。"例句中"轻易"指"轻率"义。这类"形+形→形"复音词共293个,占联合式复音词总数的17.645%,"其他形+形→形"的,如"矜肆、睿智、通透、蕃盛、紊乱"等。

(4) 数词+数词→数词

### 千万

故知所以修身,则知所以治人。一个人的道理即是千万人的道理。若推将去。则天下的人、一国的人、一家的人无有不可治的。(《中庸直解》)

构成"千万"复音词的两个语素属于同一个语义场,具有相同的上位义素,属于类义联合复音词。"千"数目词,十个一百,"万"是"十个一千","千万"形容数目很多,如:"范蠡对文种说道,越王为人,长头禽(口似禽),鹰视(眼看如鹰),狼步(步行如狼),可与共患难,不可以共富贵,若不早去,祸比及身,文种不信,范蠡遂将珍宝珠玉与私从的人,泛扁舟,出三江五湖入海,改姓名鸱夷子皮,父子治产业数千万。"(《直说通略》卷二)又如"亿万"

极言其数之多，如："帝亲袒割牲、执酱、进酒，行礼了毕，引桓荣及弟子升堂，诸佛儒执经问难，士大夫每绕着学前桥门看望的亿万来人。"（《直说通略》卷四）

(5) 副词+副词→副词

**合当**

昭侯听得说，说明主爱惜一颦一笑。合当嚬处嚬，合当笑处笑，如今我这袴子何止嚬咲，必待有功的方与他。（《直说通略》卷二）

表应该义的助动词，汉语史上主要有"当、应、合、该"等。先秦主要用"当"，东汉有"应"，魏晋南北朝"当"和"应"并驾齐驱，最为常用。"合"虽然西汉已有，但在中古时期使用频率不及"当"，联合式复音词的两个组成成分绝大多数都能单独成词，单音词与复音词有一个相当长的并存时期，在汉语复音化影响下产生了"合当"一词，犹应当、应该。一般来说，同词性的复音词是由同词性的单音词联合构成，名词与名词联合构成名词，如"旌旗""衮冕""官司""国家""罪过"；形容词与形容词联合构成形容词，如"瘦瘠""通达""完备""恭敬""悠久"；动词与动词联合构成动词，如"提说""畏惧""替换""充满""回还"，"背叛"。也有少数同义联合复音词的词性同单音词不一致的情况，如"及至"，"及"指追上，赶上，《左传·成公二年》："故不能推车而及。"引申为及到，达到，《论语·公冶长》："赐也，非尔所及也。"又为等到某时候，《论语·季氏》："君子有三戒：少之时，血气未定，戒之在色；及其壮也，血气方刚，戒之在斗；及其老也，血气既衰，戒之在得。"及"至"连词，表示进一层的意思，属于"动词+连词→连词"，"及至"谓"等到，到了"，如："帝见黯时好生敬重，大将军卫青虽尊贵，帝有时坐厕见青，及至见汲黯不带冠不敢见。"（《直说通略》卷三）尽管同义联合复音词的词性同单音词不一致的情况极少，但也很有特点，简要归类分析如下。

2. 联合式复音词构词语素与成词词性不一致

(1) 动+动→名

**学问**

若能嗜好学问，讲明义理。虽未便尽知之德，而可以破其愚惑，是亦近乎知矣。（《中庸直解》）

"学问"语出《易·干》："君子学以聚之，问以辩之，宽以居之，仁以行之。"谓"学习和询问（知识、技能等）"，句中"学问"指"学识；知识"。

**吃食**

自此，禄山出入宫中，不禁，有时与贵妃对坐吃食，有时终夜不出外面，

81

多有丑声，帝皆不疑。(《直说通略》卷九)

"食"，《说文》："食，一米也。"食品，引申为"吃饭、进餐"。《周书·无逸》："自朝至于日中昃，不遑暇食。"又引申为"饮、喝"，柳宗元《序饮》："吾病痞，不能食酒。""吃"，《说文》："吃，言蹇难也，从口，气声。"为言语不流畅、口吃，"吃"的引申义同"食"的引申义构成同义关系，而指与"吃喝"有关的事情，如："海陵王虽在帝位，吃食动静都禀宣城王，言语才方敢行。"(《直说通略》卷六)"吃"同"喫"，《说文·口部》："喫，食也，从口，契声。""喫"，吃，引申为与"吃喝"有关，如："及将戚夫人手脚都割了，剜了眼睛，将药薰，教他两耳聋了，又将药喫，教他哑了，言语不得。"(《直说通略》卷三)动语素联合复音词还有"指望、玩味、使用、招接、商议"等，"主张"指"见解，主意"，"指望"指"所期望的"，"招接"指"交往"，"商议"指"建议"，"使用"指"指某种花费"，构词语素词性与成词后的词性不一致，多引申为与词素动作行为有关的人和物。

(2) 形+形→名

### 卑幼

慈，是慈爱卑幼。(《中庸直解》)

形容词"卑""幼"结合以后，"卑幼"指晚辈和年龄幼小者，为名词义。这类词的特点是产生名词义之后，成词后的名词仍然具有形容词性构词语素表示的性质状态。

(3) 形+形→动

### 明达

帝遵守光武法度，并不改变更能虚心恭俭，明达法理，后妃外戚不许封侯，及干与政事。(《直说通略》卷四)

例句中"明达"意为"对事理有明确透彻的认识；通达"，"明""达"都为形容词。南北朝时期"明达"也指"通达的人"，属于形+形→名，南朝宋谢灵运《撰征赋》："迨明达之高览，契古今而同事。"

(4) 量+量→名

表量语素与表量语素的组合，属于并列关系。有些起源于上古，有些是上位概念与下位概念、大量与小量的组合，二者具有包含关系。如：

### 户口

帝为人仁厚宽容，恭俭勤政，百官并令久居职任，守宰六年，为满三十年内，四境安宁，户口繁多，风俗改变。(《直说通略》卷六)

"户"住户，一家为一户，《易·讼》："其邑人人三百户。""口"量词，用于人,《真诰·甄命》:"郗回父无辜戮人数百口,取其财宝,殃考深重。""户口"指住户和人口的总称,计家为户,计人为口,连用指"人口"。

(三) 联合式复音词的特点

1. 联合式复音词词类非常丰富

联合式动词最多,其次是名词、形容词,也有一些其他词类,词类丰富。从词性构成来看,分为两类,一类是构词语素与成词词性一致,如名+名→名、动+动→动、形+形→形、数+数→数、副+副→副,其中"动+动"类数量最多,其次是"名+名"和"形+形",其他类占联合式复音词总量较少;另一类是构词语素与成词词性不一致,如动+动→名、形+形→名、形+形→动、量+量→名,第一类占绝大多数。同现代汉语比较,一些联合式复音词的词义、词性均发生了变化,如"田地"一词,现代汉语中指"土地",直解体文献中除了指"土地",还指"地方",宋元话本中"田地"的"地方"义多见,这是词义的不同。又如"物色"一词,现代汉语中是动词"寻找"义,直解体文献中为名词,指"东西",这是词性的不同。

2. 出现大量的联合式同素异序词

联合式复音词的特点是两个构词语素地位平等,是联合关系,因此,两个语素在构词时互换位置,不会对整个词义造成很大改变。构词语素词序不稳定是联合式复音词的一大特点,这使得语料中出现大量的联合式同素异序词。联合式复音词是由两个语义基本相同或相关的语素构成,这是同素异序词产生的基础,在语料中存在同素异序词的成对形式,也有只出现其中一种同素异序词的形式,同时双音词在发展初期,语序不稳定,受语言经济性原则和人的认知习惯的影响,出现了利用互换语素顺序造词和异序异用的现象。联合式复音词中的同素异序词有助于考察词语发展的轨迹,学者们对影响同素异序词语素排列的因素多有论述,一致认为语素结合中的语序问题是有规律的,除语义、语音的影响外,还有语用的作用,如使用习惯。我们认为语音的影响作用是最大的,其次是语义对词序的影响,同时,人的认知习惯和时空自然顺序也起到一定作用。

3. 联合式三种语义关系

和其他构词法的能产性相比,联合式是最能产的构词方式之一。从语义构成的角度看,联合式复音词语义关系,最主要的是同义联合和类义联合,而反义联合极少,主要语义关系用同义联合和类义联合两大类可以概括。直解体文献中有丰富的同义、近义和类义联合词。决定联合式复音词产生的主要因素是语义本身,词义主要通过同义、近义或类义融合的方式产生,少数通过反义融合方式产生，受语素义组合的影响，或结合两语素义直接生成词义，或间接生成，偏指一个，或在语素义基础上发生引申或转指。反义联合的形式和同义、类义联合相比，不容易凝固成词，但一经联合成词，就相当稳固，如"好歹"一词，元代已见，迅速产生四个义项，"好坏""结果""意外的变故"和"无论如何；不管怎样"，元代以后已凝固成词。应当说，反义联合式在近代汉语创作出大量新词。词素以人们的联想认知作为基础，对同义、类义和反义形式进行语义融合，是双音词成词的重要途径。两个语义相近的语素，语义距离更接近，比两个语义相反的语素更容易成词，两个反义或相对的语素，语义距离远，和同义、近义或类义相比，不容易词汇化。使用频率对词语的复合化而言不是决定性因素，语言中联合式的产生和生成具有同时性，当同义或近义的两种形式存在时，会导致同义或近义联合式复音词的情况出现。

4. 重叠式复音词绝大多数是语义上重叠

元代直解体文献重叠词数量增加，名词性的居多（如"哥哥、嫂嫂、家家、姑姑"），此外还有形容词性的（如"岩岩、赫赫、款款、纷纷"），副词性的（如"常常、渐渐、频频、汲汲"），数词性的（如"一一"），量词性的（如"件件、个个"）等，并且很多重叠式复音词保留到现代汉语中，表示一种程度、语气上的加深。不同于语音重叠，重叠式复音词词义与构词语素具有联系，多数是语义上重叠。

**二、偏正式复音词**

偏正式复音词由一个"偏语素"和一个"正语素"构成，"偏语素"对"正语素"有修饰或者限制作用，一般来说是由两个构词语素组成，也有两个以上多音节偏正式。汉语发展史上，偏正式出现时间较早，唐宋以后发展成"正语素"除了表示人或事物，还可以表示动作行为的语义类别，而且构词能力增强。元代直解体文献偏正式双音词 1385 个，占双音复音词总数的 25.32%，是最主要的构词方式之一。

（一）语义特点及分析

从构词语素的语义特点来看，被修饰性成分为正语素，整个偏正式复音词的语义以正语素为主，正语素可以分为表人或事物、表动作行为和表性质状态三类，修饰或限制性成分为偏语素，对后面正语素形成制约，下面具体从语义特点等方面分析。

1. 正语素表人或事物

正语素是表人、事物，偏语素依据不同语义情况，可分为：

(1) 表身份、职业

根据程湘清等学者的研究，"人、士、夫、王、父、士、叟、主、君、工、官、吏、郎、客、友、儿、子"等作为偏正式的正语素，在先秦至六朝时期就已经出现。在元代直解体文献中正语素表示人的共计25个，其中构词能力强的有"师、士、臣、公、家、辈、人、史、吏、军、神、父、君、民"，其他还有"儿、女、郎、夫、客、户、王、生、员、官、马、母、弟、党"等。下面对正语素表，偏语素表示身份、职业的词例进行分析。

"X+人"结构：

先秦用"X+者"结构表人，元代发展为"X+人"结构。语素"人"是构词能力最强的正语素，直解体文献中"X+人"结构的复音词有"女人、男人、奸人、病人、恶人、妇人、古人、歹人、门人、前人、跟前人、仁人、善人、上人、庶人、等人、他人、下人、贤人、小人、凶人、别人、大人、高人、左右人、好人、圣人、文人、武人、主人、王人、木人、贼人、众人、罪人、乡人、老人"，由于"人"的意义最为概括，因此构词能力从先秦至今一直保持最活跃的状态，由语素"人"参与构成了大量新兴的偏正式复音词。

### 大官人

阿的是诸侯大官人每行孝道的勾当有。（《孝经直解》）

"大官人"元明之际，多见于早期白话，是对有钱有势、社会地位较高的男子和富贵人家子弟的尊称。

### 等人

有等人深求隐僻之理。要知人之所不能知。过为诡异之行。要行人之所不能行。这等所为足以欺世而盗名。故后世或有称述之者。此知之过而不择乎善。行之过而不用其中。不当强而强者也。圣人岂肯为此事哉。（《中庸直解》）

"等人"谓"合格的应募人员"。

### 小人

后主宠幸小人，贪爱酒色，不行郊祀。（《直说通略》卷六）

"小人"旧指仆隶。《论语·阳货》："唯女子与小人为难养也。"朱熹集注："此小人，亦谓仆隶下人也。"《尚书·大禹谟》："君子在野，小人在位，民弃不保，天降之咎。"《朱子语类》卷七十："君子小人只是个正不正。"这两句中"小人"指人格卑鄙的人。

### 令人

郭伋先为并州牧，出外按事，有儿童数百，各骑竹马，在路边迎拜，说道听得使君到来，好生喜欢，特来相接，伋起马众儿童依旧到来，问道使君几时

85

再来,仅扣笺日期,说道几日来临期,先一日到,令人报,众孩儿方才入来。(《直说通略》卷四)

"令人"指"祗候;衙役"。同时期其他文献可见,元无名氏《陈州粜米》楔子:"令人,你在门外觑者,看有那一位老爷下马,便来报咱知道。"

### 官人

本处州县官人每使见识,教他这般要将各处来计例。(《直说通略》卷四)

"官人"谓"选取人才给以恰当官职",《尚书·皋陶谟》:"知人则哲,能官人。"孙星衍疏:"知人则能器使。"引申指"做官的人;官吏",《荀子·强国》:"士大夫益爵,官人益秩,庶人益禄,是以为善者劝,为不善者沮。"杨倞注:"官人,群吏也。"本句中"官人"指"官府差役。"

### 吏人

河南是帝城子,多有近臣,南阳是帝乡里,多有近亲,田宅过分难将来做法则,帝问吏人,果然如此。(《直说通略》卷四)

"吏人"指官府中的差役或胥吏,泛指当官的人。

### 奸人

何敞丁鸿等都是忠直好人,尽心扶持汉室,挫折奸人,朝廷得以倚靠,后头窦宪等遂谋害。(《直说通略》卷四)

"奸"指"邪恶",《左传·僖公二十四年》:"耳不听五声之和为聋,目不别五色之章为昧,心不测德义之经为顽,口不道忠信之言为嚚,狄皆则之,四奸具矣。""奸人"先秦已见,《国语·楚语下》:"吾闻国家将败,必用奸人。"本句中指邪恶、狡诈的人。

"X+女"结构:

### 綵女

帝与群巫綵女数百人,夜里在竹林堂射鬼,寿寂之等弑帝,湘东王即位。(《直说通略》卷六)

"綵"通"彩",指多种颜色装饰的彩色丝织品。《晏子春秋·谏上十四》:"身服不杂彩,首服不镂刻。"《后汉书·宦者传·吕强》:"臣又闻后宫彩女数千余人,衣食之费,日数百余,比谷虽贱,而户有饥色。"唐王翰《蛾眉怨》诗:"宫中彩女夜无事,学凤吹箫弄清越。""綵女"后泛称宫女,《太平广记》中:"又夜间面上有綵女二人,长二三寸,面目皆具,但为小身。"佛经文献中使用"綵女"的频率高。

"X+臣"结构:

### 老臣

帝问谁可为将,充国道无如老臣,遂令出军,羌人惧充国威名,败走。(《直说通略》卷九)

"老臣"指任职较久、齿德俱尊之臣。

(2) 表性状、质地

这类词语的偏语素从性质、状貌、材料、成分等方面对正语素表示的人或事物进行修饰和说明,如"错处、歹人、贼众、本性、威势、卧房、弊病、新室、犊车、糙米、旨酒、醴泉、龙衮、禄位、谣言、义士、阴气、赤眉、急心、寡妇、青冢、金帛、重刑、白马、黔首、黄金、陶器、鱼菜、布衣、麦饭"。

### 恶党

宋高祖从草野里出来,举大义,纠合同志的人奋臂一呼,恶党似瓦片一般,解散,遂斩桓玄。(《直说通略》卷六)

"恶党"指"凶徒;坏蛋"。

### 错处

孔子再说:父母但有不是处呵,急急的索苦了着。这般不谏则管顺着错处行呵,便是孩儿陷了父母也。怎生是孝有。(《孝经直解》)

"错处"指错误之处,不正确的地方,元代已见。

### 私意

伦道在先有人送与我千里马,虽不受,后来,遇三公选举用人其间,我心里不曾忘了,那人似这般看来如何无私意。(《直说通略》卷四)

"私"对正语素"意"进行修饰和说明,"私意"犹"私心"。"私意"在元代直解体文献中出现2次,如:"杨骏私意改换要紧官职,皆用自己心腹人,其实藏着不好的意,忽然帝病稍可,看见跟前所用的人都被杨骏改换了,正色对杨骏说道如何便这般的。"(《直说通略》卷五)

(3) 表用处、功能

这类词语的偏语素从功能、用处等方面说明、修饰正语素。如"朝廷、常行、庐墓、烽火、明堂、策书、飨宴、学宫、几案、戒坛"等。

### 安车

为帝轻侮儒士的上头,躲在山里不肯为汉臣,帝多曾说这四人难得,如今教太子写书赔小心将安车好生礼请,他每来做宾客,一同入见官里。(《直说通略》卷三)

"安"即"安全;安稳",古代可以坐乘的小车,古车立乘,此为坐乘,故称安车。供年老的高级官员及贵妇人乘用。《周礼·春官·巾车》:"安车,雕面

87

鸾总，皆有容盖。"郑玄注："安车，坐乘车。凡妇人车皆坐乘。"高官告老还乡或征召有重望的人，往往赐乘安车。安车多用一马，礼尊者则用四马。"朝廷上有韦贤为相，年老，乞骸骨，赐黄金百斤，安车驷马。"（《直说通略》卷三）"广川人董仲舒是一个好秀才，来对策，帝道仲舒说的好，教做江都相，使臣将安车蒲轮束帛加碧迎请。"（《直说通略》卷三）

### 静鞭

警鞭，即<u>静鞭</u>，天子出时用。（《直说通略》卷三）

"静鞭"指一种很大的鞭子，銮驾仪卫之警人用具，朝会时鸣之以发声，以示肃静，也称鸣鞭。同时期其他文献可见，元袁桷《内宴》诗之二："棕殿沉沉晓日清，静鞭初彻四无声。"《秦并六国平话》卷上："四声万岁响连天，三下静鞭人寂静。"

（4）表类属、领有

偏语素一般是具体的人或事物，可以做领有关系的主体，而正语素是主体所具有的部位、构成部分或属性等各方面。如：

### 天威

如今见萧公使人自然惊惧，这真是<u>天威</u>难犯。（《直说通略》卷六）

"天威"谓"上天的威严；上天的威怒"，本句中"天威"犹言"神威"，偏语素"天"做领有关系主体，是具体事物，正语素"威"是主体所具有的属性。

### 指头

项王索战，汉王道我与尔斗智，不与尔斗力，因数项王十件罪过，项王怒，伏弩射着汉王胸前，汉王怕众心不安，却摩脚说道射着我<u>指头</u>也。（《直说通略》卷三）

"指"可指手指，也可指脚趾，《左传·定公十四年》："灵姑浮以戈击阖庐，阖庐伤将指，取其一屦。"杜预注："其足大指见斩，遂失屦，姑浮取之。"脚趾亦作"脚指"，本句中的"指头"的"指"即"脚指"，"头"谓"脚指"的最前的部分、物体的顶端，偏语素"指"是具体事物，领有关系主体，正语素"头"指主体所具有的部位。类似的词语还有"胡地、荆蛮、头颈、家业、衣冠、眼眥、酒杯、菱叶、尸首"，与领有相对的是类属，在词语结构中表现为大小类的相属关系，即偏语素在语义上是小类，隶属于正语素表达的义类。如"龙准、媳妇、幼时、蒿草、鬓发、枝条、粉米、禽鸟、鳞虫、光辉、介虫、车辙"等。

（5）表数量、大小

偏语素可以区分为表示大小的，如"大儒、大臣、大人、大夫、大凡、小人"；表示数量的偏语素多为数词或可表达数量概念的词，而正语素多半是表示人或事物，如"一些、一世、一统、一己、一番、一身、三才、三川、三皇、三江、四方、四方、四门、四面、四岳、四海、四体、五典、五品、五色、八公、九道、九鼎、九官、九河、九山、九泽、万事、万物、万民、百草、百官、百世、百姓"等；有些偏语素指实在的数目，如"一日、三皇、四时、五行、九锡"等。

**一班**

周朝旧臣掌着军马在要害去处，这<u>一班</u>人帝皆推心腹待遇他，以此得他每气力，受禅时，民户不满四百万，到末年，有八百九十万，天下统一，人民富盛，朝野欢乐。(《直说通略》卷九)

"一班"谓"同一朝列，一列为一班"。

(6) 表方位、处所

偏语素表示方向处所，常见的表方位概念的偏语素如"上、下、左、右、东、南、西、北、里、外、旁、内、中、面、边、头"。偏语素说明中心语素出现或存在的方位，如"上面、上去、上人、上天、上方、上浮、上公、上古、上客、上意、下面、下民、下人、左边、南方、心里、里面、眼边、身边、外国、外面、外物、两旁、四旁、中道、中国、民间、世间、中间、中立、南方、西垂"。有的语素在意义演变的作用下兼表时间和方位，如"眼前"。

**眼前**

曾子说，心是一身的主宰，心若不在呵，虽是<u>眼前</u>的物件，也都看不见，耳边的声音，也都听不得，口里喫的饮食，也都不知滋味了。(《大学直解》)

"眼前"指眼睛面前；跟前。

(7) 表时间

偏语素说明正语素出现或存在的时间的偏正式复音，偏语素多数由表时间的语素充当。比较常见的这类表示时间的语素有"前、后、中、今、明、时，年、先、常、古、昔、冬"等，这些偏语素具有时间意义，其作为偏语素构成的偏正式复音词如"前代、前人、面前、后来、后面、后世、后学、今日、先前、今世、时节"等。文献中还可以看见偏语素为动词性所构成的偏正式复音词。

**先前**

我<u>先前</u>与一般的诸侯说，先到关中者王之。(《经筵进讲》)

"先前"谓"以前；刚才"。

(8) 表称代

偏语素表示称代，如"别处、这般、这等、此人、此时、其间、其中"。

### 别处

遂废中宗为庐陵王，幽在别处，立豫王旦为皇帝，居别殿，不得干预朝政，凡事皆由太后处决。(《直说通略》卷九)

"别处"指"另外的地方"，正语素"处"指"处所，地方"，是表人或事物名称的词，偏语素"别"表指代，指"另外的；其他的"。

### 这般

先有虎见昆来，虎皆渡河投北。帝问有何德政似这般，昆道这是偶然，帝道此人长者，教写在史书里。(《直说通略》卷四)

偏语素"这"表示称代，正语素"般"指"样；种；类"，"这般"犹"这样"，表示性状、程度等。

### 这等

唯仁人放流之，迸诸四夷，不与同中国。曾子说，这等媢疾之人妨贤而病国，唯是仁人在上，知其为恶，十分恶他，或放弃之，或流徙之，务要赶逐出外夷地面去，不容他在中国，以为善人之害。(《中庸直解》)

"等"用在代词、名词后表示复数或列举未尽，"这等"指"这样，指程度、方式、状态、性质"等。

2. 正语素表示动作行为

正语素表示动作行为或状态的词语，这种结构基本同于现代汉语所说的"状中式"，直解体文献中这类复音词数量占偏正式总量的17.98%。

(1) 表动作行为的状貌和情态

### 力劝

大王贤德，取他两人，如地上拾取草芥一般，休为匹夫的节操，误了社稷大计，世民又不决，众人皆力劝。(《直说通略》卷九)

"力劝"指"极力劝说"。

### 御用

玄奢侈放纵，欺辱朝廷，裁减御用物件，帝不免饥寒，玄又为相国，封十郡为楚王，及加九锡，逼帝写禅诏，玄遂即皇帝位。(《直说通略》卷九)

正语素"用"表示动作行为，偏语素"御"表示动作行为的状貌和情态，"御"指和皇帝有关的事物，《汉书·王莽传上》："陛下春秋尊，久衣重练，减御膳，诚非所以辅精气，育皇帝，安宗庙也。""御用"为"皇帝所用的"。

(2) 表否定

表否定类是一种较为特殊的偏正式复音词，偏语素主要是表否定的副词性语素，如"不、无、未、非"等。正语素则是表动作行为或者状态的动词性和形容词性语素。这类词在先秦时期还只是一种临时的组合，发展到元代，表否定的副词和后面的动词关系逐渐密切，在双音化和韵律等因素的驱使下逐渐凝固成词。由"不、无"构成的偏正式复音词数量很多，如"不索、不中、不选、不道、不怠、不当、不拜、不合、不屈、不避、不比、不成、不定、不臣；未知、未敢、未可；无数、无妄、无疑、无用"等。如：

### 不碍事

武臣自立为赵王，见有使臣来说贼人反乱，二世怒杀了使臣，后头有来的人，二世问时都说贼人鼠窃狗偷<u>不碍事</u>，二世喜欢。(《直说通略》卷三)

"不碍事"指"对事情没有妨碍"。

偏语素表示动作行为方式的偏正式复音词，如"闲居、缢杀、仰视、趋进、围猎、诬告、梦见、相保、兴起、谎说、远望、坑杀、惊散、活捉、眠坐、力行、横行、缓行、戏言、救护、奉使、懊悔、方知、谒见、刚断、幸得、独有、难得"；偏语素表示动作行为数量的偏正式复音词，如"四散"；偏语素表示时间、处所、方位的偏正式复音词，如"前行、上闻、后生、前驱、中兴、左祖"。还有一种语义关系是正语素表示动作行为，而偏语素主要从程度、轻重、范围等方面进行修饰。

3. 正语素表示性质或状态

此类中的正语素表示的是性质或状态，多半为形容词性。偏语素从程度、范围等方面对正语素进行修饰，如"大贤、大喜、大乱、大惊、火热、恰好、咸若、大远、最后、至诚、至晚、至重"等。"最""至"作为偏语素修饰形容词性的正语素，表示程度深，这几例表示程度类的状中式复音词，反映出这一时期，状中式表程度类复音词的进一步发展，表程度的偏语素"至、可、大"在当时乃至现代汉语中都具有很强的构词能力。

(1) 表程度、范围

### 至诚

钟离意为尚书仆射为人<u>至诚</u>，见帝褊急，严切太过，诸人不敢言语，意独肯直言谏诤。(《直说通略》卷四)

"至诚"先秦已见，谓"极真诚；极忠诚"，《管子·幼官》："用利至诚，则敌不校。"儒家指道德修养的最高境界，《礼记·中庸》："唯天下至诚，为能经纶天下之大经，立天下之大本，知天地之化育。"朱熹集注："至诚之道，非至圣不能知；至圣之德，非至诚不能为。"东汉，"至诚"指极其真挚诚恳的心意，《汉书·刘向传》："其言多痛切，发于至诚。"本句中的"至诚"谓"极忠诚；极真诚"。元代，"至诚"谓"真诚，实在"义，该词在元末明初语料中频繁使用,《元朝秘史》卷八:将纳牙放了,说"此人至诚,以后大勾当里可以委付。""至诚"即"诚心诚意,老实本分至极",《汉语大词典》未收录此义项。

(2) 表否定

### 不差

穿的衣服、说的言语、行的勾当三件儿<u>不差</u>了,这般好的人呵,不坏了自家祖宗家庙的祭奠有。(《孝经直解》)

"不差"指"不错,不坏",元代已见,《水浒传》第七十一回:"此是善果好事,哥哥主见不差。"

正语素与偏语素之间的语义关系逐渐变得复杂,从语料中可见,表示动作行为类的状中式偏正式复音词的正语素与偏语素有表示动作行为方式,动作行为数量,动作行为发生的时间、处所、方位,表示动作行为的程度、范围,表示否定等语义关系,表达也很精细。此外,否定类状中式复音词,在元代发展也很快,构词数量较多。

(二) 偏正式复音词词性构成分析

词义和语素义关系密切,偏正式复音词语素义的词性和意义分析有助于理解词义。有些偏正式复音词语随着词性的变化,语义也发生了变化,所以我们从语素同复音词之间的词性变化来分析偏正式复音词。

1. 名+名

此类"名+名"偏正式复音词数量最多,共429个,占元代直解体文献中偏正式复音词总数的30.97%,如:

### 地面

河南旧是宋家<u>地面</u>,今要修复,不干河北。(《直说通略》卷八)

"地面"指"地表面"。《元史·天文志一》:"混天仪也,其制以铜为之,平设单环,刻周天度,画十二辰位,以准地面。"

### 根脚

军卒中间有才能的人,便加擢用,不论他的<u>根脚</u>。(《直说通略》卷八)

"根脚"指"植物或建筑物的根基",唐李咸用《小松歌》:"庭闲土瘦根脚狞,风摇雨拂精神醒。"引申为"事物的基础,底子",《朱子语类》卷一二一:"须尽记得诸家说,方有个衬簟处,这义理根脚方牢,这心也有杀泊处。"例句中"根脚"指家世、出身、资历等。

2. 动+名

此类"动+名"偏正式复音词共109个,占元代直解体文献中偏正式复音词总数的7.87%,如:

### 选格、清品

有征西将军张彝之子仲瑀上书，铨削选格，排抑武人不许入清品，因此，诽谤满路。（《直说通略》卷八）

"选格"指"选拔人才的标准"，属于"动+名"偏正式复音词。句中"清品"一词，指清贵的官吏，《北史·张彝传》："第二子仲瑀上封事，求铨别选格，排抑武人，不使预在清品。"属于"形+名"偏正式复音词，到清代，指"上品"义。

3. 形+名

此类"形+名"偏正式复音词共 508 个，占元代直解体文献中偏正式复音词总数的 36.68%，如：

### 洪福

官里一人的是呵，天下百姓都托着洪福里行有。（《孝经直解》）

"洪福"指"大福气，好福气"，元代已见。

### 重望

秉为人有重望，立朝正直，后为太尉薨。（《直说通略》卷四）

"重望"指"崇高的声望"。

### 慈心

为人君的能哀矜那孤幼的人，则下面百姓也都兴起其慈心，爱恤孤幼，不肯违背了。（《大学直解》）

"慈心"指"慈悲之心"，《汉语大词典》用清代文献例证，清梅曾亮《鲍母谢孺人家传》："然古名人魁士固多如是，非惟慈心，盖渐摩之密致然云。"首见例证偏晚。

4. 形+动

此类"形+动"偏正式复音词共 76 个，占元代直解体文献中偏正式复音词总数的 5.49%，如：

### 长生

成帝长子即位时，恒温为侍中大司马，都督中外诸军，录尚书事待功把权，帝信方士，服药不吃饭，求长生药，发病了，不能亲政。（《直说通略》卷五）

"长生"指永久存在或生存；寿命很长。

5. 名+形

### 火热

夜里点火烧牛尾放出去，教壮健的随后出来，牛尾火热，走入燕军，触着的都死城中。（《直说通略》卷二）

"火热"指火似的热，常用于比喻极热，很热。

6. 名+方位词

### 官里

<u>官里</u>待要收拾有甚难事，遂命郡县好生收拾书籍，都送平城，又置六调官，如周时六卿官职不用。(《直说通略》卷八)

"官里"犹言衙门里，官府里，宋赵令畤《侯鲭录》卷六："朴言：'独臣妻有诗一首云：更休落魄贪杯酒，亦莫猖狂爱咏诗。今日捉将官里去，这回断送老头皮。'"元王伯成《贬夜郎》第一摺："官里御手亲调醒酒汤。"句中"官里"指"官家，皇帝"，也说"官家"，指皇帝，《五代史平话·唐史·上卷》："俟臣先除外忧，然后为官家除内患。"《尉迟恭三夺槊》第一折："我有一计，将美良川图子献与官里，道的不是反臣那甚么？交坏了尉迟，哥哥便能勾官里做也。"

7. 副+动

### 合行

身体头发皮肤从父母生的，好生爱惜者，休教伤损者么道。阿的是孝道的为头儿<u>合行</u>的勾当有。(《孝经直解》)

"合行"指应当，应该施行，宋代已见，宋周密《齐东野语·山陵使故事》："自唐至于五代故事，山陵使事讫，合行求去。"还有很多其他构式的复音词，反映出了偏正式复音词丰富的词性构成，如副+名（至诚）、方位+动（西垂）、数词+名（一世）、形+动（长生）、名+方位（日中）、数+量（千里）、方位+副（西极）、形+名（正中）、副+动（合行）、动+动（打杀）、数+动（四散）、方位+动（上升）、介+动（被害）等。在元代直解文献中，"形/名/副+动→动"这类构式主要是"状中式"复音词，共计249个，占偏正式双音词的17.98%，"定中式"复音词1136个，占偏正式双音词的82%。

（三）偏正式复音词的特点

偏正式复音词和联合式复音词相比，在结构上具有更大的灵活性，更适合表达新概念。偏正式复音词构词语素的地位不平等，一个单音语素可以充当正语素也可以充当偏语素，也就是说，可以修饰限制很多别的语素，也可以受许多语素的修饰制约，所以通过单个语素的替换就能构成新词，语义表达也更精确丰富。

1. 词性构成多样

元代直解体文献中的偏正式复音词数量仅次于联合式复音词。偏正式复音词以名词居多，其他词性还有动词、形容词、副词等，从内部词性构成的角度来看，主要可以分为以下几类：名+名→名，这类复音词如"国土、田地、指头、面皮、地面、火速、带勾、根脚、田禾"等，单音节名词做偏语素修饰性更强，这类构式在近代汉语中的构词能力因而更强。在现代汉语中，也是最能产的构词格式。直解体文献中这类复音词还有很多语义类型，表性质的"智囊"、表领属的"指甲"、表身份的"家臣"、表时间的"古时"、表质料的"蒲鞭"等，这一时期的这类构式已经基本固定。形+名→名，这类复音词如"忠臣、虚辞、静鞭、诸多、诸般、诸生、旨酒、青衣、远见"等，正语素"臣、酒、人、衣"等都是语义清晰的单音词，构词能力强，偏语素为形容词修饰作用强，便可构成新词。动+名→名，这类复音词如"飞禽、飞沙、流寇、去向、流民、积世、积蓄"等，这与动宾式较为相似，但这类偏正式复音词的词性与正语素相同，当为名词，构式中的正语素"民、禽"等大多是施事，语义中心也是正语素，前面动词的动作行为是由正语素发出的。偏语素从正语素所具有的动作特征出发进行修饰说明。这三类偏正式复音词总量最多，其他词性的偏正式复音词虽然数量较少，但丰富了偏正式的词性构成，①数+名→名，这类复音词往往是特有词语，如"八荒、四海、百般、五湖、九鼎"等，有很多承古的词语，偏语素有表示实际数字的，如"四、五、八、九"等，也有表示虚数的，如"百、万、千、亿"等。②方位+名→名/名+方位→名，两个构词语素中至少有一个表示方位，整体属于方位名词，常见的方位类语素，如"东、西、南、北、上、下、左、右、前、后、中、边、面、方"等。直解体文献中还出现了不少合成的方位词，如"上面、南方、中边"等，有些合成方位词仍沿用至今。其他如代+名→代（他方、别处、这等）、副+形→形（极敬、最少、至晚）、形+动→副词（大概）、数+动→动（四散、三迁）、数+形→名（万岁、万福）等，从词性构成上，偏正式复音词在元代有了新的发展。

2. 语义构成关系丰富

偏正式复音词主要可以分为正语素表示人或事物、动作行为以及性质状态三大类，每类还可以根据意义范畴进行具体细分。正语素表示人或事物的大类别下，还可细分为表某一类人身份、职业，表示处所和方位，表示时间，表示数量和大小，表示性质、状态，表示用途、功能，表示领属，表示样貌，表示类属。正语素表动作行为大类别下，还可细分为表示动作行为的状貌情态、方式、时间、处所、方向、数量、程度范围、否定。偏语素对正语素从多种语义角度进行修饰说明和限制。与中古时期相比，偏正式复音词在这一时期得到更丰富的发展，在原来的基础上有了新的变化，偏语素和正语素的语义类别更丰富，语义特征更明晰，因而所构成的偏正式复音词的语义更丰富显豁。正是由于两个语素之间存在修饰和限制的关系，促使此类双音节结构更容易发生语义融合，而没有经过词汇化的过程。

3. 有偏正式三音节词语

汉语以双音步为常，人们更倾向使用双音词，在音节上直解体文献中偏正式复音词以双音节为主，但也出现了一些三音节偏正式复音词，其中有些来源于元代之前，属于承古三音词，如"大司马、大司寇、大司农、大将军、上将军、大丈夫、大宴席"，以官职名居多，还有一部分属于三音新词，如"大官人、布衣人、同乡人、狱中人、不是处、不待见、大勾当"，反映出偏正式构词能力很强。

4. 定中式双音词占绝大部分

从考察结果来看，元代直解体文献中定中式双音词远超出状中式双音词。"状中式"复音词248个，占偏正式双音词的17.98%；"定中式"复音词1136个，占偏正式双音词的82%。形/名/副+动→动，这类主要是"状中式"复音词，如"合行、小看、星散、初生、胡说、厮杀、闲居、缢杀、仰视、趋进、围猎、诬告、相保、兴起、谎说"等，偏语素是表示否定的副词，常见的有"不"和"无"，出现了一些否定性状中式复音词，如"不碍事、不喜、不干、不计、无厌"等，从汉语史上这两类偏正式复音词的发展来看，都是定中式双音词占多数，并且定中式双音词的出现时间要早于状中式双音词，状中式双音词在汉语发展史上经历一个逐渐增多的过程。

## 三、动宾式复音词

动宾式复音词一般是由表行为动作的语素加表示关涉对象的语素构成的。先秦时期，动宾式复音词主要是一些官名，如"司马、司农、司寇"等，也有少数其他事物的名称，总体上构词数量并不多。元代直解体文献动宾式复音词中表示官名都来源于先秦。下面对动宾式复音词进行语义特点的举例分析。

（一）支配语素和被支配语素构成动词

### 点火

夜里点火烧牛尾放出去，教壮健的随后出来，牛尾火热，走入燕军，触着的都死城中。（《直说通略》卷二）

"点火"指"燃火；引火"。

### 临期

郭伋先为并州牧，出外按事，有儿童数百，各骑竹马，在路边迎拜，说道听得使君到来，好生喜欢，特来相接，伋起马众儿童依旧到来，问道使君几时

再来,仅扣笈日期,说道几日来,临期先一日到,令人报,众孩儿方才入来。(《直说通略》卷四)

"临期"指"临到其时"。

### 着人

思量好言语说,着人欢喜。做好勾当。(《孝经直解》)

"着人"犹言"讨人喜欢"。

### 无籍

太祖姓朱,名温,宋州砀山人,少时无籍,跟随黄巢为盗,后背黄巢降唐僖宗。(《直说通略》卷十)

"籍"指古代各种税赋,"无籍"指不纳税或不征税,《管子·臣乘马》:"国器皆资,无藉于民。"元代以后,指"无赖汉",明邵璨《香囊记·强婚》:"孺人,这般无籍,如何对付他。"

### 哄人

要遮揜那恶也遮揜不得,要诈为那善也诈为不得,这等心不诚实,又哄人不过,有甚益处?所以说,则何益矣。(《中庸直解》)

"哄"指"欺骗",宋代已见,如:"东风著面,却自依然相认。哄痴儿,炊薪弄景。盘蔬杯酒,强教人欢领。"(宋陈著《卖花声·立春酒边》)"哄人",元代直解体文献多见,如:"这等心不诚实,又哄人不过,有甚益处!"(《大学直解》)句中指"用言语或手段骗人"。

### 说谎

曾子既引孔子之言,又申说圣人如何能使百姓无讼,只是说谎不着实的人,向圣人面前不敢尽意说他那妄诞的虚辞。(《中庸直解》)

"说谎"指"说不真实的话"。

(二)支配语素和被支配语素构成名词

### 成功

大人之学,明自己的明德,新百姓每的明德都要到那极好的去处,不可些改移,方是成功。(《大学直解》)

"成功"指"事情获得预期结果"。

(三)支配语素和被支配语素构成形容词

### 存心

子思又说:君子于所已知的,必温习涵泳之。而于理义能日知其所未知,于所已能的,必敦笃持守之,而于节文能日谨其所未谨。这以上四句是君子存心致知,所以脩德凝道的工夫。(《中庸直解》)

"存心"指"专心；用心用意"。

元代直解体文献中也出现了"介宾式"复音词，但总体来说数量很少，仅占比2.47%，例如：

### 在先

王与百官占卜，开金縢柜子，却见在先周公祈告代武王死的文字，方知周公为天下出力。(《直说通略》卷一)

"在先"谓"早先；从前"。

### 到老

这是说卫武公有是盛德至善，深入百姓的心，百姓每到老也忘他不得。(《大学直解》)

"到老"谓"直到最后"。

动宾式复音词有以下几方面特点：元代直解体文献中动宾式复音词972例，构词数量占全部双音复音词的17.76%，其中动宾式948例，占动宾式复音词97.53%，介宾式24例，占动宾式复音词2.47%，因此，这类复音词本文统称为动宾式复音词。数量很丰富，从能产性看，动宾式构词数量要超过主谓式（584例）和述补式（158例）的总和，是元代直解体文献中第三能产的构词法。从所构词的词性角度进行考察，元代直解体文献中最主要的是动词，名词次之，形容词相对而言数量最少。从构词语素的词性结构来说，主要有以下几种类型：动+名→形（存心、伤心）、动+名→动（取平、成形、进前）、动+动→动（造反、求救）、动+形→动（打硬）、动+名→名（升堂、做伴、照样、摆宴、听话、点火、点头、得病、命终、雕像）、动+代→动（有甚、索甚）、动+形→形（照明）、形+名→形（寒心）等，以上类型中，主要是动+名→动。元代动宾式复音词的语义范围有了很大的扩展，涉及很多抽象概念。一般来说，动宾式本身并不是十分能产，但是许多新词采用这种构词法，构成名词性的新词，主要采用偏正式，构成动词性的新词，大多采用动宾式，还有一部分联合式。元代直解体文献中出现了介宾式，介+名→介（到老、为头）、介+动→介（从来）、介+代→介（因此），但总体数量极少，占动宾式复音词总量的2.47%。从语法搭配的角度来看，构成的动词绝大多数不后接宾语，元代直解体文献中的动宾式还没有完全发展成熟。

### 四、述补式复音词

述补式复音词由两个词根语素构成，构成述补式的一个语素是表示动作行为，而另一个处于补充位，对动作进行补充和说明。按照补语素的意义，可表示离散、破损义，表示实现、获得义，表趋向，从不同方面对动作的结果进行说明。

（一）表示离散、破损义

补充性语素说明通过动作行为使得原来已经有的失去，语素多是消极意义的。补语素表示离散、破损义的述补式复音词共计 224 个，占述补式复音词总数的 38.36%。例如：

(1) 刘毅等攻破浔阳城，桓玄将晋帝小船里投江陵去。（《直说通略》卷五）

(2) 百姓思望如大旱，望云雨也似，与桀战，桀败死了，汤依旧做诸侯。（《直说通略》卷一）

(3) 孔子为见三家强盛，劝定公隳三都（毁坏了三家城子），强公室。（《直说通略》卷二）

(4) 甲士尚有一万五千人，一时间，都走散了，颖遂将自帐下数十骑。（《直说通略》卷五）

（二）表示实现、获得义

元代直解体文献中补语素表示实现、获得义的述补式复音词共计 194 个，占述补式复音词总数的 33.23%。例如：

(5) 尧在位七十年了，求有德之人，让与帝位，百官都举舜，尧说我也听得这人有德。（《直说通略》卷一）

(6) 天子幼小，百官都怕桓温威势摇动朝廷，谢安与王坦之尽心辅佐。（《直说通略》卷五）

(7) 约定日期，方才相战，不肯诡计，掩袭诸将有献诡计的人。（《直说通略》卷五）

(8) 西晋国乱，导劝元帝结人心，引进贤士，同共谋事，举用一百余人，时人唤作百六。（《直说通略》卷五）

(9) 谢石、谢玄水陆并进，向秦兵、秦王坚与苻融登寿阳城，望见晋兵严整。（《直说通略》卷五）

(10) 成军大败，斩梁成，拿住秦扬州刺史王显等，尽获得器械军资。（《直说通略》卷五）

(11) 子思又引诗经中言语说：人能既明得天下之理。又察得天下之事。则日用之间。凡事皆顺理而行。自然灾害不及。所以能保全其身于世。（《中庸直解》）

(12) 子思说：圣人之德。充积既极其盛。发见又当其可。是以佳声美名。

99

充满乎中国。(《中庸直解》)

(三) 表示趋向义

元代直解体文献中补语素表示趋向义的述补式复音词共计 116 个，占述补式复音词总数的 19.86%。充当表示趋向意义的补语素主要有"来、到、出、去、向、过、起、下、入"等。例如：

(13) 及诏来问他回话，其间都失了次序，这是怎生。(《直说通略》卷九)

(14) 恁是小臣，敢这般讪上，羞辱俺的师傅，教拿下处死。(《直说通略》卷三)

(15) 其言语发将出来，足以裨益政治，而兴起在位。(《中庸直解》)

(16) 帝谦让，不受诸事，先禀过霍光了，才方闻奏。(《直说通略》卷三)

(17) 太后召见仁杰，问卿为甚招承，仁杰道不招呵，被拷死了，遂得放出。(《直说通略》卷九)

(18) 朝廷怕惧，不问政事如此气象可见了，送家去，尽将家私接纳。(《直说通略》卷八)

(19) 诸侯每来到见没事，知道幽王召咱每来，只是要引得褒姒笑。(《大学要略》)

(20) 王皇后令武氏长起头发，劝帝收入宫里，要教武氏夺了淑妃的宠。(《直说通略》卷九)

(21) 丞相申屠嘉奏请诛错，帝护向不肯，杀嘉，退朝，说道我悔不先斩后奏。(《直说通略》卷三)

元代直解体文献中补语素表示其他语义范畴的占述补式复音词总数的 8.56%，此外，也有复音趋向补语素，如"出来""将来"。

(21) 如人身上有尘垢，今日洗了，明日又洗，每日洗得身上干净。若一日不洗呵，便尘垢生出来。(《大学要略》)

(22) 帝怒，拿将来颠倒悬在井里，将死却放了。(《直说通略》卷八)

(四) 名词性成分+单位词成分

这类"名词性成分+单位词成分"在元代直解体文献中也有少量出现，如"物件、皮张、纸张、船只、车辆、银两、果品、布匹"等。

(21) 就是船，江淮江南民夫及船只运黎阳并洛口诸仓，米粮船车千里，数十万人往来，日夜不绝，死亡无数，天下骚动，百姓穷困。(《直说通略》卷九)

(22) 曾子说，心是一身的主宰，心若不在呵，虽是眼前的物件，也都看不见，耳边的声音，也都听不得，口里喫的饮食，也都不知滋味了。(《大学直解》)

在元代直解体文献中，述补式复音词584例，占双音词总量的10.67%。在语义构成方面，主要有表示离散、破损，表示实现、获得，表示结果趋向三类，充当补语素的形容词数量有所增加。在词性构成方面，结构形式更多样，由及物动词、不及物动词、形容词性语素构成述补式复音词。述补式复音词中补语素表示结果的意义有所发展，除了表示不幸、消极义，还有获得义、结束义、放置义、给予义、使成义等，表趋向的补语素除了继承外，还出现语义更为丰富的新兴补语素。

### 五、主谓式复音词

主谓式复音词是指两个构词语素往往一个表陈述、说明，另一个是陈述说明的对象，构词语素之间有叙述和被叙述关系，如"自焚、自新、役满、事发、年终、年长、年老、地震、岁终"等，元代直解体文献中主谓式复音词158个，占双音词总量的2.8%，大部分是"自+X"的形式。

（一）主语素和谓语素构成动词

#### 心动

入裹子家里厕中，裹子如厕心动，拿得豫让问他，您在先也曾服事范氏中行氏，智伯灭了两家，恁不曾报仇，却又服事智伯。（《直说通略》卷二）

"心动"指"内心有所触动"。

#### 天明

每日与孔范等在后庭饮宴，唤作狎客，教众贵嫔与客唱和，名唤玉树，后庭花等曲君臣酣醉，歌唱自夜直到天明。（《直说通略》卷六）

"天明"谓"天亮"。

#### 自累

人心本自高明，君子不以一毫私欲自累，以推极吾心之高明，而于处事，又必由那中庸处，不使有过与不及之谬。（《中庸直解》）

"自累"指"自己束缚自己、牵累自己"。

（二）主语素和谓语素构成形容词

#### 自得

君子之学不思则已，思则必须到那自得处，不至于得，决不肯舍了，不辨则已，辨则必须到那明白处。（《中庸直解》）

"自得"谓"安舒"。

#### 自谦

谦字，解做快字，又解做足字。人于恶恶，必如恶那恶臭一般，唯恐有些

*101*

染着于身。好善，比如好那好色一般，务要得之于己，这等呵，便自家心上方才快足，所以谓之自谦。(《中庸直解》)

"自谦"指"自足；心安理得"。《礼记·大学》："所谓诚其意者，毋自欺也。如恶恶臭，如好好色，此之谓自谦。"朱熹集注："谦读为慊。慊，快也，足也……以自快足于己也。"

（三）主语素和谓语素构成名词

### 事变

帝自甘露事变之后，心里不曾放下，虽饮宴奏乐，亦无喜欢的颜色。(《直说通略》卷九)

"事变"泛指事物的变化；特指突然发生的重大政治、军事性事件。

### 年长

众人启太后，教王莽用天子的衣服，南面坐受群臣，朝见也，如天子一般，唤作摄皇帝，太后准奏，王莽意欲篡位，不肯立年长侯王嗣位，却立宣帝的玄孙婴做太子，唤作孺子。(《直说通略》卷三)

"年长"指"年龄大"。

### 年老

见良来，老子说道，孩儿取鞋子上来。良怒，要殴这老子，为见他年老，遂下去取鞋，跪着进前，老子伸脚与良，穿了鞋子说道，这孩儿可教，约五日后，来这里厮会。(《直说通略》卷三)

"年老"指"年纪大的"。

相对联合式和偏正式构词方式来说，元代直解体文献中的主谓式能产性很低。从成词词性看，主谓式构成的词以动词居多，名词、形容词较少。从词性结构看，最多的是"代+形→形""代+动→动"，其他还有"代+动→形""名+动→形""代+形→名""名+动→动"。汉语中做谓语的主要是动词、形容词，因而，主谓式极少是名词性的。大多数主谓式都是"自+X"构式形成的，"自+X"语义清晰，基本是语素义相加，这一主谓式的类推性很强，后面紧接动词性或形容词性词素，"自+X"在现代汉语中能产性也很强。

以谓词性为主的动宾式、主谓式和述补式，三类复音词数量较多，但还是远低于联合式和偏正式复音词。从句法角度来看，动宾式、主谓式和述补式涉及句子四种成分：主语、谓语、宾语和补语。这四种成分也是句子主干成分，这些成分复合成词经常使用，句法特征淡化。动宾式构词语素容易语义融合，语义结合紧密，容易发生词汇化；主谓式复音词成词要求谓词性部分是形容词或不及物动词；判断述补结构是否凝固成词，比较困难，需要更多限制条件，主要依据使用频率，以及是否带宾语。一般来说，成分间语义关系越紧密，位置越靠近，各自典型特征越容易弱化，如谓语和宾语搭配最常见，更容易发生词汇化。

### 六、附加式复音词

汉语词汇从单音节向复音节发展的重要方式之一就是添加词缀，近代汉语附加式构词方式占有重要地位。由词根加前缀、后缀构成的词语是附加式合成词，在元代占据很大比重，分布广泛。从各家著述中可见，学界对于"词缀"的认识开始得很早，标准不同，划分出的词缀也不同，标准从宽，划出来的词缀就多；标准从严，划出来的词缀就少。对于词缀内涵的认识，各家基本观点相同，即词缀是意义虚化了的语素，不过对于意义虚化的程度各家所持标准有所不同，有的指出词缀是要具有"一定的词法意义"①，词缀具有的构词功能是否仅限于构词，各家认识并不一致，一种观点是并不排除虚词充当词缀，虚词成为词缀需要一个历史过程，会有一个处于词和词组之间的过渡阶段，尤其是在不同时期的语言系统中，这种游移的状态是由当时的系统决定的。本书综合考量以往的研究观点，认为在近代汉语词汇系统中词缀是词的黏着或半自由的语素，词缀多数是由自由或半自由的实词性语素虚化而来的，纯粹的词缀极少，因此，近代汉语词汇体系中很多词缀，还处于汉语词汇的演进历程中，尽管和纯粹词缀相比特征不突出，但不影响这一阶段这样的词缀的存在：处于历史变化过程中的意义虚化程度不高、位置不严格固定、作用范围扩大等特征，体现了语素充当词缀的初始阶段。在词汇史研究中，注意对词缀功能的动态性认识更符合汉语发展实际，这一过程的研究更具实际意义和价值。元代直解体文献附加式复音词 711 个，占双音词总量的 12.99%，根据词缀位置不同，可分为前缀式和后缀式两种，其中前缀式 582 个，占附加式双音词的 81.86%；后缀式 129 个，占附加式双音词的 17.72%。

（一）前加式

充当前缀的语素有"取、相、所、第、可、厮、打"7 个，有前加式动词、前加式名词和前加式副词。

1. 前加式动词

（1）令长数十人，闻风回避，有宦官用玉匣葬父殁，<u>取问</u>得实间。（《直说通略》卷四）

---

① 董秀芳. 汉语词缀的性质与汉语词法特点 [J]. 汉语学习, 2005 (6)：15.

"取问"指审问。

（2）无仁德的君，不知生财的道理，虽身杀国亡也不<u>相顾</u>，只管横取于民，积聚那财货起来。（《大学直解》）

"相"，"互相"义，《老子·第八十章》："民至老死不相往来。"由于"相"经常处于动词之前，语义不变，表示"相互"，直解体文献中出现17例，作用范围扩大，逐渐发生虚化，但"相"还可以指一方对另一方有所施为，即偏指一方，表达此义的"相"更易发生语法化，如：《列子·汤问》："杂然相许。其妻献疑曰。"

（3）后秦王姚兴欲乘时攻取，使尚书郎韦宗来<u>打探</u>。（《直说通略》卷七）

"打探"谓"打听；探听"。

2. 前加式名词

（4）帝名肇，贵人梁氏<u>所生</u>，窦皇后取为太子，即位时，才十岁。（《直说通略》卷四）

所生：生养的。

（5）<u>第二日</u>，世民又对渊说道，如今盗贼满天下，父亲受诏讨贼，贼人怎能勾得灭，终不免罪。（《直说通略》卷九）

"第"本作"弟"，《说文·弟部》："弟，韦束之次弟也。"段玉裁注："束之不一则有次弟也，引申之为凡次弟之弟，为兄弟之弟。"本是名词，是"次弟"之义；有"次弟"则有先后顺序，故加在数字前面，表示序数，"第"用为动词，"第一"最初意义应是"排在一位"，这种用法在汉代即有，"第"表"次第、次序"，能加名词，但直到汉末才见到后面加名词的例子，"第"后带名词的演变，使其表序数的性质更确定了；元代"第"作为前缀已经成熟，出现一些后加名词的用例，例句中"第二日"中的"第"是序数词，这种构词法一直延续到现代，没有什么变化。

3. 前加式副词

（6）太子畏惧，假意修饰过恶，不曾上闻王，轨为小内史，常道太子必不能承当大事，因入内侍宴，上寿酒，将帝须说道<u>可惜</u>好官里，只恨后嗣弱了，帝知王轨好生说得是，只为次长都不才，余子又幼小，遂不废。（《直说通略》卷八）

"可"是一个常见的前缀，构词数量多，在元代，"可"是能产性比较高的前缀。"可"本身具有动词义，所以有时后接动词时，会有"值得、令"的含义，如"可笑、可畏、可爱、可惜、可乐"等，其中"可怜"使用频率最高，在文献中共出现5次。随着"可"在这类结构中位置固定化，使用频率增加，它的意义渐渐虚化，逐步成为词缀。

（7）宣宗自少虽苦人的好歹，都理会得尽心，政事赏罚公当，使民间乐业也，厮勾可比得汉宣帝，懿宗骄侈贼虐，李氏国亡，是他手里决了唐家天下。（《直说通略》卷五）

"厮"犹"相，相互"，宋欧阳修《渔家傲》词："莲子与人长厮类，无好意，年年苦在中心里。"也指"相"，表示一方对另一方有所动作，金董解元《西厢记诸宫调》卷五："张生低告道：'姐姐言语错，休恁厮埋怨，休恁厮奚落。'""厮勾"指贴近、相接：宋石孝友《洞仙歌》词："问蓬山别后，几度春归？归去晚，开得蟠桃厮勾。""厮勾"指将要、就要，《七国春秋平话》卷下："燕乐毅于阵前叫曰：'齐王闻！早献纳降书。今孙子遭围，厮勾死也。'"

（二）后加式

从词性分布来看，后加式词语名词的数量最多，其次是动词。充当后缀的语素25个，分别构成以下附加式。

1. 后加式名词

用于构成名词的后缀有：子、儿、头、当、每。

（1）孔子为见三家强盛，劝定公隳三都（毁坏了三家城子），强公室，孔子自大司寇摄行相事七日，便诛了乱政大夫少正卯。（《直说通略》卷二）

"子"指小孩，男女均可称"子"，后来引申为对人的尊称，特别是对男子的尊称，首先可能用于尊称贵族，大约到了战国时期，由对男子的敬称虚化为表人的名词词尾。最初"子"前指人的名词，后来"子"表"小"的义素保留，它可以附于"小的物体"后，语义发生虚化，最后发展为可以附于"大的物体"之后，"子"完全变成了名词词尾。元代，"子"只起到构词的语法作用，词义与"子"前的词根保持一致，如："若有言朝廷并民间有不顺理的事，及功劳才气冤滞不能上达的人，教写了投在函子里。"（《直说通略》卷六）"函子"谓"盒子，匣子"，"函"即"盒子，匣"义。"遂将酒与太子吃，大醉了，教黄门侍郎潘岳起一个检子，里面都写着大逆的言语。"（《直说通略》卷五）"检"指"瓯函"，朝廷接受臣民投书的匣子。直解体文献中"子"尾词数量丰富，在元代作为词缀已经成熟。有些"子"的性质值得探讨，还存在不同的发展层次，如"男子"。"明帝为人忍酷，猜忌又多，思虑少，得出入亦不郊天却专信巫（男子唤作巫，即今师巫）每遇出来，先须占问。"（《直说通略》卷六）文献中有"男子"，而无"女子"一词，这里"男子"较接近"从事某种行业的人"，此时"子"不是词缀。商代把"子"用来尊称男性贵族，周代引申为一般男性知识分子的尊称，由此用来称呼某些职业的人。又如"黑子"，见：

"后来生刘季,为人鼻隼,高大面貌似龙,好须髯,左腿上有七十二个黑子,有大度,不务家业,单父人吕公好相人,见刘季说道,我相人多也,无一个似刘季,遂把女孩儿嫁季,即吕后。"(《直说通略》卷三)"黑子"谓"黑痣","子"表示"圆形的小东西"的含义,便不是词尾。再如"长子、次子、真子、遗腹子、养子"中"子"表示的是儿子女儿,此处"子"未完全虚化。元代"子"作为构词成分,表示某种泛指的类义,可以说"子"的词缀已经发展成熟。

(2)我倚着门儿望恁,恁晚西出去不回来,我倚着巷门里望恁。(《直说通略》卷九)

"儿"可以参与构词,具有名词词尾的特性,如"头儿、小桌儿、豆儿、鞋儿、桌儿"等,但有些"儿"还具有很强的实义性,"小儿"即"小孩",表示的是"年幼的小儿",在"儿孩""孩儿"中,"儿"特指"儿子",如:"尔朱荣听得大怒,说道立未能言语的小孩儿君临天下,怎生会治安,遂起兵,高欢做先锋,迎立献文帝孙子攸为帝,即敬宗。"(《直说通略》卷八)又如:"太后怒说道,左右可将刀来破我肚皮,那得生这般孩儿,太后遂殂。"(《直说通略》卷六)

(3)恐怕人不信,立一根三丈的木头,在南门告示百姓道有移这木头去北门的,与他十两金子,百姓皆不信。(《直说通略》卷二)

(4)帝为诸王时,凡事宽和,多有名器,后子勋余党并皆赦宥,后头心里渐渐猜忌残忍。(《直说通略》卷六)

(5)人若意诚,方才德润其身,所以为学君子,必使这个念头常常着实。(《大学直解》)

(6)帝依古时法度,立谤肺石(赤色石),边头取一个函子,安在公车府。(《直说通略》卷六)

"头"缀元代基本成熟,使用较为广泛,在文献中参与构词数量丰富。《说文·页部》:"头,首也。""头"最早作为身体器官,具有实义,后发展为"物体的顶端"。元代"头"已经虚化,从文献用例来看,与表名物的词结合,如"石头、木头、坟头";与表方位的词结合,如"边头、里头、外头、下头、后头";与表动作行为的词结合,如"念头、想头";与表示时间的词结合,如"日头"。从语义来看,这类词中"头"本身的实义已经变得模糊,"外头"中的"外"很明确地表示了方位是"外面","头"多起到的是成词的作用,并不表义。由以上看来,"头"在元代已经具备了词缀的基本特征。

(7)好的人有肯劝谏的伴当呵,身已上长有好的名听有。父母有苦劝谏的

106

孩儿呵，身已不落在歹名听里。(《孝经直解》)

"当"本身具有一定实义，如果单用的话，表"应当"义。由于经常用于单音节的副词、连词之后，语义上就有了虚化的可能。例句中"伴当"谓"伙伴、同伴"，也见于同时期文献元刊《老乞大》，元明时期，"伴当"还指"随从的差役或仆从"，属于新义，所指对象发生转移。"当"可以附于副词性语素之后，如"待当、敢当"，也可以附于连词性语素之后，如"乃当"，还可以附于动词或助动词语素之后，如"承当、勾当、公当"。"汉高祖姓刘名邦，为秦始皇二世皇帝的时分好生没体例的勾当做来，苦虐百姓来，汉高祖与一般诸侯只为救百姓，起兵收服了秦家。"(《经筵进讲》) 还有"代词+当"的用例，如"自当"。

(8) 为人上的爱养那<u>百姓每</u>，当如那慈爱母保爱小儿子一般，方尽得爱养的心。(《大学直解》)

"百姓每"犹"百姓们"，北宋时既用"门"也用"们"，而"每"则在金代开始使用，元代继承使用，明代后期"们"在北方逐步取代"每"的使用，"每"的发展演变不排除语言接触影响因素。从我们对语料的考察可知，没有"们"，全部使用"每"，可以用在名词后（百姓），也可以出现人称代词（俺、他、您）后。这不仅表明元代表示复数的词缀是"每"，也反映出直解体文献的时代特征。

2. 后加式动词

用于构成动词的后缀有：取、得、将、当、着。

(1) 此时，国内多难，后秦王姚兴欲乘时<u>攻取</u>，使尚书郎韦宗来打探，檀与韦宗说，当事务议论无尽，宗好生叹服。(《直说通略》卷四)

"取"谓"捕取"，是具有实义的动词，后来发展出"获取、得到"义，唐韩愈《曹成王碑》："大小之战，三十有二，取五州十九县。"中古时期，"取"用在"动+取"和"动+取+宾"两种格式中，"进取"：进攻、攻取。《六度集经》卷一："有人以斧，斫取其首，鱼时死矣。"《史记·高祖本纪》："且楚数进取，前陈王、项梁皆败。"裴骃集解引如淳曰："数进取，多所攻取。""斫取""进取"为连动式。唐代，"取"仍使用在两种格式中，用例增多，唐罗隐《谗书·蒙叟遗意》："于是孕铜铁于山岳，滓鱼盐于江河，俾后人攻取之。"从语义关系上看，宾语"之"既是第一个动词"攻"的，又是动词"取"的。随着用例增多，唐代"取"所表达的意义和词性也在变化，由动词变成助词，对前面的动词不过多选择，由于"取"经常在动词性语素之后，陈述一些未然的事件，整个词的词义以前语素为主，"取"字意义虚化，没有明确的语法功能，

107

因而变成一种词缀。《法苑珠林》卷十七："剃已，入河洗浴。时诸梵释龙王等竞来争取我发。""取"不是用来表示动态的，唐李咸用《秋日送岩湘侍御归京》诗："虽道危时难进取，到逢清世又如何？""取"带有祈使义，力求实现，但动作尚未进行，也就不能说动作行为所获得的结果。宋代以后，"取"字主要有三种用法，表示动作实现或获得结果，宋张元幹《贺新郎·寄李伯纪丞相》词："唤取谪仙平章看，过苕溪，尚许垂纶否？"表示动作状态的持续，宋晏殊《喜迁莺》词："劝君看取利名场，今古梦茫茫。""取"用作词缀在宋代使用较多，金董解元《西厢记诸宫调》卷六："少饮酒，省游戏，记取奴言语，必登高第。"宋张孝祥《水调歌头·为方务德侍郎寿》词："看取连宵雪，借与万家春。"这延续了唐代的用法，"取"功能、意义变化不大。元代直解体文献中出现"偷取、袭取、寻取、争取、进取、检取、看取、唤取、追取、记取"等，"取"的语义模糊。由"获取"义逐渐虚化为后缀，主要作用在于构成双音节词语。例句中"攻取"的语义在于前语素"攻"，有"攻打、攻伐"的含义。这些以"取"为词缀的双音词，应当是在"取"广泛应用的基础上派生的，在现代汉语中仍保留在一些凝固了的双音动词中。

（2）孔子作春秋抑诸侯尊王室，王人虽卑微，位在诸侯之上，以此见得，圣人觑着君臣，其间好生用心来，若不是桀纣的暴虐，汤武的仁德，天命与他，民心归向他，君臣名分其间只合受节义，伏死的便是。（《直说通略》卷一）

"见得"犹"知道；看出"。

（3）续曾为庐江丞，有人送将一个鱼来，续受了悬在庭中，后头那人又送鱼来，续不道不受，只取所悬干鱼与此人看，遂不敢再送来。（《中庸直解》）

"送将"谓"送来；送去"。

（4）各处诸侯管着的地面，最穷的人不着落后了，休道官人每和百姓每。因这般上头得百姓欢喜得心，把祖上祭奠呵，不枉了有。（《孝经直解》）

"管着"犹"管教；准让、必使"。

3. 后加式副词

用于构成副词的后缀有：然、的、生、却、地、间、来、个、家。

（1）先王听得我新立，欺我是小孩儿，必定有怠慢的心，不设防备，如今选着精兵，疾忙走去，出他不意，决然破了他，成了霸业，只在这一行，不宜失了。（《直说通略》卷十）

"决然"表坚决果断貌。在形容词后缀中，"然"构成的派生词数量最多，如安然、惨然、荡然、浑然、悄然、坦然、俨然、悠然、蓦然、茫然、决然、忿然、诚然、断然等。

(2) 将军举义兵，除佞逆，大功未立，怎生做这般事，只恐有祸，未见有福荣，遂奉敬宗入城。(《直说通略》卷八)

"怎生"犹"如何，怎么"。

(3) 河北魏王大怒，说道我自生来，头发未干，便听得河南是我地面，怎生与你，如必进军，我且权回避你，待冬寒地冻河水坚，合却来取去。(《直说通略》卷六)

"合却"犹"应该；应当"。

(4) 襄子暗地使人与韩魏相约一同攻智伯，遂灭智氏，分了地。(《直说通略》卷二)

"暗地"犹"私下；暗中"。

(5) 甲士尚有一万五千人，一时间都走散了，颖遂将自帐下数十骑，帝乘犊车走回洛阳。(《直说通略》卷五)

"一时间"：短时间之内。

(6) 太昊伏羲氏上观天文，下观地理，近看一身，远看万物，将来做法，则才方画八卦为天。(《直说通略》卷一)

"将来"：带来，拿来。

(7) 王霸恐怕惊众，且慌说河水坚可度，众人欢喜，比及到得河边，真个水合却过得，河只有数骑，未到岸，水已开了。(《直说通略》卷三)

(8) 若是正心呵，恐怕身上有些儿不是处，一日家三遍思量，不教有些儿不到处，都教做得正正当当地好，似这般便能齐家。(《大学要略》)

(9) 这三件儿勾当不去了呵，每日家怎生般饮食奉养，虽地呵，也是不孝顺的一般。(《孝经直解》)

(10) 孔子说，君子的人教百姓行孝道呵，不索每一家里到，每日家里说有。(《孝经直解》)

"一日家"谓"从早到晚，整天的"。"家"或作"阶""介""假"，《元语言词典》中"家"是表示时间名词的后缀，如"今日家""每日介"等，《独角牛》一［油葫芦］："每日介相唤相呼推放牛，绕着他这庄背后。"《渔樵记》四［七弟兄］："觑绝时不由我便怒冲天，今日家咱两个重相见。"

### 4. 后加式代词

用于构成代词的后缀有：的（地）、末/么、个、等。

(1) 又有宋弘为人重厚，帝的姐姐湖阳公主寡居，意欲嫁弘。一日，公主在屏风后坐，帝问弘道，富易交，贵易妻，这是人心，都怎地那什么，弘回奏道，贫贱之交不可忘，糟糠之妻不下堂。(《直说通略》卷四)

"恁"是代词，宋代已见，指"如此，这么"，宋欧阳修《玉楼春》词："已去少年无计奈，且愿芳心长恁在。""恁的"：如此，这样。

（2）太子在岐州，拿得两个白鹿，道是祥瑞，献与帝，帝道在德不在瑞，又郑州获得九尾狐，已死，将骨献上，帝道有德的人君，天下太平，方有祥瑞，如今不是<u>那等</u>时节那得<u>这的</u>，遂教烧了。（《直说通略》卷八）

后缀"等"经常附于人称代词（尔等）、指示代词（这等、何等）之后，在语义上表复数，与现代汉语中表复数的"们"作用类似。"那等"：那样；那种。"这的"指示人、事物或处所。

（3）上至官里，下至百姓一体例，长远行孝道，这般呵，怕有<u>别个</u>不到处呵，也少有。（《孝经直解》）

"别个"谓"其他方面，其他事情"。"个"常用在某些时间词和副词后做后缀，如乔吉〔春闺怨〕："廖呵也不似今春个，无奈何。"《还牢末》三〔沉醉东风〕："待我手摸着心头暗酌量，毕竟个是真是谎？"

5. 后加式形容词

用于构成形容词的后缀有：切。

先是明帝凡事苛细刑法<u>严切</u>，尚书陈宠至此时，上书奏乞，减省刑法，帝因此每事宽厚又能奉承明德。（《直说通略》卷四）

"严切"：严峻；严厉。

6. 后加式连词

用于构成连词的后缀有：然。

王氏又强横，恐怕被害，却说道，古时日蚀地震多因诸侯相攻，夷狄侵中国，变异的事深远难知，圣人<u>尚然</u>不说，后生每胡说乱道，官里休听。（《直说通略》卷三）

"尚然"：犹然；尚且。

上古时期，附加式已经出现；中古时期，词缀大量产生，附加式复音词大量使用；近代汉语时期，承古和新产生的词缀参与构词，附加式构词法逐渐成熟，成为较重要的构词法。汉语史的每个时期都会有词缀参与构成新词，发展变化较迅速，能产性很强。通过考察元代直解体文献附加式复音词，我们得出以下认识。

直解体文献中附加式复音词占双音词总数的 12.99%，附加式复音词非常丰富。从附加式复音词类型数量上看，前加式和后加式的词语数量不同，参与构词的前缀和后缀数量也不同。充当后缀的语素有"取、相、所、第、可、厮、大"，充当后缀的语素有"的（地）、末/么、个、等、然、的、生、却、地、间、来、个、家、取、得、将、当、着、子、儿、头、当、每",由此可见后缀更丰富。后加式构词法构词能力更强。在汉语的不同阶段,附加式在构词法中的地位各不相同,和中古时期相比,近代汉语阶段,附加式构词法更发达。元代附加式构词法产生一定数量的新词。从词性来看,附加式动词大约占附加式复音词总量的三分之一,新生附加式复音词动词和名词较多,其他词性的占比低,数量少,也有新词性,如出现代词、副词,附加式成词词性和词根词性基本一致。各词缀的构词力也不同,构词能力比较强的词缀有子、的/地/底、头、当、得、将、然,新旧词缀共同使用,其中有些是近代新生的词缀,有些是"承古"词缀,有些兼做前缀和后缀,有些词缀一致沿用至现代,参与构造新词,如"子",有些词缀产生于中古,到宋元时期才得到普遍使用,这表明词缀的最终成熟要经过一个漫长的过程。用于构成名词、动词性复音词的词缀较多,由此造成了附加式中这两类复音词的增加。

附加式、联合式、偏正式、主谓式、述补式和动宾式都是常见的构词法,从构词实际来看,有些情况用常见的构词法难以解释,遂将这类构词法称为"递续式",指的是构词语素都是动词性,并且地位相当,语义上表示动作行为连续发生。这类构词法数量少,不做单独归类,不做统计说明。

根据动作行为实施主体的不同,又有以下类型:

(1) 先动1后动2

这类递续式,实施动作行为的主体是同一个,两个动作行为按照时间先后顺序发出。元代直解体文献中出现了3例:

**观感**

①天子有幽深玄远之德。则天下的诸侯,皆来取法。子思又自家说:这等有德的君子笃厚其恭敬。隐微深密,不可得而形容。天下的人观感盛德,自然平治矣。此乃圣人至德渊微的效验,乃中庸之极功也。(《中庸直解》)

"观感"指"观看而引起感动",《朱子语类》卷二三:"先之以明德,则有固有之心者,必观感而化。"词语的意义结构是[甲]先观后感。

**听信**

②到末年,有八百九十万,天下统一,人民富盛,朝野欢乐,只为帝心里多疑忌,无学术,将诈力取天下,听信谗言,功臣故旧,后来无一个保全的。(《直说通略》卷九)

"听信"指听而信之,多指不正确的话或消息。词语的意义结构是[甲]先听后信。

### 信任

③桓公<u>信任</u>管仲，称为仲父。(《直说通略》卷二)

"信任"谓"相信并加以任用"，词语的意义结构是［甲］先信后任用。

(2) 因动1而动2

这类递续式，实施动作行为的主体是同一个，动1表示动2发生的原因。元代直解体文献中出现了1例，即表结果的动2先出现，后面是表原因的动1：

### 闻奏

④鲁恭为中牟令，德化治民不用刑法，此时，随处蝗虫生发，临县皆有，独不入中牟境内，河南尹袁安听得，及令府尹肥亲前去体察，恭与肥亲同坐，田中忽有野雉飞下恭跟前，又有小儿童在边傍，肥亲对小儿说道为甚不拿这野雉，小儿宫雉方雏，不得捕。肥亲言道小儿来这里正为体察鲁恭的政迹，如今令蝗虫不犯界，化及禽兽，小孩儿有仁心，三件都是异事，遂回去状白袁安。又有嘉禾生在恭坐处，州郡<u>闻奏</u>，帝好生称道，在后位至司徒。(《直说通略》卷四)

"闻奏"即"奏闻"，"奏闻"谓"臣下将情事向帝王报告"，词语的意义结构是［甲］因奏而闻。

(3)［甲］动1［乙］动2

这类递续式，两个动词性语素主体不同，动2的主体是乙，动1的主体是甲，同时乙也是动1的客体。元代直解体文献中这类词语出现了1例：

### 准奏

⑤帝道党人有什么罪过，要诛了他，曹节道欲谋不轨；帝道不轨要怎生，曹节道要图社稷，遂<u>准奏</u>。(《直说通略》卷四)

"准奏"谓"君主批准臣属的奏章"，词语的意义结构是［甲］准［乙］奏。

(4)［甲］动1［乙，以使乙］动2

这类递续式，两个动词性语素主体不同，动1与动2之间存在目的关系，动1的主体是甲，动2的主体是乙，同时乙也是动1的客体。元代直解体文献中这类词语出现了2例：

### 赶退

⑥陈人要战，任忠都<u>赶退</u>，说道："老夫降了，恁众人待做甚么？"众军及百官都走散了。(《直说通略》卷七)

"赶退"［甲］驱赶［乙］退，词语的意义结构是［甲］赶［乙，以使乙］退。

## 说化

⑦游说即是到处里将口说化人，唤做游说之客。(《直说通略》卷二)

"说化"[甲]劝说，[乙]感化，词语的意义结构是[甲]劝说[乙，以使乙]感化。

从以上的讨论可知，元代直解体文献复音词主要是用六种基本的构词法组合成词的，绝大多数是多词素复音词，联合式复音词最多，偏正式次之，动宾式、动补式、附加式较少，主谓式最少，（元代直解体文献双音词词表见构词方式统计表）联合式复音词中以同义联合复音词最多，联合式动词最多。偏正式复音词基本都是定中式式，以名词性最多。由于有些实词已虚化，语素结构关系不便分析，所以，我们对直解体文献中连词、介词、语气词等虚词不做构词法的分析。

### 七、综合式复音词

综合式复音词就是具有两种结构形式的复音词，词语多为三音节词，内部的结构可以两分。元代直解体文献中的复音词，双音词出现频率最高，占绝对优势，其次是单音词、三音词，四音词较少。三音词主要是由限定结构组成，即修饰语与中心语的组合。综合式构词方式在元代使用较为广泛，有324个复音词是以这种构词方式构成的，如登龙门、大司空、大将军、皇太子、可怜见、俺家里、添气力、无疑惑、因此上、不是处、大官人、普天下、不待见、比不得、过不得、做甚么、莫不是、上将军、尚书令、士大夫、侍御史、一时间、遗腹子、大司马、大司农、大丈夫、担不起、定天下、独自个、给事中、行不得、举大事、巨无霸、乞骸骨、千里马、郎中令、榷酒酤、太上皇、天下人、为什么、无面皮、传国宝、掌书记、孔目官、横磨剑、中国人、左右人、不多时、代如今、千春节、不相下、道不得、内藏库。

（一）三音词的界定

关于三音词的划分标准问题，学术界有从现代汉语层面提出界定标准如下成林（1998）①，从历时角度来看，很多词组有词汇化等级之分，词和词组之间没有绝对截然的界限，有一些处于转化阶段的三音节，区分时单独运用一种划分标准是难以实现的，这类转化阶段三音词，我们要从语料实际出发，结合语料中的发展层次进行分析。元代直解体文献中有一些三音形式，看似是语素多层组合，意义上具有完整性，本书判定三音词主要考虑语义的整合性，结合结

---

① 卞成林. 现代汉语三音节复合词结构分析[J]. 汉语学习，1998（4）：13.

构的紧密程度和定型性，具有独立运用的功能，也参考语用频率情况。以下三种情况作为分词单位：①成语及表完整意义的四字组合一律为分词单位。②习用语及有转义的词或词组一律作分词单位。③基数词、序数词及表示数量的词作为分词单位，分词单位加形成儿化音的"儿"一律作为分词单位。一些固定的词组内部成分结合比较紧密，在语义凝固这一点上与词相同，这些语义凝固与词相同、内部成分结合紧密的词组数量少，本书讨论中会涉及一部分这类处于由词组向词转化阶段的半固化词，对我们的结论不会产生太大影响。

(二) 三音词的结构考察

三音节词的发展经历了一个漫长的历史过程。汉语里的三音节词，发端很早，先秦时期，一些表示官职名的三音词就已出现。从历史来源看，元代直解体文献三音词既有承古的一部分，也有创新的一部分。例如，"上将军"指行军作战时军中的主帅，如："遂立汉宗室刘盆子为上将军，诸将皆称臣，设拜盆子。"(《直说通略》卷四) 第一层结构关系为定中关系，第二层结构为动宾关系。又如"太官令"，见："海陵王虽在帝位，吃食动静都禀宣城王，言语才方敢行，一日寻思蒸鱼菜吃，太官令（管御膳的官）说道宣城王的言语不与。"(《直说通略》卷六)"太官令"为官名，亦作"大官令"，汉代始置，属少府，掌宫廷膳食及酿酒，并献四时果实。北齐以后属光禄寺，明清以太官署为光禄寺四署之一，主官称"署正"。由于《直说通略》受到史书《资治通鉴》的影响，大多数表示官名的三音词是继承自先秦，如"郎中令、尚书令、给事中、太官令、大司空、大司农、大司寇、大将军、上将军、大司马、侍御史"等。三音词在元代成为重要的一类，是直解体文献口语化的表现之一。就结构关系而言，与双音词大致相同，语素与语素通过附加、重叠以及复合的方式组合成词。但由于用于构词的字在有义与无义、结合顺序先后上有若干可能，因此三音词虽然比双音词仅多了一个音节，但是其内部结构复杂得多。

1. 附加式

(1) 单式结构

单式结构的三音词是一个联绵词和一个有义汉字组合成一个完整的词语。我们用 ab 表示联绵词，是两个无义汉字的组合，用 C 表示有义汉字，(ab) +C 组合成一个单式结构三音词。例如：

①皆性之德而具于心，无物不有，无时不然，如何须臾间离得他，若其可离，则是外物而非率性之道矣。(《中庸直解》)

"须臾"是联绵词，"片刻，短时间"义，"须臾间"同"须臾"。

### (2) 复式结构

我们用 A、B、C 表示三个有义汉字，首先 A 与 B 结合，然后再与 C 组合，由此（AB）+C 组合成一个复式结构三音词。例如：

②甲士尚有一万五千人，<u>一时间</u>，都走散了，颖遂将自帐下数十骑，帝乘犊车走回洛阳。（《直说通略》卷五）

"一时"谓"暂时，一会儿"，《荀子·正名》："其累百年之欲，易一时之嫌，然且为之，不明其数也。""一时"指短时间之内。

③宽三次为郡守，多有仁爱，虽<u>荒忙间</u>不曾发怒，民有罪，只用蒲鞭责罚，后为尚书令。（《直说通略》卷四）

"荒忙间"指"慌忙之间"，晋干宝《搜神记》卷十六："度当时荒忙出走，视其金枕在怀，乃无异变。""荒"通"慌"，"慌忙"指"急忙"。元王晔《桃花女》楔子："三更前后，不知是什么人叫我三声，我在睡梦中应了三声，慌忙走出窑来看时，这窑便忽的倒了。"

④君王又道，此人肯受天下怨，却不知天下怨气祇在君王处。<u>因此上</u>贤的君王，在事前处置得，不教生乱。（《大学要略》）

"因此上"，犹"因此"，"上"无义。宋元通俗文学常用。

⑤项王<u>独自个</u>又杀了千余人，自身也受了十来创，项王道我听得汉军里得我头的与他一千两金子及一万户。（《直说通略》卷三）

"独自"唐代已见，指"单独，自己一个人"，唐代齐己《怀洞庭》诗："中宵满湖月，独自在僧楼。""独自个"元代已见，指"只自己一个人"，元李文蔚《燕青博鱼》第四摺："怎生在旷野荒郊，月黑时光，风高天道，独自个背着衣包。"

⑥沛公将百余骑，到鸿门见项羽，谢罪，项羽留沛公饮酒，范增<u>几遍家</u>觑项羽，又三次拿起所带的玉玦（即玉环缺一半，古人佩带玉玦取能决断之意）与项羽看，项羽不应。（《直说通略》卷三）

"几遍家"指多次。

### 2. 偏正式

#### （1）（A+B）+C

偏正式复音词复式结构最多。我们用 A、B、C 表示三个有义汉字，首先 A 与 B 结合，然后再与 C 组合，（AB）+C 组合成一个复式结构三音词。例如：

①若做大臣的，其心里容不得人，见个有才能的人，便妒忌、憎恶、<u>不待见</u>他；见个美好通明的人，与他便不相合，使不得进用。（《大学直解》）

"不待+见"由"不待"和"见"两部分直接构成，第一层结构为定中关

115

系,"待见"又构成第二层结构,为状中关系。"待"义为"等待",《左传·隐公元年》:"多行不义,必自毙,子姑待之。""待"从宋代开始衍生出了"将要""正要"义,"不待"是在宋代以后出现,表示"不想;不愿意",如此,"不待见"可理解为"不愿见""不想见""不喜欢见"的意思。"不待见"在元末产生,此时"见"是实义动词,表示"看见、见面";此后"见"的意思逐渐虚化,变得无实际意义,并逐渐跟"待"凝固为一个词,于是"不待见"演变成了"不喜欢"之义。而"待见"在东汉时期义为"等待召见","待"在宋代出现"正要,将要"义,受到"待"意义发展的影响,同时,依照"不待见"这种否定形式,在元末明初,"待见"产生了"喜欢""喜爱"义,"待见"的"喜爱,疼爱"义在北京官话、冀鲁官话和晋语中都有使用,多用于我国北方方言区,东北官话中也有作"喜爱"之义讲的"待见"一词,经常出现在"招人/不招人待见"的语言形式中。"不待见"在冀鲁官话等方言中是较常见的口语词,"不待见"比"待见"在现代方言中使用更为普遍。《大学直解》中用的就是否定式"不待见"。

②帝嫌忌萧道成,时常磨刀,说道明日杀萧道成,道成遂教王敬则结好帝<u>左右人</u>杨玉夫,等待帝睡着,玉夫刺帝,寿一十五岁,道成迎立安成王準,即帝位。(《直说通略》卷六)

"左右"意指"近臣,侍从",《北史·尧君素传》:"炀帝为晋王时,君素为左右。""左右人"指侍从,由"左右"和"人"两部分直接构成,为定中关系,"左右"构成第二层结构,为并列关系。

③曾子问孔夫子,这孝道都省得了也,这孩儿每依着父母行呵,父母有<u>不是处</u>不谏?中那不中?(《孝经直解》)

"不是处"指"错误;过失","不是"和"处"构成第一层,为定中关系,"不是"第二层为状中关系。

④或<u>跟前人</u>阮佃夫与姜产之、寿寂之等商量弑帝。(《直说通略》卷六)

"跟前人"指近臣,"跟前"和"人"直接构成第一层结构,为偏正关系,"跟前"又构成第二层结构,也为偏正关系。

⑤相如设计取了璧,怒发冲冠,退立说道头与璧一齐碎了,遂使<u>随从人</u>将璧先行归赵,自身待命。(《直说通略》卷二)

"随从"一词,指"跟随;跟从",动词义,近代才出现名词义,指"跟从者;侍从者",为了凸显名词义,元代也用三音词"随从人"表示。

⑥以人立政,易于兴举,譬如以地种树易于发生,甚是快速,那<u>蒲苇草</u>在地,尤是易生之物。(《中庸直解》)

"蒲苇草"即"蒲苇",三音词突出显示上位概念。

⑦因这般上头,得那普天下欢喜得心,把祖先祭祀呵,也不枉了。(《孝经直解》)

"普天"汉代已见,指"整个天空",汉扬雄《长杨赋》:"普天所覆,莫不沾濡。"也指"遍天下",《三国志·吴志·胡综传》:"上定洪业,使普天一统。""普天下"指"整个天下;遍天下",第一层次、第二层次均为定中关系。

(2) A+(B+C)

复式结构的另外一种形式,A、B、C为三个有义汉字,首先B与C结合,然后再与A组合,A+(B+C)组合成一个复式结构三音词。

①若事上不用心,眼前见也不明白,耳中听也不分明,口中吃也不知滋味。(《大学要略》)

"不用心"指"不认真"。第一层次"用心"为动宾关系,"用心"指"费心",唐代已见,唐杜甫《解闷》诗之七:"熟知二谢将能事,颇学阴何苦用心。"第二层次"不用心"为状中关系。

②明帝太子,即位时才年十岁,后来频频出游,营署巷陌,无不贯穿,小有不如意,即便杀人,一日不杀便不快活。(《直说通略》卷六)

"不如意"语出《汉书·京房传》:"臣疑陛下虽行此道,犹不得如意,臣窃悼惧。"指不符合心意的事情,本为名词义,宋代发展出动词义,指不符合心意,欧阳修《准诏言事上书》:"故所求无不得,所欲皆如意。"陆游《追忆征西幕中旧事》诗之二:"不如意事常千万,空想先锋宿渭桥。"《直说通略》也有使用动词义的:"天下不如意事十常七八。"(《直说通略》卷五)此句中"不如意"用的是动词义。"快活"指"高兴,快乐",唐代已见,白居易《想归田园》诗:"快活不知如我者,人间能有几多人。""不快活"指"不舒服;不愉快",第一层次"快活"为联合关系,第二层次为状中关系。

③王原姓明宗,乞养子,既逐闵帝,遂即位,帝与石敬瑭(是明宗婿),皆有勇力,能战斗,同事明宗,二人心里自来不相下。(《直说通略》卷十)

"相下"指"互相谦让",《后汉书》卷七十:"昔廉、蔺小国之臣,犹能相下。""不相下"指不相让,第一层次、第二层次均为状中关系。

④及帝即位,敬瑭不得已入朝,旧将佐多劝帝留住敬瑭。(《直说通略》卷十)

"得已"谓"出于自己的意愿",唐王昌龄《箜篌引》:"何用班超定远侯,史臣书之得已不?""不得已"意为"无可奈何;不能不如此",第一层次为动宾关系,第二层次为状中关系。

⑤坐着大位次里，好生谦恭近理，休怠慢者。拣好底勾当尽力行者。这是做皇帝的体面么道。(《经筵讲义》)

"位次"意指官位等级，《后汉书·梁统传》："谋共立帅。初以位次，咸共推统。""大位次"谓"高位、高官"。

3. 动宾式

① "……杀人者死，伤人及盗者随他所犯轻重要罪过者，其余秦家的刑法都除了者。"当时做官的、做百姓的，心里很快活有。(《经筵讲义》)

"罪过"指"罪行，过失"；"要罪过"，"治罪"义。《元语言词典》收录"要罪过"。

②一件：钱谷是国家大事，生财有个道理，作生活者多，食用者少，做造者多，使用处不过当。(《大学要略》)

"作生活"指"过日子"。

③汉高祖姓刘名邦，为秦始皇二世皇帝的时分，好生没体例的勾当做来，苦虐百姓来，汉高祖与一般诸侯只为救百姓，起兵收服了秦家。(《经筵讲义》)

"没体例"指"不合成规、惯例"。

④三思孩儿武承训娶韦后女安乐公主，三思遂出入宫禁，帝教皇后与三思打双陆，帝亲自数筹，三思遂私通韦后，帝又与三思商量政事，三思与韦后日夜谮说张东之等有歹心。(《直说通略》卷九)

"打双陆"是古代的一种桌面游戏，类似今天的行军棋。

⑤又有张温等都使大钱买官职，南阳太守羊续廉洁贫穷，帝欲用为太尉，为无钱，遂不得用。(《直说通略》卷四)

"使大钱"谓"大笔花钱买通"。

4. 联合式

自此，小人得志横行，士大夫无气，先是李膺等虽被钩党废锢四方，士大夫终是要将道德相高称。(《直说通略》卷四)

"士"是古代贵族的级别之一，地位仅次于"大夫"，"大夫"在古代为爵位名称，"士大夫"旧时指官吏或较有声望、地位的知识分子。因此，"士大夫"即"士"与"大夫"相组合而成的联合式复音词。

元代，随着社会交往的频繁和人们思维的深化，人们需要用更精确的形式来表义，三音词在以往双音词的基础上，延长了词形，将复杂的概念表达得更精确，以适应社会交往的需要。元代直解体文献中三音词324个，数量上显著增加。中古造词法与构词法，为近代汉语三音词的产生提供了充足的理论基础，创设了发展的语法环境。从结构层次来看，三音词主要有 A（BC）、(AB) C 两种情况，没有 A/B/C 的情况，因为这类词内部结构特征明显，不易成词，各自意义独立性强，不具有很强的构词力。从各种结构类型的分布来看，三音词主要有附加式（可怜见、几遍家）、偏正式（大官人、大位次）、动宾式（要罪过、作生活）、述补式（过不得、说不得）、联合式（士大夫）五种结构方式；从词类来看，构成的有名词（遗腹子）、动词（登龙门）、形容词（不快活）、代词（不怹地）、副词（一时间）、连词（因此上）、象声词（扑棱棱）七种，其中以名词最多。元以后三音词在数量、结构和性质功能方面均有所发展。有一些同义的双音词和三音词，二者都在使用，如"布衣人"和"布衣"，但这些近代汉语产生的三音词在现代汉语中的留存情况不同，有些仅保留双音词，如"莫不是"和"莫不"，"因此上"和"因此"；有些仅保留三音词，如"莫须"和"莫须有"；有些则两种形式都保留，如"佛指骨"和"佛骨"；有些则两种形式都消亡，如"给事中"和"给事"。汉语史上多音节词语之间存在转换，表明汉语向双音化发展的过程并非一蹴而就，也需要进行一些尝试，才能最终确定汉语双音词的绝对优势。

（三）三音词的语义结构

上古汉语中真正意义上的三音词很少，多是一些人和姓氏的专名，中古时期数量虽有所增加，但以外来佛教名词居多，近代汉语三音词和上古、中古汉语三音词相比，有了迅速发展，三音词在语义上更加丰富，反映的语义内容更为广阔。杨爱娇认为，词素义形成词义的类型有组合、化合、融合、附合、重合、并合六种类型。① 我们从元代直解体文献复音词实际状况出发，以此为参照，归纳分析元代三音词语义结构类型。

1. 融合构成

"融合构成"是指词的构成成分的一部分，用了比喻义、借代义或夸张义。另一部分，用基本意义，两者相互融合，构成新词。

(1) 比喻义+本义

①居巢人范增年七十岁，好奇计，劝项梁道：陈胜为头，出来举大事，却自立为王，所以他每不得长久，将军世世为楚将，若能复立楚后，这是众人的心。（《直说通略》卷三）

"举大事"意指发动夺取政权的武装起义。

---

① 杨爱姣. 近代汉语三音词的语义构成 [J]. 南京师范大学文学院学报，2002（4）：152-158.

②赵延寿言语轻侮中国，中国军马，您眼里都见了，公公心里烦恼，待要来厮战呵，孙子跟前有十万<u>横磨剑</u>，等待他来以后，被孙子败了，他的军马吃天下人笑话。(《直说通略》卷十)

"横磨剑"指长而大的利剑，这里比喻精锐善战的士卒。

③独有膺高尚有风力，士大夫若得容接，唤作<u>登龙门</u>。(《直说通略》卷四)

古时称会试得中，致身荣显为"登龙门"。

(2) 夸张义+本义

偏语部分以夸张来突出强调中心语的某一方面的特点，有的兼用夸张与比喻，偏语都是夸张意义，这种意义逐渐转换成词的常用意义。如：

④如今两虎相争必有一个死伤，所以我这般隐忍呵，将国家急务为先，私仇且落后者，廉颇听得，肉坦负荆登门谢罪，遂为之<u>刎颈交</u>。(《直说通略》卷二)

"刎颈交"意指友谊深挚、可以共生死的朋友。

(3) 借代义+本义

构词的一部分是借代意义，另一部分用的是本义，两者相互融合。这类词，词素在入词以前，在独立语境中不一定具有入词后的意义，如：

⑤履即鞋子，后人说贵人门下客为<u>珠履</u>客。(《直说通略》卷三)

"珠履客"指贵客。

2. 附合构成

"附合构成"是指通过附加的方式来构成新词。

帝<u>可怜见</u>，盆子教做赵王郎中，又遣吴汉陈俊等攻破五校军，及遣朱易等攻杀反贼。(《直说通略》卷七)

"可怜见"指"发慈悲施恩惠"，《元典章·吏部五》："今日上位可怜见，殿中丞升做四品也。"也指"怜爱；怜悯"，如："母怒说道：恁做大丈夫无饭吃，我<u>可怜见</u>你。与你饭吃，那里指望你谢。"(《直说通略》卷三)"见"无义。由"可怜"和"见"两部分直接构成第一层结构，为附加关系，"可怜"又构成第二层结构，也是附加关系。

3. 婉指化合

"婉指化合"是指用委婉方式说明不吉利的事情，凝固成词义。

王陵对两人道：当时高帝盟誓其间，你每不听得那甚么，如今你每阿顺上意，有甚面目<u>地下去</u>。(《直说通略》卷三)

"地下去"婉指"去世"。

## 4. 重合构成

三音词中，构成词义的两个词素意义因基本相同而重合，有人称之为同义复用，同义复用的特点一是意义相同，也就是词义和语法意义相同；二是重复使用或连续使用，连用的两个或两个以上的词语之间，只能是重复的关系，而不能容许有主谓、偏正、动宾等语法关系，也不可能出现偏义现象。重合构成的部分可以分离出去而不影响原义的表达。

（1）所以人君为政，在乎得贤臣以为辅佐。要取用贤人，又须脩<u>自家身</u>以为法则。（《中庸直解》）

"自家身"指"自己"。

（2）若是正心呵，恐怕身上有些儿不是处，一日家三遍思量，不教有些儿不到处，都教做得正正当当地好，似这般便能齐家，能齐家，则俺家大的小的都学俺<u>一般样</u>好。（《大学要略》）

"一般样"犹"一个样"，多见于早期白话。

（3）<u>这般样</u>思量呵，便是明德、点校本在此无断句新民到得那至善的意儿。（《大学要略》）

"这般样"意为"这个样子；这一种"。

（4）侃道："我待致力中原，若使放纵了，身已恐后不能辨事，所以<u>劳气力</u>，明帝时，为征西大将军，都督荆湘雍梁四州诸军事。"荆州刺史士皆相庆，侃委任聪明，勤谨终日，端坐军府，众事检摄无遗，不曾少闲。（《直说通略》卷五）

例句中"劳气力"则表达一个抽象的概念，意为"操劳"，"劳气力"一词《汉语大词典》《元语言词典》均未收录。

## 5. 反语化合

"反语化合"词义与词素义恰好相反相对，即由反语构成的词。

（1）我世祖皇帝<u>不爱杀</u>人的心，与天地一般广大比似，汉高祖不曾收服的国土，今都混一了。皇帝依着世祖皇帝行呵，万万年太平也者。（《经筵讲义》）

（2）孟子道<u>不爱杀</u>人的心，厮似前贤曾说这道理来，只有汉高祖省得这道理来，汉家子孙四百年做皇帝。（《经筵进讲》）

"不爱杀"就是爱杀，"爱杀"意为"喜爱之极"，"杀"表示程度深。

## 6. 组合构成

这类词词义是由词素义组合而成，通过词素的字面意义，可以理解词义。

（1）唐主与宋审处等四将商量向河阳，诸将皆已飞状迎晋帝，唐主与曹太后、刘皇后、雍王重美及宋审处等将<u>传国宝</u>登玄武楼自焚死，晋帝入洛阳，唐

兵都解甲待罪。(《直说通略》卷十)

名物词"传国宝",即传国玺。

(2) 帝道王陵好,然这人愚直,陈平可助他,平虽有智,独自个<u>担不起</u>,周勃重厚,可令为太尉,去后保全刘氏的必是周勃不敢负责。(《直说通略》卷三)

"担不起"指"不敢负责"。

(3) 良日夜习读,既佐高祖<u>定天下</u>,帝令良自栋齐三万户,良不受。(《直说通略》卷三)

"定天下"指"得到天下,创立帝业"。

(4) 纣王宠妲己,只理会快活,多征百姓每<u>差发钱</u>,积在那鹿台库里,粮积在那钜桥仓里,却不思量这般东西都是百姓每身上脂膏,教百姓每怨不好。(《大学要略》)

"差发钱"在元代时期指赋税徭役。

(5) 帝多曾说这四人难得,如今教太子写书,<u>陪小心</u>将安车好生礼请他每来做宾客,一同入见宫里。(《直说通略》卷三)

"陪小心"形容以谨慎、迁就的态度对人,博得人的好感或使其息怒。

有些三音节虚词,语义结构难以分析,如:

(1) 孔子道:《楚书》说:"楚国无以为宝,惟善以为宝。"<u>这的是</u>那楚国有好人,所以楚国强。(《大学要略》)

"这的是"谓"这真是,这确是"。

(2) 毛遂拿剑进前说道,王这般叱喝我呵,<u>莫不是</u>倚着楚国人众么,如今十步之内待不得楚国人众,有王的命悬在遂手里。(《直说通略》卷二)

"莫不是"犹"莫非",表示揣测或反问。

(3) 庞远道:"见可行便进,知得难行便退,是圣人用兵的道理。"魏主说:"恁要我和亲那,还是不要。"庞远说:"和亲呵,二国都欢喜,生民受福,<u>不恁的</u>呵,二国做仇家,百姓受苦,和亲不和亲取自圣意。"(《直说通略》卷六)

"不恁的"亦作"不恁地",意为"不这样"。

三音词的意义构成有这样一些特点:三音词的语义结构主要分为融合、附合、婉指、重合、化合和组合六种。从三音词语素融合的程度来看,有些三音节词语具有惯用语的性质特点,如登龙门、横磨剑。组合构成最能产,而双音词的意义构成和生成与此不同,大部分双音词是附合构成和融合构成。从三音词各词类意义构成情况看,名词的主要构成方式是组合构成,动词的主要构成方式是融合构成,有少量附合构成。《元典章》词汇研究(2009)指出汉语和蒙古语混合语文献，即元代直译体文献中的"三音词现象"①，指出这类"表层意义上的无理词"。元代特殊的社会文化语境，促进了这一类三音词产生，看来似乎是几个语素表层意义的叠加，然而其不符合逻辑、语义、语法与语用规约，似具有深层的特定意义，而这个意义也不是几个语素意义的简单加和，属于语义融合型的三音词。在直解体文献中也存在这类特殊的三音词现象，其语义结构可以归入融合构成，如："大官人立下五个肯劝谏的人呵，虽有差的勾当呵，也便改正，不失了管的地面。"（《孝经直解》）在元代，"官人"有多个义项：做官的人；官府差役；对男子的敬称；妻子称呼丈夫。元代许多白话作品中，"官人"不单单指做官的人，还形容有一定的管理地面和地方行政管理权力、负责具体管理事务的人，相当于"长官""管民官"，"大官人"有时也是对有钱有势、社会地位较高的男子和富贵人家子弟的尊称，需要仔细甄别，分析意义。

（四）三音词发展的原因

相对于双音词来说，我们考察的语料中三音词数量不占优势，但也呈现出一些特点，反映了元代三音词的发展趋势。分析其原因，主要包括语言内部和语言外部两个方面。从语言内部因素来看，主要是语音系统的简化和造词法的完善。三音词发展受到汉语词汇复音化趋势的影响，是汉语词汇系统自身调整的结果。从语言外部原因来看，主要是社会文化的发展，还有语体的转化。语料的性质影响了元代三音词现象，在语言接触的背景下，汉语词汇表现出了一些特殊之处，随着元代统治的结束，这些特殊语言现象经过在明代前期的短暂存留，最终趋于消亡。

1. 语言接触的影响

受元代汉语和蒙古语语言接触的影响，元代文献出现了一些特殊的三音词现象，特殊之处在于这类词汇现象虽然是三字组，看似是普通词组，但在深层上具有特定意义，直解体文献中以《经筵讲义》《孝经直解》和《直说大学要略》较为多见，很多词典也不见收录，学术界对这类词汇鲜有关注，阮剑豪（2009）曾经考察元代直译体文献《元典章》，分析了这种混合语文献中的特殊词汇现象，称之为"三音词现象"，列举分析了如"大言语、要罪过、使见识、觑面皮、根脚里、添名分、好名声、道不是、无疑惑、添气力"等现象。直解体文献中有些三音词也难以理解为一个词组，它的意义更概括，也多次使用，词和词组的意义实际上有距离，这类现象在元代直讲、直译体文献中均有出现，而这些文献是受语言接触影响程度较深的，可靠的解释就是这类"三音词现象"

---

① 阮剑豪.《元典章》词语研究［D］. 杭州：浙江大学，2009.

的产生是受到外族语言影响，这也是混合语文献的较为鲜明的词汇特征之一。比如："主上当面许我终身不除，代如今忽然这般行，正是今年千春节与公主所说的意，不是我要作乱，是朝廷发我，都押衙刘知远与掌书记桑维翰都劝敬瑭，遂决意反。"（《直说通略》卷十）"掌书记"是唐宋以来设置的外官之一，元代承袭了此官职。从社会交际的需要来说，这类词语出现有一定的社会历史背景。又如："免本处差发，做高祖的已去处。"（《直说通略》卷三）"差发钱"指的是元代时期的赋税徭役，有时也用"差发"。在民族交往交流交融中，需要用简练准确的语言形式来表达各种概念，大部分复音词早期表现出词义的单一性，三音词拓展了词的形式，适应了人们认知的发展要求。

2. 语体变化的影响

宋元时期，市民阶层逐渐形成并壮大，俗文学逐渐繁荣，受此影响，汉语也发生了语体转型，整体上由雅趋俗，这种语体的变化，促进了白话口语的使用，宋代的《朱子语类》、禅宗语录《五灯会元》以及民间的话本小说等，通篇使用白话，元代直解体文献的产生发展和当时语体的变化密切相关。在文白转型时期，古白话是一种紧密结合当时口语环境的语言加工形式，反映出平民意识的增强和审美情趣的由雅趋俗，而俗文学的发展和语体的变化促使语词使用的变化，三音词的使用展现出口语作品的通俗特点，有助于表达出浅近俗白的语言风格。

3. 语音系统的简化

语音系统的简化推动三音词产生。自唐宋以来，语音系统的简化造成汉语音节数量的锐减，音节数量的锐减促使大量同音词产生。而同音词的大量出现会导致语言交际不便、语义混乱，为了适应语言交际的需要，消除交际障碍，汉语复音词数量迅速增多，复音词的大量产生有助于消除语义表达混乱，并且能够精确且丰富地表达日益复杂的概念，成为语音系统简化的一种重要调节手段，双音词是复音词中最能产的，但相比三音词来说，双音词的音节数量有限，不断增多的义项也不利于交际，担负的过多语义信息使之不利于适应人们日益复杂的思维认知，所以三音词应时而生，它能够承载丰富的语义信息含量，适应了语言表达的新需要。

4. 构词方式日趋完善

相比上古和中古时期，在近代时期，汉语已经具备了六种常见构词法，且构词方式在构词实践中进一步完善，在已有的汉语基本构词法的基础上，增加了综合式构词法。在元代，构词法的发展促进了元代三音词的增加，并且语义内容更丰富。元代直解文献三音词在结构和意义方面都得到较快发展。

**构词方式统计表**

| 七种构词方式统计表 ||| 元代直解体文献 ||
|---|---|---|---|---|
| ^^^ ||| 数量 | 百分比% |
| 基本构词方式 | 联合式 | 语素的语义关系 | 相同 | 891 | 53.64 |
| ^^ | ^^ | ^^ | 相类 | 569 | 34.26 |
| ^^ | ^^ | ^^ | 相反 | 201 | 12.1 |
| ^^ | ^^ | 语素的词性构成 | 形+形 | 293 | 17.64 |
| ^^ | ^^ | ^^ | 名+名 | 396 | 23.84 |
| ^^ | ^^ | ^^ | 动+动 | 883 | 53.16 |
| ^^ | ^^ | ^^ | 其他 | 89 | 5.36 |
| ^^ | ^^ | 联合的数量及其在双音词中的百分比 || 1661 | 30.36 |
| ^^ | 偏正式 | 语素的语义关系 | 定中 | 1136 | 82.02 |
| ^^ | ^^ | ^^ | 状中 | 249 | 17.98 |
| ^^ | ^^ | 语素的词性构成 | 名+名 | 429 | 30.97 |
| ^^ | ^^ | ^^ | 形+名 | 508 | 36.68 |
| ^^ | ^^ | ^^ | 动+名 | 109 | 7.87 |
| ^^ | ^^ | ^^ | 形+动 | 76 | 5.49 |
| ^^ | ^^ | ^^ | 其他 | 263 | 18.99 |
| ^^ | ^^ | 偏正的数量及其在双音词中的百分比 || 1385 | 23.9 |
| ^^ | 动宾式 | 动宾 || 948 | 97.53 |
| ^^ | ^^ | 介宾 || 24 | 2.47 |
| ^^ | ^^ | 动宾的数量及其在双音词中的百分比 || 972 | 16.77 |
| ^^ | 述补式 | 表示离散、破损等 || 224 | 38.36 |
| ^^ | ^^ | 表示实现、获得等 || 194 | 33.23 |
| ^^ | ^^ | 表趋向 || 116 | 19.86 |
| ^^ | ^^ | 其他 || 50 | 8.55 |
| ^^ | ^^ | 述补的数量及其在双音词中的百分比 || 584 | 10.08 |
| ^^ | 主谓式 | 主谓的数量及其在双音词中的百分比 || 158 | 2.73 |
| ^^ | 附加式 | 加前缀 || 582 | 81.86 |
| ^^ | ^^ | 加后缀 || 129 | 18.14 |
| ^^ | ^^ | 附加的数量及其在双音词中的百分比 || 711 | 12.27 |
| 综合式 | 综合的数量及其在复音词中的百分比 |||| 324 | 5.59 |

## 第三节　小结

　　本章对元代直解体文献复音词进行语法和语义的综合考察。从构词语素的角度，把元代直解体文献复音词分成单纯词和合成词两大类。合成词又分为联合式、偏正式、附加式、主谓式、动宾式、述补式和综合式七类，并从结构类型、结构关系、构词语素和成词词性一致性等方面，进行了统计分析。汉语复音词出现得很早，随着社会发展和汉语词汇复音化的推动，复音词迅猛发展，尤其是双音词，占据汉语词汇的强势位置。元代汉语六种基本构词法完备，联合式构词语素之间语义关系有同义、近义、类义和反义，其中主要是同义关系和近义关系，联合式复音词最主要的特征是构词语素间地位平等，这也使得联合式构词能力很强，词类更丰富，其中同素异序词较多，构词语素之间可以更换顺序，这也是联合式复音词的特色之一。从词义和语素义的关系来看，联合式复音词构词语素义组合和融合占多数，在直解体文献中出现新词的可能性也比较高。重叠式通过重叠增加了新的语义，大多数是语义上重叠，但也是一种相对较为便捷的造词方式。偏正式的正语素表示人或事物、动作行为以及性质状态，偏语素突显了正语素的内容或特点，偏语素的语义关系更为丰富，这使得偏正式成为最具优势的构词方式。正语素和偏语素的不平等地位决定了其语序不可互换。词性构成多样，定中式远多于状中式，定中式的语义构成关系更丰富，并且出现偏正式三音节词。从直解体文献复音词的构成来看，联合式复音词数量居首位，其次是偏正式。附加式通过附加关系达到表义的需要，分成前加式和后加式两类，后加式多于前加式。随着词缀构词力逐渐增强，大量的附加式复音词产生了。附加式复音词的词义是以词根的语素为主，另一个构词语素是意义虚化了的词缀，只是起到凑足音节或标示词性的作用。从数量上看，附加式的数量超过了述补式和主谓式，在元代出现频率较高。动宾式、述补式和主谓式构词语素之间的关系和句法关系基本一致，动宾式在以上三种方式中最为能产，其次是述补和主谓。动宾式、述补式和主谓式皆有不同程度的发展，词汇化和语义复合是动宾式、述补式和主谓式成词的主要途径。

# 第四章

# 元代直解体文献新词新义研究

词汇是相对稳定的，但同时又是不断变化的，这种看似矛盾的现象与过程是通过词汇中的新质和旧质的冲突呈现与完成的。元代新词属于近代新词的一个部分。关于近代汉语新词新义的研究成果，主要体现在通论性著作和词典编纂方面。最早的有代表性的通论性著作是王力的《汉语史稿》，其中谈到了近代汉语新词，但是内容较为简略。向熹的《简明汉语史》中编第三章论述了近代汉语新词的产生、发展，并对新词进行归类，讨论了汉语史上非汉语对汉语词汇的影响。蒋绍愚《近代汉语研究概要》有专门章节讨论"近代汉语词汇"，详细地分析了近代汉语各个时段新兴词的变化。此外，袁宾《近代汉语概论》、蒋冀骋《近代汉语词汇研究》、方一新《中古近代汉语词汇学》、曾昭聪《中古近代汉语概论》、徐时仪《近代汉语词汇学》等对近代新词均有论述。断代词典的编纂也收释了近代新词，如龙潜庵《宋元语言词典》、李崇兴等《元语言词典》、许少峰《近代汉语大词典》、高文达《近代汉语词典》等集中体现了新词研究成果，涉及元代词汇。白维国主编，江蓝生、汪维辉任副主编的《近代汉语词典》是近代新词研究的最新成果。除了以上两个方面，近些年新词的研究范围有所变化，以往热点多集中在现代汉语领域，如今扩大到唐代以后的汉语领域，并且随着学术界的多角度探索，新词新义研究理论不断丰富，如新词新义的界定、新词的产生机制、新词的分类、研究新词的具体方法等。由于近代汉语时间跨度很大，不可能像现代汉语以几十年为界，所以可以说，在某种程度上"所谓新词、新义，本没有一个绝对的标准"[①]。本书所指的新词新义是以所见最早文献的时代来确定，但讨论的新词上限主要是以晚唐、五代为界的，对于词语及其义项的继承情况，我们根据《汉语大词典》《汉语大字典》和《辞源》，然后检索语料库加以甄别。

---

① 董志翘.《入唐求法巡礼行记》词汇研究[M]. 北京：中国社会科学出版社，2000：91.

## 第一节 新词的界定和分类

词汇是语言要素最活跃的部分,词汇系统内部存在着旧词语消亡、新词语产生的代谢过程。近代汉语时间跨度大,对近代汉语新词的界定相当困难,笼统地说,中古时期没有出现的词或意义,而在近代汉语中出现了的,可以视为近代汉语的新词新义。但没有文献记载的,就难以查考,随着新语料不断被发现和调查的不断深入,有些新词新义的出现年代会随之改变。除了具体操作有一定难度外,近代各阶段新词新义的研究还不够深入,相关理论还不完善,这些成为深入研究近代新词的障碍。元代汉语中的新词问题是元代直解体文献复音词研究的重要部分。探讨元代新词产生的途径和机制、分类和特点,以及演变的某些轨迹,可以弥补以往研究的不足和辞书编纂的缺漏,有助于揭示元代语言内部的发展规律。新词产生是词汇系统调整的外现,对于探索元代汉语词汇内部的调节机制具有重要的理论价值和实际意义。

### 一、新词的界定

词汇总是处于连续不断的发展变化中,词汇系统吐故纳新,富有活力。元代处在近代汉语"言文脱节"的重要转折时期,吸收了自先秦至两宋这一时期的词汇中大量的有生命力的部分,也出现了不少当时的新词和新用法。元代汉语词汇属于一个具有不同时间层次的词汇系统,即体现出对语言的继承性,也反映了语言的创新性。新词和旧词是相对的概念,也是发展变化的,并没有某一个具体时间为起点或终点。判定新词的出现年代实际上很困难,新词的产生不能完全用分期来干脆地断定。新兴词产生初期,使用频率很低,用法也很单一,有些是否凝固成词也要结合一段时间的考察来确定,把新词置于一个相对长的时期内,有助于发现这些词产生、发展和演变的规律。所以,立足以上的认识基础,本书确定的新词新义包括:①始见于语料中的词语和义项;②考虑到语言的渐变性,也为了更有价值的发现,新词上限是以宋代为界,把新词放在宋代一个相邻近的大背景下来考察,因此,把始见于宋代的词语和义项,至元代用例大增而意义丰富化的词语也酌情加以收列。判定新词的具体做法是:把语料中的复音词按照首见例子的出现时间进行统计,主要依据是《汉语大字典》《汉语大词典》和《辞源》,并且调查元代以前的典籍进行复查,"二典"引例不早于元代的视为新词;没有元代以前的书证,并且该词不见于前代文献的视为新词。新义的做法仿此。同时参考以下几点：①从先秦至元代，时间跨度大，有些词的语义较稳定，直解体文献中仍然保留了本义，但是有的词义会随着时间而改变，尤其是源于先秦的词汇变化更为明显。所以，可以复音词的义位是否改变为参照点。②以该复音词成为凝固的独立语言单位的时代为准。③先把提取出的复音词放入《汉语大词典》《汉语大字典》和《辞源》进行搜查，如果显示元代是该词的首见时代，则把该词放入电子语料库中进一步验证是否为元代新出。依据材料，如果《汉语大词典》中显示为元代新出，调查元代以前的典籍和相关研究成果，来检验该词的首见时代，引例失收的并且该词不见于前代文献的视为新词。④对词语历史来源的梳理是基于现有的资料条件，有些例证难免会出现疏漏，但是对于认清直解文献复音词的整体源流仍具有重要意义。

## 二、新词的分类

元代是社会生活发生急剧变化的朝代，各个地区，特别是南北地区的人员交往也超过了以前任何一个朝代，反映在语言上则是产生了大量的新词。新词语既包括有新词形的词语，也包括表新义的旧有词语，是指新创造的词语和产生了新义的固有词语。语料中大多数新词是由实词素构成，少数是由实语素与虚语素构成，除了少量三音节新词外，基本都是双音节新词。依据的标准不同，新词的类别也不同，如以音节为标准，新词可以分为双音节新词、三音节新词和四音节新词；以词性为标准，新词可以分为名词性新词、动词性新词和形容词性新词；以语素组合为标准，新词可以分为单纯词和合成词。我们以语义为标准对语料中出现的新词新义进行分类，主要分为以下几个语义类别：（1）时间词语，如清早、当夜、当元、当先、当下、比先、不时、一时间、其间、日期、比前、白日、立地、先前、早先、日头、半日、晚西、在先、明后。（2）典章制度，如罪坐、总管、役满、恶党、把总、补官、充应、表章、摄居。（3）军事活动，如囚禁、抵敌、投拜、厮杀、斗争、弓兵、打探、攻城、持杖、驻扎。（4）社会日常生活用语，如动静、案桌、床榻、胎孕、有亲、粉黛、抄估、抱养、榷酒酤、厮扑、茶饭、过活、做伴、戴孝、选日。（5）事物名称，如风力、船只、船子、禀赋、儿孩、坟头、表德、役满、差发、茶饭、棉花、魔镇、头口、田地、卧房、田禾、烟突、糙米、绸绵、房屋、房子、鞋子、臂膊、黑小米、名心、符咒、饭甑、谷米、乡族、缘故、小桌。（6）表示情状的词语，如怠慢、便宜、便当、大概、大凡、打紧、暗地、精细、密地、也似、不快、雪白、险诈、详细、尊崇、周备、周遍、装诬、壮固、重浊、只索、只待、疾忙、快活、痛快、匆忙、懊悔。（7）

*129*

语言动作，如撺掇、便索、称说、办事、吃食、躲避、不索、堕落、不中、打听、打探、打动、打双陆、点检、出气、出外、登门、翻悔、废事、分拣、吩咐、奉承、服用、赶上、赶逐、根赶、跟随、鼓惑、怪很、管待、过送、将引、拘收、笑话、区处、首告、耍戏、嬉耍、说不得、魔镇、要罪过、折辩、折挫、折证、存立、吞吃、通报、有何、投奔、投拜、巡防、寻事、寻取、戏耍、倚托、与决、羡爱、约定、用度、应验、应承、引领、依从、晏起、围猎、为头、押解、入去、起盖、起身、做法、做主、遵守、追赶、捉拿、阻当、招接、挑担、活捉、处分、抽身、督并、打毬、鞭打、戏耍。(8)称谓，如把总、大官、官人、婢子、大的、自家、婆婆、婆子、哥哥、姐姐、嫂嫂、母舅、厨役、小厮、官里、媳妇。

### 三、新词的使用情况及个案考察

元代社会发展催生了大量新词新义的产生，新兴词语反映着更为广阔的社会生活。同时，人们思维更趋向精密化，对社会和事物的认识逐渐深入，像表示亲属称谓、表示时间等方面的词语，都有较为细致的区分。语料中的新词新义在元代历史背景下产生，突出了语料的口语特色，方便了直说古代典籍。下面结合个案从表示事物名称、表示动作行为、表示时间、表示称谓、表示情貌状态等几个方面分析新词的使用情况。

（一）表示情貌状态的词语

#### 安乐

只宝爱贤德的人，国内百姓便<u>安乐</u>，王休要受献。(《直说通略》卷一)

在元代，"安乐"谓"平安无恙"，金代《刘知远诸宫调》："甚你却诋诲，问我儿安乐存在。"《七国春秋》卷上："得吾儿端的安乐，收兵便回。"《七国春秋》卷下："吾弟黄伯杨，别来安乐否？"明代《老乞大》卷上："天可怜见，身已安乐时，也到。"

#### 在意

在起初时，<u>在意</u>扶持父母。(《孝经直解》)

"在意"谓"多用心力；注意"，《秦并六国平话》卷上："当有王翦出班奏曰：陛下休虑……臣为主将，退诸国来兵，保王社稷无虞。始皇大悦：全仗卿在意者。"《越调·黄蔷薇过庆元贞·燕燕别无甚孝顺》："燕燕别无甚孝顺，哥哥行在意殷勤。"《元典章·刑部十九》："新附城子里火烛在意者。"

#### 专一

(1)如古时有个柳盗跖，<u>专一</u>要做贼打劫，吃人的心肝，也是一个昧心，

不是那正心的人都做得歹了，教后人道不好，将那颜回来比呵，便见得柳盗跖歹颜回好。(《大学要略》)

(2) 人君若能敬重辅弼大臣，则信任专一，小臣不得离间，临事自然无有迷眩。(《中庸直解》)

"专一"谓"专门；一味"，宋代李攸《宋朝事实》卷十五："臣等相度欲于益州就系官廨宇，保差京朝官别置一务，选差专副曹司，拣摺子逐日侵早入务，委本州同判专一提辖。"《元典章·圣政二》："仍令每处创立养济院一所……专一收养上项穷民。"

### 分晓

实道看你相貌不是歹人，只是贫穷生受分晓，令与绢二匹，自此后一县无盗贼。(《直说通略》卷四)

"分晓"指"分明"，《新编五代史平话》梁史平话（卷上）："'非青非白非红非赤'，莫是个黄的色？这是'黄'字分晓；'川田十八'，这是个'巢'字分晓。"元代还指"说清楚"，《狄青复夺衣袄车》第二折："我便有那浑身是口也难分晓。"也有"主意"的意思，《神奴儿大闹开封府》第三折："不妨事，若来时我自有个分晓。"

(二) 表示动作行为的词语

### 攀指

皇后父窦武上疏分解，及李膺等词语多有攀指宦官子弟，宦官怕惧，遂奏帝赦了党人二百人，皆罢官，职归田里，终身不用，自此宦官越盛。(《直说通略》卷四)

"攀"是指把没有关系或不相类同的事物硬扯到一起，特指牵连别人获罪。"攀指"是指"招供的时候凭空牵扯别人"，《山神庙裴度还带》第二折："却原来是为傅彬那个逆贼攀指累及好人，无故系狱。"也说"指攀"，《赵氏孤儿大报仇》第二折："若是屠岸贾拿住老宰辅，你怎熬的这三推六问，少不得指攀我程婴下来。"或说"扳指"，《元典章·刑部十六》："（朱僧儿）指称张厨将父朱三扳指。"

### 撙节

国家用度时，必须酌量撙节，常有些余剩。(《大学直解》)

"撙"最初指"抑制；节制"，《荀子·儒效》："不恤是非然不然之情，以相荐撙，以相耻怍，君子不若惠施、邓析。"杨倞注："荐，藉也，谓相蹈藉；撙、抑，皆谓相陵驾也。"《淮南子·要略》："撙流遁之观，节养性之和。"高诱注："撙，止也。"《礼记·曲礼上》："是以君子恭敬撙节退让以明礼。"孙希

131

旦集解:"有所抑而不敢肆谓之撙,有所制而不敢过谓之节。"例句中指"节省;节约",《元典章·户部八》:"撙节著支呵,尚自不敷有。"

### 送路

公卿故人备办铺设酒食在东门外送路,车子数百辆,路人看了都说两个大夫真是贤人,既归乡里,卖了金子,每日请待族人,故旧宾客一同取乐。(《直说通略》卷三)

"送路"指"送行,饯行",为人送行常要置酒张宴或赠与礼品,如上例中"铺设酒食"和"车子数百辆",《元典章·台纲》:"不得因生日、节辰、送路、洗尘受诸人礼物,违者以赃论。"

### 过送

惠妃遂教帝用林甫为礼部尚书,与裴耀卿、张九龄同中书门下三品,后来林甫既居相位,遂过送罢了张九龄,但有好人都赶了,引用一般邪人牛仙客为宰相做羽翼。(《直说通略》卷九)

"过"在元代有"送;递"义,《诈妮子调风月》第二折:"明日索一般供与他衣袂穿,一般过与他茶饭吃。"在元代,"过送"有"奉承;夸奖"义,元代汪元亨《醉太平·警世》曲:"听人着冷话来调弄,由人着死句相讥讽,任人着假意厮过送,老先生不懂。"上例中的"过送"指"搬唇递舌,从中挑拨",元代朱庭玉《青杏子·思忆》套曲:"咱不曾人前卖弄,人不曾将咱过送。"

有些词沿用至现代汉语,保持了元代新产生时的意义和用法。虽然这类词语表达的概念在前代已经出现,但它们并非简单地更换了一种表达形式。这类新词通过增加或替换构词语素,词语的整体意义比以前更加科学、丰富,体现了后代人对客观世界更加深刻、抽象的认识,是对先前认识的补充和完善,同时也丰富了汉语词汇的表达。

(三)表示称谓的词语

### 官里

内史侍郎虞世基为见帝恶闻盗贼诸处,郡国有使臣来奏报,盗贼生发,世基都隐匿不说,却道鼠窃狗偷,官里不索用心,帝道说得是,将奏报盗贼来的使臣杖责,自此盗贼日多。(《直说通略》卷九)

"官里"指"皇帝",也说"官家"。《尉迟恭三夺槊》第一折:"我有一计,将美良川图子献与官里,道的不是反臣那甚么?交坏了尉迟,哥哥便能勾官里做也。"

### 媳妇

(1)太祖恣意声色,诸子虽在外,召众媳妇入来侍奉,因而乱伦,友文的

妻王氏，有美貌，分外得宠，太祖病重，教王氏召友文回来分付后事，教做太子，将友珪赶将出去做莱州刺史。(《直说通略》卷十)

(2) 珪之子敬直娶南平公主，旧例公主下嫁都不将媳妇的礼服事公姑，珪与妻坐，令公主行媳妇的礼，自后公主行妇礼，自珪为始。(《直说通略》卷九)

(3) 东海有孝妇寡居，养姑姑，自道年老，妨悮息妇改嫁，自吊死，姑的女告孝妇逼死了他的母，孝妇争辩不过，遂屈诏了。(《直说通略》卷三)

(4) 官人每各自家以下的人不着落后了，休道媳妇孩儿。因这般上头得一家人欢喜，奉侍父母呵，不枉了有么道。(《孝经直解》)

(5) 贾后又险悍把权，不肯依媳妇道子服事皇太后。(《直说通略》卷五)

例 (1) 例 (2) 和例 (3) "媳妇"称谓，称儿子的妻子。例 (3) 中"媳妇"又作"息妇"，例 (4) 指"己之妻"，元代无名氏《渔樵记·楔子》："你休了媳妇儿？兄弟，你如今可往那去？"《清平山堂话本李翠莲》："你道我是你媳妇，莫言就是你浑家。那个媒人那个主？行甚么财礼下甚么茶？"例 (5) 指"妇人自谦的称呼"。

### 老子

见良来，老子说道，孩儿取鞋子上来。良怒，要欧这老子，为见他年老，遂下去取鞋，跪着进前，老子伸脚与良，穿了鞋子说道，这孩儿可教，约五日后，来这里厮会。(《直说通略》卷三)

"老子"谓"老头"。《延安府》一 [六幺序]："这老子有甚冤屈，大叫高呼，他扑簌簌泪点如珠。"《陈州粜米》一 [混江龙] 白："兀那老子，你来籴米？将银子来我称。"元代也指父亲，徐本《铁拐李》三 [新水令] 白："俺李屠孩儿还魂过来了。这个是你媳妇，这个是您孩儿，我是你老子。"

### 姑姑

东海有孝妇寡居，养姑姑。自道年老，妨悮息妇改嫁，自吊死，姑的女告孝妇逼死了他的母，孝妇争辩不过，遂屈诏了。(《直说通略》卷三)

现代用"姑姑"来指"父亲的姐妹，姑母"。元代用"姑姑"指"丈夫之母"。《尔雅·释亲》："妇称夫之父曰舅"。又"妇称夫之母曰姑"。明代除了沿用"姑姑"指称"夫之母"，还用"婆婆"来指称"夫之母"，并且较为常用。"妻常躬勤养姑，又远馈羊子。尝有他舍鸡谬入园中，姑盗杀而食之。妻对鸡不餐而泣。姑怪问其故，妻曰：'自伤居贫，使食有他肉。'姑竟弃之。后盗有欲犯妻者，乃先劫其姑。妻闻，操刀而出，盗曰：'释汝刀从我可全，不从我则杀汝姑。'妻仰天而叹，举刀刎颈而死。盗亦不杀其姑。这娘子自家养活婆婆，无些儿怠慢,又准备盘缠远送与丈夫使用。"①

### 大官人

(1) 大官人立下五个肯劝谏的人呵,虽有差的勾当呵,也便改正,不失了管的地面。(《孝经直解》)

(2) 朝廷大官人每,好生祗待,休轻慢者;奉祀祖宗的上头,好生尽孝心者。(《经筵进讲》)

"大官人"指"高级官员"。《元朝秘史》卷八:"我是皇帝的大官人,咱一同将这女子献去。""大官人"又是对有钱有势、社会地位较高的男子和富贵人家子弟的尊称,元明《水浒传》二四回:"好教大官人得知了笑一声。他的盖老便是街上卖炊饼的武大郎。"或作"大官",多见于近代的早期白话作品,《水浒传》四七回:"人见他走得差了,来路蹊跷,报与庄上大官来捉他。"《牡丹亭》四〇回:"原来你是柳大官,你几时别他,知他做出甚事来。"

(四) 表示事物名称的词语

有类词语是为了表示新事物、新概念,不仅词语形式在近代以前没有出现过,就连它所指代的事物和概念此前也没有出现过,即从形式到内容都是新的。

### 役满

役满当替换回还,却再留众军,屯驻贝州。(《直说通略》卷九)

古代各衙门书吏供职满五年,得分别情况,或考或免,谓之役满。

### 厮扑

帝名湛,穆宗太子,好游戏,无时度,亲近小人。又好打毬厮扑,褊急心性,宦官有小罪过,便被鞭打。(《直说通略》卷九)

"厮扑"指"相扑",犹今指摔跤。《清平山堂话本·杨温拦路虎传》:"我这员外,件件不好,只好两件:厮扑、使棒。"

### 歹人

(1) 大概天地的心只要生物,古来圣人为歹人曾用刑法来,不是心里欢喜做来。(《经筵进讲》)

(2) 贼人听得堕落地上,实道看你相貌不是歹人,只是贫穷。(《直说通略》卷四)

(3) 却有张俭的仇人朱并是一个奸邪歹人。(《直说通略》卷四)

语料中由"歹"构成的复音词或复字结构,如歹人、歹事、歹意、歹心、

---

① 张美兰.明初汉语常用词新旧质素的兴替变化——以《训世评话》为中心 [J],安徽理工大学学报(社会科学版),2013,15(4):43.

歹处、作歹、好歹、歹名听、歹勾当、歹生活。"若是长行五逆歹人，这身万计应难觅。"(《敦煌变文集·父母恩重经讲经文》)"父亲做歹事，误我受此重罪。"(《宣和遗事》前集)用"歹"表示"不好""坏""恶"，宋代并不常用，在元代流行开来。"歹人"指"坏人"，常用来指盗贼。

### 田地

孟子至魏见惠王，王问孟子道老的每远远田地里来我这里必然有利我国家的道理，孟子说道王休说这利，只须论仁义便了，王若说利呵，上下的人都争利，坏了国家去也，王若说仁义呵，上下的人都守仁义，做人臣的自然尽事君的道理，做孩儿的自然尽事父的道理，国家自然治安，王何必说利。(《直说通略》卷二)

"田地"指"地方"义，《大宋宣和遗事·元集》："争奈那妃子与安禄山私通，却抱养禄山做孩儿。明皇得知，将安禄山差去渔阳田地，做了节度使。"《五代史梁上》："有那同州是个要害田地，须索个好伴当每去据受。"《秦并六国》卷上："周武王伐纣于孟津田地里，并商天下，立国为周。"

(五) 表示时间的词语

### 当元

曹操即魏武帝，本是宦官曹腾乞养子，不知它当元的根脚，操自少有机谋志气，此时，汝南人许邵与兄许靖皆好议论人物，时人唤为月旦评。曹操问邵道我是什么样人，邵鄙薄操不肯说，操遂威胁许邵，邵说道您是治世能臣，乱世奸雄，操大喜，到此时出来为头渐渐的发达。(《直说通略》卷四)

"当元"指"当初"，"元"或作"原"。《周公摄政》楔子："陛下当元本子是吊民伐罪，今来有罪的伐了，有功的赏了。"《元典章·户部七》："仍取本道按察司官当原体覆不实诏伏呈台。"

### 在后

崔祐甫为宰相，凡事宽大，略有贞观年间气象，只为帝疑忌太过，好将严刻待臣。下有奸邪人卢杞面貌丑陋，蓝色鬼形，有口辩，帝好生喜欢，他引用他做宰相。杞设心险狡，专一陷害忠良，把持朝政，阿顺上意，遂至坏了政事，在后几至国亡。(《直说通略》卷九)

"在后"指"后来；以后"。《五代史梁上》："从这曹操开端篡汉，在后司马懿也学他这局段，篡了魏。"钟嗣成 [骂玉郎过感皇恩采茶歌]《忆别》："在后相逢虽是有，眼前烦恼几时休！"

### （六）新兴虚词

#### 颠倒

今次晋大夫陵虐君主，分了晋国天下，不能征伐，颠倒宠他，教他列作诸侯，这一些名器更不能守更，一发撇弃了先王的礼，到这里都坏尽了。(《直说通略》卷一)

"颠倒"指"反倒；反而"。《萧淑兰》二〔圣药王〕："本待成就您，颠倒连累咱。"

#### 犹自

此时，颇出奔在魏，赵王使人去探觑，廉颇的仇人郭开将金子与使臣，教回来过送廉颇，颇见使臣一饭斗米肉十斤，披甲上马教使臣见他尚可为将，使臣回来对赵王，说道廉将军犹自好吃饭，然而与臣同坐在一时间三遍遗矢，王道颇年老，遂不召用。(《直说通略》卷二)

"犹自"表示"还；仍"。又作"尤自""由子""由自"。

#### 假如

假如江东父老每可怜见，教我为王呵，我有甚面目见他每，纵不说这言语，我心里不羞那甚么。(《直说通略》卷三)

"假如"指"即使；纵使"。

#### 端的

然美在于中，自然日渐章著于外而不可掩。小人有一善，惟恐人不知，故虽外面的然著见。"的然"是端的著见的意思。(《中庸直解》)

"端的"表示"确实"。《元典章·吏部四》："到任之后，端的有病呵，就任所教医治一百日。"徐本《遇上皇》三〔上小楼〕："有你哥哥信息，小人阶前分细，快快疾疾，端端的的，数说真实。"

#### 将次

括将次起行，母亲亦上书说道，括不可用，王亦不听，及至军前，秦将白起射杀，括长平四十万军马皆降，尽坑杀了。(《直说通略》卷二)

"将次"指"即将，将要"。宋周密《谒金门》词："屈指一春将次尽，归期犹未稳。"《五代史·梁上》："将次有个尚铁面带得一个黄将军来，可立他做军长。"

#### 节次

遂留朱修之等守滑台等城，因此，与魏节次争战。(《直说通略》卷六)

"节次"指"陆续；屡次"。《元典章·户部六》："两次自行印造伪钞二是一贯四百九十文，节次使讫七贯五百文。"

整体上考察新词新义的使用情况，对新词词类分布领域做了个案考察分析。纵观在元代出现的新词，具有几个明显的特征：一是新兴的双音节词的数量最多，总体上双音节新词约占全体新兴词的四分之三。新兴词语绝大多数是双音节的实词，使用广泛，在现代汉语留存较多。二是元代汉语词汇有"三音节新词现象"，三音节的新词数量相对较少，但较为独特，沿用到现代汉语中的较少，只是在元代和明初有所使用，有一些词在明代后期鲜有出现。三是有些词语的形式是古代时已有的，而元代又出现了与原义不同的新义。大多数新词语的形式是新的，而词义反映的内容在前代早已存在。

## 第二节 新词的衍生

社会的发展产生新事物，思维的发展产生新概念，认识的深化产生新范畴，表现在语言的词汇上，就会产生新词或新义。因社会发展产生的新词占一定比例，此外，元代新词新义产生的途径还有如语义复合产生新词，类推产生新词，重叠产生新词，双音节化产生新词，新的语法范畴出现产生新词，引申和虚化产生新义，这部分主要讨论语义复合、类推和其他几种新词产生机制。

### 一、语义复合

当语言的词库中增加了新的词汇成分，便产生了新词。词汇的产生途径主要有复合，按照复合的语义关系，有反义复合、同义或类义复合。在汉语词汇双音化的趋势下，通过词法途径而未经由短语到词的句法演变。除了短语词汇化以外，词法上的同义复合产生了大量的同义并列双音词，是汉语双音词的重要来源。

**胡乱**

(1) 帝聪明有记性，宫人厮役，洒扫的人及天下所奏狱吏等人都记得姓名，又密令翰林学士韦涣将诸州风土等事做一个文书，名唤做处分语，众人都不得知，及至诸州刺史等官，来见问他本县的事，无一些差错，人多敬服，又精察能断用法无私，从谏如流，重惜官爵服色，不是好人及有功的不<u>胡乱</u>与，又恭谨节俭，惠爱民物，太中政事，直至于唐亡，时人皆思念歌咏，唤做小太宗。(《直说通略》卷九)

(2) 皇帝猜忌自身，<u>胡乱</u>过了，如何有后。(《直说通略》卷六)

(3) 大凡为人，件件从那正心上行得来，自然有个主张，不<u>胡乱</u>行事。

(《大学要略》）

"胡"指"任意乱来"，近代产生。《朱子语类》卷五："元来无所有的人，见人胡说话，便惑将去。""乱"指"随便，任意"。《书·无逸》："乱罚无罪，杀无辜。"孙星衍疏："妄行杀罚。""胡乱"指"随便"。

### 息灭

如今若有那时这等的君臣，则文王、武王的政事便都兴举了。若无有那时这等的君臣，则文王、武王的政事便都息灭了。(《中庸直解》)

"息"，《说文》："息，喘也。"本义为喘气，呼吸。《汉书·苏武传》："武气绝，半日复息。"颜师古注："息，谓出气也。"引申为歇止，休息。又引申为灭，《礼记·中庸》："其人存则其政举，其人亡则其政息。"郑玄注："息，犹灭也。""息""灭"是同义并列式复音词，唐代已见，指"绝灭、熄灭"。

### 入去

一日，公主在屏风后坐，帝问弘道，富易交贵易妻，这是人心，都怎的那什么，弘回奏道贫贱之交不可忘，糟糠之妻不下堂，帝入去对公主说道，事不成了。(《直说通略》卷四)

"入去"指"进去"。

### 过恶

太子畏惧，假意修饰，过恶不曾上闻王，轨为小内史，常道太子必不能承当大事。(《直说通略》卷八)

秦王在太极殿会群臣，说道我承业三十年四方都定了，只有东方一隅未霑王化，如今，我士卒有九十七万，我自待伐晋怎生，苻融及权翼等都说晋虽微弱，终是正统，未有过恶，又有谢安、桓冲众豪杰的人，未可伐他。(《直说通略》卷五)

"过恶"指"过错；罪恶"。《元典章新集·刑部》："红泥粉壁，以彰过恶。"

### 肥胖

禄山身体肥胖，肚皮过膝，自称重三百斤，在帝根前应对便利，间或说些戏耍的言语，常常出入禁中，又请做贵妃儿。(《直说通略》卷九)

"肥胖"，胖，指脂多肉多。

两个类义的构词语素，其结合的语义基础就是二者具有共同的上位类范畴。

### 茶饭

三日以后索要吃些茶饭，教他休要因死的伤了活的。(《孝经直解》)

"茶饭"表示"饮食"。

### 寒微

既代汉为帝,对王峻说道朕出身寒微,因世乱一朝为帝王,怎敢厚自奉养,教百姓生受,遂诏四方一应贡献美食物都罢了。(《直说通略》卷十)

"寒微"指"贫寒卑微"。《蝴蝶梦》二[贺新郎]:"俺穷滴滴寒贱为黎庶。"

### 禁持

帝既被景禁持,饮食都裁减了,忧愤成病,口苦索蜜不得。(《直说通略》卷六)

"禁持"指"折磨;困扰"。《酷寒亭》二[寨儿令幺篇]:"这都是俺哥哥命运低微,带累你两个孩儿受尽禁持。"元睢景臣《黄莺儿·寓僧舍秋色》套曲:"能断送楚台云,会禁持异乡客。"

### 体面

帝为人恭俭,慈孝,博学能文,勤于政事,多有好处,更阴阳卜术,弓马声乐草书隶书围棋,件件精妙,只是僻好佛法,亲幸同泰寺,设内部无遮大会,除了御服穿着法衣,拾身奉佛,升座讲经。群臣讲钱一亿万,新白三宝奉赎皇帝菩萨,百官诣寺东门,奉请谏,方回还,这是失了天子的体面。(《直说通略》卷六)

"体面"指"体统,规矩"。

### 分付

帝食了颇觉病重,分付立弟。(《直说通略》卷六)

"分付"指"托付"。《谢天香》楔白:"钱大尹是我同堂故友,明日我同大姐到相公行分付,着看觑你,我也去的放心。""分付"在《直说通略》中使用11次,都表示"交付""托付",由"分""付"语义复合而成。

反义复合产生新词也具有两个语义相反相关的复合基础。

### 好歹

(1) 一日,帝罢朝入内,好生怒,说道好歹杀了这田舍翁,皇后问甚人。(《直说通略》卷九)

(2) 武宗英敏特达,委任有才能的臣取上党与太原,如反手容易,可惜享国不长,宣宗自少虽苦人的好歹,都理会得尽心,政事赏罚公当,使民间乐业也。(《直说通略》卷九)

例(1)"好歹"指的是"不管怎样;无论如何",属于元代新义,见于同时期文献。元无名氏《鸳鸯被》第一折:"姑姑,你若作成我这桩亲事,重重相谢。你好歹早些儿来回话。"例(2)中"好歹"为"好坏",常偏指不好的结

139

果,意外的变故,频见于同期文献,是元代诸多文献中的高频词。元本高明《琵琶记·蔡婆埋冤五娘》:"胡乱这般时节,分甚好歹?"元关汉卿《五侯宴》第四折:"孩儿也,不争你有些好歹啊,着谁人侍养我也。"发展至现代汉语,"好歹"保留在现代汉语口语之中,"不管怎样;无论如何"成为口语中高频词义。

### 二、词语重叠

重叠造词是对某个音节加以重叠或部分重叠构成新词,在汉语双音化的促进下,两个相同语素容易结合,形式上更像"同义连言",这是重叠式复音词逐渐增多的主要原因。重叠的是语素或者单音词,可以分为语素重叠和词的重叠两种,元代极少出现依靠重叠两个音节的单语素新词,属于重叠式的单纯复音词,这类重叠用来摹拟自然界和人类生活中的各种声音,属于语音重叠,不能拆析重叠音节。一种语素重叠,含有两个相同语素,合成词词义与重叠的单个语素之间一般来说意义上等同,是合成词,如"世世"。"将军世世为楚将,若能复立楚后,这是众人的心。"(《直说通略》卷三)"世世"指"累世,代代"。一种是词的重叠,属于重叠式的合成词,知原词义可知叠词意义,这类词可以拆析,是语法上的重叠构词,表示行为的重复或语义上有所加重,重叠前后所表达的意义基本一致。

**急急**

人君见那有才德的好人,却不能举用,虽知要举用,又不能<u>急急</u>然早先用他,使在朝廷之上,这便是怠慢了。(《大学直解》)

"急急"指"急忙,赶紧"。

**个个**

(1)怎生唤做礼,纪纲便是怎生,唤做分,君臣便是怎生,唤做名,公侯卿大夫便是,比论四海这般广,兆民这般多,受一人的制御,虽有出来的气力,过人的见识,都<u>个个</u>这般奔走服事呵,这的不是礼做得纪纲那甚么。(《直说通略》卷一)

(2)人之性与我的性,只是一般,圣人既能其性,便能使天下之人,一<u>个个</u>都复其本然的道理,这便是能尽人之性。(《中庸直解》)

"个个"表示"每个",量词"个"的重叠,表示事物个数的累增,表"每一"义。一些量词重叠,如"件件",名词的重叠,如"家家",数词重叠,如"一一",有"每"的含义,词的重叠增添了一些语法意义。

### 节节　碎碎

众军人入来，拿住莽，斩首分身，<u>节节</u>解开，<u>碎碎</u>断了。(《直说通略》卷三)

"节节"指"逐一；逐步"。"碎碎"指"细细；零星"。

### 远远

孟子至魏，见惠王，王问孟子道，老的每<u>远远</u>田地里来我这里必然有利，我国家的道理，孟子说道王休说这利，只须论仁义便了。(《直说通略》卷二)

### 磊磊落落

大丈夫行事，须是<u>磊磊落落</u>，如日月皎然，终不学曹孟德，司马仲达欺人孤儿寡妇，狐媚天下群臣。(《直说通略》卷七)

"磊磊落落"指"分明的样子。也形容胸怀坦荡"。

### 正正当当

若是正心呵，恐怕身上有些儿不是处，一日家三遍思量，不教有些儿不到处，都教做得<u>正正当当</u>地好，似这般便能齐家，能齐家，则俺家大的小的都学俺一般样好。(《大学要略》)

"正正当当"指"正确切当"。"正正当当"是"正当"的重叠形式，AA和BB不能独立运用，这属于重叠式复音词，是汉语重叠式的第三个发展阶段，即语法上的重叠构形。

## 三、类推造词

类推是根据已有构词法或构词语素成词，是新词产生的重要机制，类推机制主要利用常用语素和基本构词法在词汇发展演变中发挥作用，不仅可以产生大量常用词，而且可以产生一些昙花一现的词语。

(一) 利用常用语素类推

1. 形容词+处

(1) 圣人教人今日学一件，把那一件道理穷究到<u>是处</u>，明日再去为一件，又恁的穷究，今日明日只管穷究将去。(《大学要略》)

(2) 譬如行路一般，要到那<u>远处</u>，必须从<u>近处</u>起程。(《中庸直解》)

(3) 若国家有兴隆之福将到，便是<u>好处</u>。圣人必预先知道，若国家有败亡之祸将到，便是<u>不好处</u>。(《中庸直解》)

(4) 譬如登高一般，要到那<u>高处</u>，必须从下面上去。方可到得，未有不由下而能升高者。(《中庸直解》)

"处"用作地点名词，指"地方"。"是处"元代新词，犹言"紧要关头"，

*141*

"处"是常用构词语素,在语料中构词力很强,如"远处",指距离很远的地方;"近处",指附近的地方;"好处",指美好的时候、美好的处所或美好的情形,唐韩愈《早春呈水部张十八员外》诗之一:"最是一年春好处,绝胜烟柳满皇都。""高处"指"高的地方",元代也指"长处;优点",许衡直解语言力求浅近通俗,用当时常用的口语新词来直解更易理解。

2. 动词+处

(1) 小人实有那不好的心在里面,便有那不好的形迹露出在外面,此君子所以重以为戒,必致谨于那心里独自知道的去处,而不敢自欺也。(《中庸直解》)

(2) 明德,新民,都有个所当止的去处。(《大学直解》)

(3) 但是周朝旧臣掌着军马在要害去处,这一班人,帝皆推心腹待遇他,以此得他每气力。(《直说通略》卷九)

"去处"有两义:一是指"去的地方,所到之处";二是指"场所;地方"。《元语言词典》列为两个义项"地方"和"所到之处"。"去处"一词多次出现在直解体文献中,《直说通略》使用5次,有些例句中"去处"表示"情况"并非指"某个地方、场所",而是指"出现的某种情况、现象","去处"的这种用法普遍化、概括化了,并非临时的比喻用法,是由实到虚引申出新的词义,《元语言词典》忽略了这一义项。

3. 双音新词+处

(1) 致广大而尽精微,极高明而道中庸,中庸是说事之行得恰好处。(《中庸直解》)

(2) 世民自来敬重征才能,用为詹事主簿。太宗即位后,征为尚书右丞,帝所行但有差失处,征随事处理,援引古今事宜,极言直谏,帝皆听从,每一遍多与赏赐。(《直说通略》卷九)

(3) 这以上八件,是大学教人仔细用功处,故叫做八条目。(《大学直解》)

"恰"后起字,适当,正好,《助字辨略》卷五:"恰,适也。杜子美诗:野航恰受两三人。"北周庾信《后堂望美人山铭》:"恰对妆台,诸窗并开。""好"在唐代产生新义"正,恰",唐元稹《赠严童子》诗:"卫瓘诸孙卫玠珍,可怜雏凤好青春。"适应近代汉语词汇复音化的发展趋势,"恰好"语义复合构成新词,指"恰巧合适",唐代已见,唐白居易《勉闲游》诗:"唯有分司官恰好,闲游虽老未曾休。"元代有进一步发展,指"恰当,正当",元无名氏《盆儿鬼》第一折:"两口儿做些不恰好的勾当。""恰好处"即正好、恰当的地方、

*142*

程度。直解体文献中出现了大量包含"处"语素的词。这些"双音新词+处"当为作者类推创造。

(二) 利用已有构词法类推

基本的构词法元代之前产生,有的词不需要经过词组凝固成词,而是在构词规律的推动下,利用构词法进行语素合成造词。使用的语素是汉语固有的,语素结合规律也是汉语固有的,利用构词法类推新词,符合语素合成造词的规律。

1. 利用联合式构词法类推新词

### 见识

纣有才力,有见识,强如别人,手拿得禽兽,自道天下人都不如。(《直说通略》卷二)

"见识"表示本领,《千里独行》一 [油葫芦]:"他端的有见识,使一条点钢枪,敢与万人敌。""见"指"见解;见识。"如《晋书·王浑传》:"私慕鲁女存国之志,敢陈愚见,触犯天威。""识"很早表示"见解",《庄子·山木》:"侗乎其无识,傥乎其怠疑。""见识"是利用联合式造词法类推而成。

### 随顺

做着皇帝,天下百姓看着,都随顺着。行的好勾当呵,天下百姓心里很快乐有,行的勾当不停当呵,天下百姓失望。(《经筵进讲》)

"随顺"指"依顺;依从"。

### 殴打

自此,公卿以下多被殴打,似奴婢一般,帝恐诸父在外生变,都聚在建康,时常打骂拖拽,并无人的道理。(《直说通略》卷六)

"殴打"指"打,击打"。

2. 利用偏正式构词法类推新词

### 公事

忽有一人至留台,告称有机密公事,玄龄问恁告谁,那人说公便是。(《直说通略》卷九)

"公事"指"诉讼方面的事;案件"。《元典章·刑部十六》:"看详上项公事,上下官司将邓阿雇枉勘枷禁五年,实为冤枉。"偏正式造词法"正语素"不便,利用"偏语素"造新词,这种方式类推性很强,如:

### 学房

朝廷的宫里,大城子里、小城子里,以至村里,都立着这学房。(《大学要略》)

143

"学房"是学塾的俗称。旧时私人设立的学堂。

### 卧房

诸军都聚集说道我每众人披着霜露与国家出气力,如今上面无年长的君王,功成时谁赏我,不如策立点检太尉做天子,到天明刀剑交横,直到<u>卧房</u>前。(《直说通略》卷十)

### 讲钱

只是僻好佛法,亲幸同泰寺,设内部无遮大会,除了御服穿着法衣,拾身奉佛,升座讲经,群臣<u>讲钱</u>一亿万,新白三宝奉赎皇帝菩萨,百官诣寺东门,奉请谏,方回还,这是失了天子的体面。(《直说通略》卷六)

"讲钱"指"中间人的说合费用"。

3. 利用动宾式构词法类推新词

### 作生活

生财有个道理,<u>作生活</u>者多,食用者少。做造者多,使用处不过当。(《大学要略》)

"作生活"指"过日子"。

### 生受

小人多收敛钱财,教君王见喜,君王不觉百姓<u>生受</u>,却道国家有利益。"(《大学要略》)

"生受"指"吃亏,艰难、辛苦",又指"受到别人帮助或请求别人帮助时说的感谢话",犹言"难为""麻烦"。"生受"本句中指"受苦;辛苦"。

### 点头

却值帝病再重,迷乱了,杨皇后奏教杨骏辅政,帝<u>点头</u>,骏遂独自把权。(《直说通略》卷五)

"点头"指头微微向下一动,表示允许、赞成或领会等。

### 买嘱

帝后宫人多,不能皆见令画工图画相貌,看图召幸众宫人<u>买嘱</u>画工多与金子,昭君自恃美貌,不肯会计,以此,画得不好。(《直说通略》卷三)

"买嘱"指"买通,谓给人钱财,请托办事"。

### 陪话

一日车驾在甘泉宫,戾太子家使当路走马,江充拿住家使问罪,太子<u>陪话</u>,江充不听,因此,与太子不和。(《直说通略》卷三)

"陪话"指"说道歉的话,赔不是"。《墙头马上》四〔上小楼〕白:"我如今和夫人两个孩儿牵羊担酒,一径的来替你陪话。"《渑池会》楔白:"若相如言词和会，某去陪话；若他有害吾之心，某别有计较。"

4. 利用主谓式构词法类推新词

### 犬吠

刘宠先为会稽太守，郡内大治，后来赴各有父老五六人，从山里出来，将一百个铜钱送与宠，说道自太守到任以来，夜里不听得犬吠。（《直说通略》卷四）

"犬吠"即"犬吠之警"，比喻小的惊扰。

5. 利用述补式构词法类推新词

### 撞破

范增拔剑撞破玉斗，说道小孩儿家怎生商量做得大事，夺将军天下的必是沛公。（《直说通略》卷三）

"撞破"指"击破"。

### 拿住

一日，出游见人，将着一记未熟稻子，侃问做甚么用，这人说道经过路上看见，偶取将来，侃大怒，说道你既不种田，却戏耍，偷人稻子，拿住断罪，以此，百姓勤力装作家给人足。（《直说通略》卷五）

"拿住"谓"捉住"。

### 害杀

(1) 这般害杀天下百姓，坏了国家，至今人都笑骂。（《大学要略》）

(2) 我世祖皇帝不爱杀人得心与天地一般广大，比似汉高祖，不曾收服得国土今都混一了。皇帝依着世祖皇帝行呵，万万年太平也者。（《经筵进讲》）

"害杀"犹言"害苦"。

### 指出

曾子指出这五件来示人，要人把文王做个样子去学他。（《中庸直解》）

"指出"指"指点出来"。

6. 利用附加式构词法类推新词

利用前加或后加词缀造新词，如子、儿、头、等、当、生等，有些词缀产生时间较早，但参与构成的词语是近代新词，如"子"，且构词力很强；有些词缀产生较晚，如"当"。

### 癞子 哑子

又漆了身体，做癞子，吞着炭，做哑子，在街市上乞化，他的妻认不得，朋友每认得，对他说道把您这般才能臣事赵孟，必得近爱，却随着您意中所爱的做呵，不容易那甚么，索甚这般生受，让道不可，既将身服事他，做他臣子，

却又杀他，便是两个心，有我的所为最难，我所以似这般呵，叫天下后世做人臣怀着二心，教他知道羞惭也者。(《直说通略》卷二)

"癞子"犹"无赖"，指游手好闲、唯利是图的人。"哑子"谓"哑巴"。

### 本子

旧本，是旧时传下来的大学本子。错，是差错。简，是竹片。古人未有纸，用竹片写字。所以旧时传下的大学本子，颇有简编差错处。(《大学直解》)

"本子"宋代指书本，这里指书的版本。

### 末子

百姓外面被盗贼劫掠，里面被官司取饮，生计都无，又兼饥荒无食，去采树上皮叶做末子，并煮土来吃，诸物吃尽，人自相食，官司事物却多，官吏惧怕刑法，不敢赈救。(《直说通略》卷九)

《说文》："末，木上曰末。"引申指粉末，《说文》："麪，麥末也。""末子"也指碎屑、粉末，《汉语大词典》用清代例证，过晚。

### 恁地（的） 立地

（1）滂道死了祸便住，何用恁地，又教老母生受，滂母来与滂相别。(《直说通略》卷四)

（2）项羽道壮士与一斗酒、生猪腿一个，哈立地饮了酒。(《直说通略》卷三)

"恁地"表示如此，这样。"立地"即立刻。词尾"地"与状语标志"地"不一样，紧附在词干后面，不能灵活运用，"地"来自"地方"的"地"，处于某个地方就是处于某种处所、某种境界、某种状态和情貌，如"坐地、立（地）底、驀地"等；元明以后，"立地"是站着的意思。太田辰夫指出："'地'当然是'土地''场所'的意思，是转为表示动作或状态存在的环境，用作副词性的修饰语。例如，唐代就能见到的'暗地'，大概就是'暗的地方'—'在暗的地方'—'暗暗地'这样变化而来的。"[①] 我们认为"地"在"坐地""卧地""立地"中是表持续的助词，相当于动作状态的持续。

### 取笑

帝先名怡，宪宗第十三子，小时无聪慧，不能言语。文宗常好引诱怡说话，将来取笑。(《直说通略》卷九)

"取"本义为"获取"，"取"有实际意义时，还不是词头。当"笑"是

---

[①] 太田辰夫. 中国语历史文法 [M]. 蒋绍愚, 徐昌华, 译. 北京：北京大学出版社, 1987：320.

"讥笑"义时,"取笑"就指遭受讥笑,"取"不再用于表示"遭受",从而使"取笑"的"笑"由表名语素变成表动语素,"笑"表示全部语义,"取"语义渐趋消失,变成一个动词词头。"取笑"就是"笑话""开玩笑"的意思,用作主动。"取"成为词头应该是在元明之间,历经明清延续至今。"取"也可作动词词尾,直解体文献用例:"高祖兵只有数千,贼兵围数匝,世民引精兵来,万众中救取高祖出去,合兵击贼,大破贼众。"(《直说通略》卷九)"救取"指拯救,搭救。向熹通过研究指出:"近代双音词发展的主要特点是新的合成词大量增加。联合式、偏正式复合词数量最多。重言词、附加式、支配式、表述式、补充式等复合词数量也不少。"[①] 从直解体文献复音新词的构成来看,也是联合式数量最多,偏正式次之。

**四、修辞造词**

这类造词法是利用多种修辞手法创造新词的一种方式。很多词从语法构词角度可以考察词义,但是在它们内部的结构上无法考察,难以考察新词产生的真正机制。如"径寸"径长一寸,常用以形容圆形物之细小,指径寸之木,比喻微才、小才,含有自谦意;"律吕"比喻标准、准则;"锦绣"比喻美好事物;"枝条"比喻分支、旁支、支派;"魔魅"比喻邪恶的势力;"尝胆"比喻刻苦自励,发愤图强;"衣食"借指俸禄;"清流"清澈的流水,喻指德行高洁、负有名望的士大夫,也比喻政治清明。修辞对词义的影响,主要通过借代、借喻等修辞手段来实现。

**官里**

帝道裕既入关进退不得,我将精兵一直去拔了彭城寿春,刘裕怎生区处,浩说道如今西上有屈丐,北边有柔然窥伺,俺国家空隙,<u>官里</u>不可亲统大军,虽有精兵,未有良将,不如安静待也。(《直说通略》卷八)

"官里"表示"衙门里;官府里",借指皇帝。

**起卧**

帝名德宗,武帝太子,自小昏愚,口不能言,寒热饥饱也不理会得,<u>起卧</u>都由别人。(《直说通略》卷五)

"起卧",指"起床与就寝",借代指日常生活。

**车架**

帝遂按辔,缓行至营,亚夫执戟说道介胄之士不拜<u>车驾</u>既出去,百官皆惊

---

[①] 向熹. 简明汉语史 [M]. 北京:高等教育出版社,1993:622.

惧，帝说道这个真是将军先来霸上棘门，却如儿戏也似。(《直说通略》卷三)

"车架"指代帝王。

### 痛疽

痛疽结在心腹里，尚不省悟。(《直说通略》卷九)

"痛疽"表示"毒疮名"，比喻祸患，毛病。《旧唐书·方伎传·孙思邈》："山崩土陷，天地之痛疽也。"

### 膏血

献子又说，有百乘的人家都是百姓每供给，不当养聚敛之臣，盖聚敛的臣剥民膏血，以奉其上。(《中庸直解》)

"膏""血"两个构词语素语义并不相同，但有着共同的大类范畴，从义素分析角度看，"膏"，《说文·肉部》："膏，肥也。从肉，高声。"本义为动物的肥肉油脂，"血"本义指古代用作祭品的牲血，都有动物身体重要的部分这一共同的类属，更容易语义融合。又因为"膏血"是重要的身体部分，还可以比喻民脂民膏，唐孟郊《蚊》诗："但将膏血求，岂觉性命轻？"直解文献中出现一例，"膏血"比喻民众的劳动果实，财产。

## 五、变序造词

元代直解体文献有些复音新词是通过"变序"产生的，前面我们列举联合式同素异序词中就有一些是近代新产生的词语。很多同素异序词以联合式的居多，通过更改词序的方式会产生新词。

### 耍戏/戏耍

(1) 帝有时自将粉墨图画，与乐人一同做杂剧，取刘夫人喜欢优名（<u>耍戏</u>的名儿），唤做李天下。(《直说通略》卷十)

(2) 成王一日，与弟叔虞戏耍，剪桐叶为圭，说道把这的封您，史官便请选日，王说道我戏耍来，史官说道天子无戏耍的言语，但说的史官写了，便做礼乐行，遂封叔虞为唐侯。(《直说通略》卷一)

"戏耍"指"玩耍"，通过变序产生"耍戏"，也表示玩耍。

### 虽然/然虽

(1) 周公相成王公子伯禽就国，周公戒谕伯禽说道我是文王子、武王弟，今王的师父，<u>然虽</u>如此，我一遍洗头，三遍绾发，一遍吃饭，三遍吐哺，起身待士，犹恐怕失了天下贤人，怎如今到鲁国去，休道有国家将这的骄傲人。(《直说通略》卷二)

(2) 自幽王厉王失德，周道日渐衰弱，纲纪败坏，上下僭乱，诸侯专征，大夫擅政，礼的大体十分中无了七八分了，然虽如此，文武国祚犹自绵绵不绝，却是怎的缘为周家子孙尚能受这名分，怎生得见。(《直说通略》卷一)

"虽然"犹"即使"，唐于鹄《题邻居》诗："虽然在城市，还得似樵渔。""然虽"指"虽然"。《晋书·八王传序》："然虽克灭权逼，犹足维翰王畿。"

### 弃撇/撇弃

(1) 先时有彭城人刘裕初生时，母死，裕父寓居京口家贫，将裕弃撇了，裕的从母收养长大，好生勇猛，有大志，卖鞋为业。(《直说通略》卷五)

(2) 帝正在辽东攻城，听得玄感反叛，与储将苏威等商量，星夜潜地引军回来，军资器械攻城，器具堆积如山，营垒帐幕尽皆撇弃，遂遣宇文述屈突通等讨玄感。(《直说通略》卷九)

"弃撇"表示"丢开；撇下"，元明《水浒传》第三十六回："兄弟，你早晚只在家侍奉，休要为我到江州来，弃撇父亲，无人看顾。""撇"指"扔；抛弃"，在《直说通略》作单音词使用15次，元代其他白话文献常用，如《元典章·刑部四》："将本人绑缚，撇于河内淹死。""撇弃"表示"抛弃；丢开"，变序构成的新词语与原词的意义也是一致的。明代"撇弃"常用，如《醒世恒言·灌园叟晚逢仙女》："那秋先从幼酷好栽花种果，把田业都撇弃了，专于其事。"

### 才方/方才

(1) 黄帝遂代神农氏做天子，才方立法度。(《直说通略》卷一)

(2) 当初武王到老年来，方才受天命为天子，故制作的事不曾为得。(《中庸直解》)

"才方"犹"方才"，宋代已见，此后直到现代都有用例。在元代直解体文献中，"才方"的用例没有"方才"常见，"方才"指"方始"，《汉语大词典》释为"不久以前；刚才"，元明及以后的文献中使用较多，释义与"才方"看似不同，但在元代文献中所表达的意义是一样的。

### 发生/生发

(1) 若要发生这财货，自有个大道理，财货出于土田，须使百姓每都去耕种，不要闲了。(《大学直解》)

"发生"指"萌发，滋长"，汉代已见，张衡《东京赋》："既春游以发生，启诸蛰于潜户。度秋豫以收成，观丰年之多稌。"形容春天草木万物萌发滋长，宋欧阳修《春帖子词·皇帝合》之四："乾坤有信如符契，草木无知但发生。"也指雨水等物出现。《宣和遗事》前集："天能发生万物，亦可肃杀万物。"宋朱释老《春日田园杂兴》诗："无穷怀抱风和畅，不尽形容雨发生。"改变词素

149

顺序，变成"生发"。

（2）此时，随处蝗虫生发，临县皆有，独不入中牟境内，河南尹袁安听得，及令府尹肥亲前去体察。（《直说通略》卷四）

"生发"指"发作，产生"，《新编五代史平话·梁史上》："国祚之所以长短，盗贼之所以生发，皆有一个定的数在其间，终是躲避不过。"

### 六、词汇化

新词产生的重要途径是词汇化。关于什么是词汇化，吴福祥指出："一个句法结构或词汇序列逐渐演变为一个新的词汇成分。"① 词汇化有"共时"和"历时"之分，无论是共时还是历时词汇化，都是给特定语言系统增加新成员。一般来说，双音词有三个主要来源，其中最主要的来源是短语的凝固，在汉语由单音节向双音节发展的过程中，许多词组的语义可能变得更加抽象、概括，两个构词语素也逐渐失去了独立性，随着使用频率的提高，它们逐渐由词组凝固成词。

#### 便是

（1）太极既分开了，便生仪，即是天地，阳气轻清，上浮的便是天，阴气重浊，下降的便是地。（《直说通略》卷一）

"便是"指"正是；恰是"。唐朱放《别李季兰》："莫将罗袖拂花落，便是行人断肠时。"宋晁补之《下水船·和季良琼花》："百紫千红翠，唯有琼花特异。便是当年，唐昌观中玉蕊。"六十种曲本《琵琶记》三四出："［净］五戒，你这佛会支费太多。［末］便是。"

（2）然而这两人宁教国亡，不肯为君呵，只为礼的大节，不宜乱了，这的便是礼的里头最大的是分，礼的勾当，辨别着贵贱亲疏，裁制着万物万事。（《直说通略》卷一）

"便是"指因为。《元曲选·杀狗劝夫》二折："便是他不肯，因此来寻你。"元明《水浒传》五回："'丈人，我的夫人在那里？'太公道：'便是怕羞，不敢出来。'"明《醒世通言》卷二八："便是雨不得住，鞋儿都踏湿了。"

（3）若不是桀纣的暴虐，汤武的仁德，天命与他，民心归向他，君臣名分其间只合受节义，伏死的便是，设若微子可以代纣，季札可以君吴，商与吴都不到失了国家去也。（《直说通略》卷一）

"便是"用于句末，表示肯定、允诺语气。五代王定保《唐摭言》卷九：

---

① 吴福祥. 语义演变与词汇演变［J］. 古汉语研究，2019，No. 125 (4)：7.

"锴俯首良久曰:'然则略要见裴学士。'思谦曰:'卑吏便是。'"明孟称舜《娇红记》五出:"(丑)些个事,关情况。[二净]去接了丁怜怜来便是。"《西游记》三十七回:"我们打起火,开了门,看看如何便是。""便是"最初是由语气副词"便"加上判断动词"是"构成的动词短语,当动词短语"便是"使用频率提高,由于重新分析机制的作用,"便"所要表达的语气逐渐淡化,更多是与"是"凝固一起表达判断,形成了一个双音的判断动词,在体词性成分前面,使它前后的两个成分在所指上是一致的,构成前后逻辑的等同关系,当"便是"的这种功能扩展后,还可以放在谓词性的成分前面,就不再表示判断,所起的作用只是对其中的某个成分进行强调,谓"正是""恰是",判断动词"便是"表达的是一种"肯定"的语义,因此成为表示"强调"语气副词的语义来源,在句法位置、词汇意义和使用频率提高的共同作用下,"便是"逐步发生了由实向虚的变化,用于句末,表示肯定、允诺的语气。

词语的创制和发展是建立在原有的语言材料和构词方法的基础上的,人的认知因素和社会文化等因素发挥了调控作用。

**文献**

(1) 宋国之在于今者,文献犹有所在。(《中庸直解》)

(2) 文献不备,不足以考证吾言。(《中庸直解》)

先秦文献中,"献"有贤者义,《尚书·益稷》:"万邦黎献,共惟帝臣。"孔传:"献,贤也。万国众贤共为帝臣。"当"文献"连用时,是并列结构。《论语·八佾》:"夏礼吾能言之,杞不足征也;殷礼吾能言之,宋不足征也。文献不足故也。"朱熹集注:"文,典籍也;献,贤也。"从朱熹注释中可见,"文献"本源意义为有关典章制度的文字资料和多闻熟悉掌故的人。元代以后,"文献"成为"专指有历史价值或参考价值的图书资料","文献"一词的意义变化方式,是由于社会文化等因素变化使得人们对某一类概念进行重新分合或对某一个概念进行内涵或外延的重新调整。这种概念域内部调整带来的词义变化,带来的常常是旧义变新义的过程。

### 七、"语素合成"造词中涉及的理据问题

直解体文献中有一些词,从表面上看可能有内部结构,但是,如果要探究两个构词语素的结合原因及成词的过程,仅仅通过表层结构是无法分析的,而理据的分析着眼于事物的得名之由,以及动态的"造词"过程,什么是理据?王艾录、司富珍在《语言理据研究》中指出,"理据"就是"每一个促动和激

发语言生成、变化和发展的动因"①。王宁先生提出双音词的三大方面构词理据②，简单来说，就是构词语素用什么意义结合，为什么结合，以及用什么方式结合。下文从三方面探讨。

（一）复音词的意义结构模式

王宁先生从中心语素、直接相关语素和间接相关语素和隐藏性成分分析词语意义结构模式。一种是直接生成式，就是语素义直接生成词义，从词义可明显见到语素义。如：

拘收

帝道待您呵，饶您不死，盆子遂将国玺投拜，<u>拘收</u>了他的军器衣甲，在宜阳城里堆积起来，与熊耳山一般高低。（《直说通略》卷四）

"拘收"指"收"，"拘"本义"拘留，拘禁"。《尚书·酒诰》："群饮，汝勿佚，尽执拘以归于周，予其杀。""拘"的对象是人，《孙子·九地》："兵士甚陷则不惧，无所往则固，深入则拘，不得已则斗。"曹操注："拘，缚也。"《史记·太史公自序》："尝窃观阴阳之术，大祥而众忌讳，使人拘而多所畏。"张守节正义："言拘束于日时，令人有所忌畏也。""收"，《说文》："捕也。"《诗经·大雅·瞻卬》："此宜无罪，汝反收之。"传："拘收也。""收"的对象很广泛。

第二种是半直接生成式，就是语素义生成词义的过程，有部分语素义失落。如：

管待

（1）后来魏有使臣到梁，恰值北齐亦有使臣到来，帝<u>管待</u>齐使臣，过如魏使，帝又按地图问魏，索旧有境土，魏使臣归说，魏朝怒，遂遣柱国于谨等将兵伐梁。（《直说通略》卷五）

（2）百姓每喜欢都将牛羊酒食<u>管待</u>军马，沛公不受，百姓越喜，项羽诸侯军四十万，亦欲西入关，军在鸿门。（《直说通略》卷三）

"管待"表示招待，"管"的意义逐渐模糊。

第三种是非直接生成式，就是语素义在词义中没有直接的体现。如：

金紫

狎侮群臣，宰相以下皆被秽骂唤<u>金紫</u>光禄大夫，王玄谟做老伧仆射。（《直

---

① 王艾录，司富珍．语言理据研究［M］．北京：中国社会科学出版社，2002：1．
② 王宁．当代理论训诂学与汉语双音合成词的构词研究［M］//当代语言学理论与汉语研究．北京：商务印书馆，2008：415．

说通略》卷三)

"金紫"成为贵官代称,语素"金"和"紫"指金鱼袋及紫衣,唐宋的官服和佩饰。因此,结合语法结构,以语义分析为重点,有助于恰当分析词语的意义生成方式和辨析好词组和词。

(二)构词语素的语义特征

到了元代,先秦文献中单音词往往变成可以衍生出强大造词能力的语素。如许衡直解中就用了大量双音词训诂原文单音词,其中超过一半以上的双音词是由原文单音词组成的,反映出这些单音语素的发展活力,单音词和复音词之间关系密切,口语词的形成与文言词语的关系也很密切。语言的历时性和传承性决定构词语素很可能是新词和旧词的关系,因而,由此形成了具有历时因素的新(旧)语素+旧(新)语素模式。

### 合当

(1) 这正是不靠自己,已亦看别人论来一些大小,陈国不能,天下五分之一,若使常常怕惧,尚且恐保不得自的社稷,何况后主荒淫无度,催促国亡,将身投井,这不是合当那甚么。(《直说通略》卷六)

(2) 释之为人公直,一日车驾过中渭桥。有一人在桥下走,车驾马惊,拿这人付廷尉问罪。释之奏道这人当罚金,帝怒,释之道法度合当您的若使重了,教百姓难以取信。(《直说通略》卷三)

"合",指"应该",《元典章·刑部十》:"今后凡有追到钱物……合还主者,就便给散;合还官者,明白发落。""当",指"应该"。应当,唐杜甫《前出塞》诗之六:"挽弓当挽强,用箭当用长。""合当",指"应该",也说"当合",《前汉书》卷上:"朕思卿累有欺吾之心,合当斩首;为卿有立国之功,免卿死罪。"

同义联合的构词语素由于具有共同的语义特征,很显然符合语义和谐原则,所以一经结合便比较紧密。但是,由于联合式中的构词语素往往处于同义语义场中,所以它与其他构词法略有不同,更多体现的是语素间的聚合关系。

### 名听

(1) 这般上头,显得咱每父母名听有。(《孝经直解》)

(2) 孝顺父母、敬重哥哥的勾当都行到尽处呵,好的名听神明知道,四海都知道。(《孝经直解》)

"名",《说文》:"自命也。"本义为自己报出姓名;起名字。引申为"出名,有名声",刘禹锡《陋室铭》:"山不在高,有仙则名。"因此,"名"也指"名望,名誉,名声",《易·乾》:"不成乎名,遁世无闷。"孔颖达疏:"不成乎名者，言自隐黜，不成就令名，使人知也。""听"谓美名善誉，汉蔡邕《太尉乔公碑》："遗爱在命，皇哀其命，立石刊铭，莫迹斯听。"晋潘岳《杨荆州诔》："听参皋吕，称俦于张。"在"名声、名誉、名望"义上，"名""听"结合为复音词，产生时间有早晚，词语感情色彩有差别，但发展至元代，"名听"产生"名声"义。

有些新旧语素虽然语义一致，但语体色彩往往是不同的。这并不妨碍二者结合。可见，同义联合构式中，新旧语素只需理性意义相同即可，对色彩意义并无要求。复音词的两个同义语素，其中一个语素的意义比较具体狭窄，另一个语素的意义比较抽象概括，形成"广义（狭义）语素+狭义（广义）语素"语素模式。

### 家私

（1）太后道这是朕家私的勾当，卿休干预。（《直说通略》卷八）

（2）欢有大志，在怀朔镇做小的勾当，与侯景结交，欢因到洛阳，见张彝被杀，欢说道宿卫军卒厮哄，焚烧大臣宅第，朝廷怕惧，不问政事，如此气象可见了，遂家去，尽将家私接纳宾客。（《直说通略》卷八）

"家私"表示"家用物件"，《鲁斋郎》二［牧羊关］白："投到安伏下两个小的，收拾了家私，四更出门，急急走来，早五更过了也。"例（2）指家产；家业。"家"也指"家产；家业"。《左传·文公十四年》："公子商人骤施于国，而多聚士，尽其家，贷于公，有司以继之。"杜预注："家财尽从公及国之有司富者贷。"《史记·吕不韦列传》："九月，夷嫪毐三族，杀太后所生两子，而遂迁太后于雍。诸嫪毐舍人皆没其家而迁之蜀。"司马贞索隐："家谓家产资物。"

### 分外

（1）友文的妻王氏有美貌，分外得宠。（《直说通略》卷十）

（2）敬瑭分外疑惧，与将佐商量说道我再来河东时，主上当面许我终身不除，代如今忽然这般行，正是今年千春节与公主所说的意，不是我要作乱，是朝廷发我，都押衙刘知远（后汉高祖）与掌书记桑维翰都劝敬瑭，遂决意反，上表说帝是先帝养子，不应承继，请传位与许王。（《直说通略》卷七）

"分外"，指"超出规矩法度；过分"。《元典章·刑部三》："其余杂犯，问事的官人每量着事情轻重，不教分外了。"《谢金吾》一［鹊踏枝］："觑了他拆的来分外，不由我感叹伤怀。"

有些复音词的两个构词语素，其中一个是不自由语素，保留先秦古义，形成"自由（半自由）语素+半自由（自由）语素"语素模式。

### 起居

(1) 第二日，传位于太子，太后退居上阳宫，上尊号为则天大圣皇帝，帅百官每十日一次到上阳宫起居太后。(《直说通略》卷九)

(2) 郭威入迎春门，谒明德门起居太后，遣太师冯道等迎河东节度使刘崇子。(《直说通略》卷十)

"起居"表示以一定的礼节同人见面。《五代史·梁上》："正在推算，忽太宗到来，唬得袁天纲疾忙起来，起居接驾。"

### 精细

禀得清气多的，生得精细。(《大学要略》)

"精细"表示"精明；聪明"，"精"，《说文》"择也"，本义指挑选过的好米，细米。《吕氏春秋·慎行论》"天地之精"指"精气"，形成"精耀""精血""精秀"等双音词，又指"精神；精力"，《论衡·论死》："人死精亡而形存。"如"精舍""精思""精采"等，又引申为"精灵；灵魂"，引申序列以"细致；精密"为基础，如范晔《后汉书·张衡传》："衡乃拟班固《两都》作《二京赋》，因以讽谏，精思傅会，十年乃成。大将军邓骘奇其才，累召不应。衡善机巧，尤致思于天文、阴阳、历算。安帝雅闻衡善术学，公车特征拜郎中，再迁为太史令。""细"，《说文》"微也"，本义细小，引申为"精致，细密"，"精细"一词表示"精明能干"，大致产生于宋元时期，《合同文字》三［石榴花］："俺一生精细一时粗，直恁般不晓事，忒糊涂。"元关汉卿《裴度还带》第二折："他显耀些饱暖衣食，卖弄些精细伶俐。"

### 工夫

(1) 他人只用一倍工夫便能知、能行，我则加以百倍工夫，必要到那去处。他人只用十倍工夫便能知、能行，我则加以千倍工夫，必要到那去处。(《中庸直解》)

"工夫"属于"本源双音合成词"，王宁先生提出本源双音合成词是"用汉语自身系统中的语素及自身的结构方式构成的双音词"，并指出这种合成词的形成有历史传承和现代合成式。"夫"本义是"成年的男人"，是自由语素，引申表示"劳力"，"工"指"工程""工作"，"工夫"指一定时间内一些人完成的工作、工程，《初刻拍案惊奇》卷二："今日我家里不曾做得了工夫，不好造次住得。"引申指做事所费的精力，杜荀鹤《秋日闲居寄先达》诗："到头身事欲何为，窗下工夫鬓上知。乍可百年无称意，难教一日不吟诗。风驱早雁冲湖色，雨挫残蝉点柳枝。自古书生也如此，独堪惆怅是明时。"费精力也费时间，故也可作时间理解，宋辛弃疾《西江月·遣兴》词："醉里且贪欢笑，要愁那得工夫。""工夫"此时为半直接生成式。"工"表示"工程",由"工程"引申出"程度、造诣、本事"之义,"工夫"指花时间和精力后所获得的某方面的造诣本领,即"造诣",唐韩偓《商山道中》诗:"却忆往年看粉本,始知名画有工夫。"宋陆游《夜吟》之二:"六十余年妄学诗,工夫深处独心知。"

(2) 君子之道固无所不在,而进道的<u>工夫</u>却自有个次序,不可躐等。辟如行路一般,要到那远处。必须从近处起程,方可到得,未有不由近而能至远者。(《中庸直解》)

理学家称积功累行、涵蓄存养心性为"工夫",《朱子语类》卷六十九:"谨信存诚是里面工夫,无迹。"随着时代变化和语言使用环境的改变,旧词产生新义,语言文化环境对词汇发展造成很大的影响,通过一些特有词汇的解析,可以对此期的语言特点有更细致的了解。"功"和"工"同源,"功"表示"用力从事工作",引申为做事的"功效","功夫"表示"技术和技术修养造诣;本事,能力",也表示"时间",后者和"工夫"同义,属于直接生成式,现代汉语"功夫"词义进一步发展,也指"武术"。此外,还有些词元代以前已见,但是在直解体文献中不采用本义,往往都是另造他义,而且多半是比喻义或借代义。这类词的形成也和理据具有密切关系。

在这些新词的产生机制中,类推、词汇化、重叠、复合等都能产生新词,其中语义复合、类推和词汇化最为常见。利用已有构词法构成的新词最多,各类语法构词法的构词力有差别,其中联合式构词法最为能产、数量多,偏正式构词法次之。

## 第三节 元代直解体文献复音词词义对旧词义的继承和发展

词义是用声音外壳所表现的意义内涵,凡是词都要指称某个对象,或表达某个概念。探讨元代汉语词义的特点和发展,主要指词的理性意义,即某一事物的本质特征,反映的是人们对事物的理性认识,原则上不去分析词的社会意义、搭配意义等其他几种意义。

### 一、元代直解体文献复音词词义与古今汉语词义的异同

研究词语意义的发展是研究近代词汇发展必不可少的角度。词义变化以义位为出发点,考察词义变化线索,分析词义变化范围及义位数量变化。新义是建立在旧词的某个义位基础上,不改变词的外部形式,通过引申等方式产生新

义位，新义位与旧义位之间存在一定关联。新词可以沿用旧形式，也可以采用新形式，但新义就只能依赖于旧形式。词义发展是一个漫长的过程，它们发生变化的时间可能始于西汉，也可能到东汉才广泛发展。新义给一个时代的词汇增加内涵与表现力，词汇参与多种形式的组合或聚合，一般需要经过一段时间才会高频使用。一般来说，词义的发展分为三种情况，或旧义消亡，或新义产生，或旧义未消亡而新义产生。

### 商量

今天下一统，诸儒不学如今的法度，却说学古时的法度好，如今的法度不好，这的每言语惑乱百姓，俺商量来，将上古的文书除行医、弄卦、种田的文书，其余百家诗书都教尽数烧毁了。(《直说通略》卷三）

"商量"表示"考虑；打算"。《元语言词典》中"商量"有五个义项：①批评议论，隋本《遇上皇》一〔赏花时幺篇〕："把我七代先灵信口伤，八下里胡论告恶商量。"②买东西讨价还价，《金凤钗》三〔隔尾〕："除今后除了家私缴缠外，拴衣做鞋籴米买柴。妻也，你休逢着的商量见了的买。"③考虑，打算。④策划。⑤酝酿，造就。大多数的新词属于旧义未消亡而新义产生。

### 议论

崔浩又与帝比喻，近世将相议论明白，帝听了，好生喜欢，说话到半夜，赐与御缮十瓢水，晶盐四两，说道俺听您的言语滋味也如盐酒一般。(《直说通略》卷八）

"议论"表示"评论"。《勘头巾》一〔油葫芦〕："他是个腰系红裙一妇人，你试议论，有甚事便推天抢地手粘身？"

### 安乐

文王为太子时，服事父亲，父亲房门外问内竖（是服事父亲的小厮)，今日父亲身体安乐好么，内竖说道安好，文王便喜欢。(《直说通略》卷一)

"安乐"先秦指"安逸；快乐"，《孟子·告子下》："入则无法家拂士，出则无敌国外患者，国恒亡；然后知生于忧患，而死于安乐也。""安乐"元代指"平安无恙；安康快乐"，《七国春秋平话》卷上："孙操问田单：'得吾儿端的安乐，收兵便回。'"

### 质证

质是质证，……我所立的，参那天地自然的道，无一些违背，幽而质证于鬼神，也与鬼神之礼相合而无疑。(《中庸直解》)

"质证"指"凭据、证据"，宋代邵博《闻见后录》："履曾于绍圣初录奏，比三省又令履录私稿以为质证。"后引申出"核实、验证"之义，《汉语大词

*157*

典》上记载此义的首见例是清代阮葵生的《茶余客话》："近见后生小子，皆喜读《毛西河集》。其所称引，未足为据，必须搜讨源头，字字质证，慎勿为悬河之口所谩。""核实、验证"之义，在元代直解文献中就已经出现过了。

### 昏昧

德是人心都有，这德性虚灵不昧，因后来风俗变化，多有<u>昏昧</u>了处。(《大学要略》)

"昏昧"表示"光线昏暗、阴暗"，又指"社会黑暗"，是在原词义的基础上引申发展起来的。

### 考证

我周而前，若夏时之礼，我也能说其意，但他的子孙，杞国之在于今者，文献不备，不足以<u>考证</u>吾言。(《中庸直解》)

"考证"指"根据资料考核、证实和说明文献或历史等问题"，元代同时期文献可见。

一个新词的产生，往往会带来更多新词的产生和词义的变化，如果新词承载新义，词义集合又增加了新元素，"这是人君执把政事的权柄，政事若失，国家随他失去了"(《直说通略》卷一)。"执把"一词在元代有两个新义：一是拿着；二是把持，掌管。如果新词承载旧义，则可能引起原来表达这个意义的词义发生变化。"其间"元代指"某一段时间"，"那其间天下三分"(《直说通略》卷一)。新词的产生是词汇系统自适应的外现，必然要在词汇系统中占据一个位置，必然要与其他词形成各种关系。一个新义的出现，也会在占据位置的基础上具有"牵一发动全身"的特性，在特定时代环境下，这一系列旧词产生新义，对于追溯词汇的发展历史、了解近代汉语词汇词义具有重要价值。

## 二、引申

结合对元代直解体文献新义的考察，我们将对旧词义继承和发展的方式归纳为引申和虚化。学术界关于词义引申的成果十分丰富，一直以来，对"引申"问题的研究不断深入，关于词义引申的方式等很多具体问题各家观点并不一致，王宁先生全面总结了单音词的词义引申方式，有理性引申，包括时间、因果、动静、施受、反正的引申，还有状所引申，包括同状、同所、通感的引申。[①] 这给复合词的词义衍生问题提供了研究思路。复音词和单音词的引申方式有所不

---

① 王宁. 训诂学原理[M]. 北京：中国国际广播出版社，1997：55-58.

同，需要从语言事实出发，对复音词词义引申规律进行探讨。词义引申，就是人们在词原有义位的基础上，通过想象或联想，取其相似或相关之处，增减原来义位的义素，从而形成一个新的义位。新旧义成为词义中两个独立的义项，它们之间存在引申关系。引申是词义演变的主要途径。从认知语义学的观点出发，引申是基于认知过程中的隐喻和转喻两个机制的词义演变方式，以隐喻和转喻为基础的引申，是词义演变中一种最常见的途径。引申义也就是通过联想和推理在基本义的基础上产生的新义，以相似性和相关性为主要特征，因此，元代直解文献中使用引申义的复音词的引申方式，主要基于转喻、隐喻，基于转喻的引申有因果引申、动静引申和时空引申，基于隐喻的引申有同状引申、部分与整体引申和实虚引申。

（一）因果引申

根据认知经验，事物的联系既是客观而普遍的，又是错综复杂的，原因和结果之间的关系是辩证的，有多样性特点。因果引申是指从一个词表示动作行为、心理活动或性状的意义，到引申出表示由这种动作行为、心理活动或性状所导致的结果的意义。因果引申本质上是对客观事物因果关系的反映，这种联系在人们的头脑中反复出现，导致作为原因的事物与作为结果的事物往往相通，不仅局限于事物之间的相通，而且可能是行为或状态，因此，词义因果引申有两种，一是用结果代替原因，二是用原因代替结果，词义的因果引申在词义、词汇的发展过程中起着巨大的作用，古汉语单音节词义的引申发展为复合词的产生提供了条件，并且影响了复音词词义的发展。

**不快**

（1）一日，帝梦见木人数千持杖打帝，身已惊觉，从此<u>不快</u>，江充恐惧日后被太子诛戮，遂装诬太子宫里掘得巫蛊木人，又有绢帛上写着不道的言语。（《直说通略》卷三）

（2）又这般来问，或是王季身体<u>不快</u>，文王便烦恼，行步也不端正，王季病可得饭了，文王才方似常时一般。（《直说通略》卷一）

"快"，《说文》："快，喜也。"引申为"舒适，畅快"。《文选·战国楚宋玉·风赋》："有风飒然而至，王乃披襟而当之曰：'快哉此风！'"元代"快"指"身体康健"，如徐本《汗衫记》三［上小楼］："也合探您这老爷娘快也不快。"例句中"不快"谓"身体患病；感到不适"。

**分解**

遂收下狱，连累数百人，皇后父窦武上疏<u>分解</u>，及李膺等词语多有攀指，宦官子弟，宦官怕惧。（《直说通略》卷八）

"解"，《说文·角部》："判也。"本义是剖分动物的肢体，由分割、剖分引申为分裂、解体，分裂、解体正是剖分的结果。本义将"分开"义素一直"遗传"到间接引申义分裂、解体。"分解"表示"分析，剖析"，《后汉书·皇后纪上·明德马皇后》："时诸将奏事及公卿较议难平者，帝数以试后。后辄分解趣理，各得其情。"由"分析，剖析"引申出"分辨，解释"，由"解释"引出"分析，剖析"。

### 秽污

湘东王最肥，唤做猪王，建安王唤做杀王，山阳王唤做贼王，东海王唤做驴王，帝记恨父亲孝武在日，不爱他，用粪秽污孝武坟陵，发掘孝武所爱殷贵人坟墓。(《直说通略》卷六)

"秽污"表示"不洁，肮脏"，例句中为"弄脏"，由肮脏的结果代替原因，使不洁、弄脏。

### 技艺

百工是各色技艺。(《中庸直解》)

"技艺"先秦时产生，指"富于技巧性的武艺、工艺或艺术等"，宋代指"从事某一技术工种的人"。宋赵彦卫《云麓漫钞》卷七："遂取吴中水寨以进，并以工巧之物输上方，就平江为应奉局，百工技艺皆役之。""技艺"指某类人。

### 充足

优优是充足有余的意思，圣人之道，优优然充足有余，国家用度自然充足。(《大学直解》)

"充足"表示"足够"，《后汉书·窦何列传》："(武)在位多辟名士，清身疾恶，礼赂不通，妻子衣食裁充足而已。"引申表示"富足"。由"足够"引申出"富足"义。

### 礼物

帝性又贪财，刺史二千石，往还必要拜见的礼物。(《直说通略》卷六)

"礼物"在先秦表示"典礼文物"，《尚书·微子之命》："统承先王，修其礼物。"孔传："言二王之后各修其典礼正朔物色。""礼物"在元代表示"赠送的物品"。

### 后生

(1) 沛县里，后生每听得都厮斗来，随着刘季。(《直说通略》卷三)

(2) 淮阴街市中后生欺辱信，对众羞辱信，说道信虽长大，好带剑，心里怯弱，你若敢死呵杀了我，不敢呵出我胯下，信觑着那人了，低头伏地在他每胯下，一市人都笑韩信怯弱。(《直说通略》卷三)

"后生"指"较后出生",《尔雅·释亲》:"男子先生为兄,后生为弟。"近代表示"年轻人,小伙子",唐寒山《诗》之二二七:"三五痴后生,作事不真实。"

(3) 我与江东<u>后生</u>的八千人过江,如今无一人回来,假如江东父老每可怜见,教我为王呵,我有甚面目见他每,纵不说这言语,我心里不羞那甚么。(《直说通略》卷三)

(4) 苏武在匈奴十九年,去时<u>后生</u>,归时鬓发皆白,李陵卫律终死不回。(《直说通略》卷三)

"后生"在元代指"年轻",由"较后出生"引申为"年轻人""小伙子",再引申为"年轻",元明时期文献较为常用,如《来生债》三〔鬼三台〕插白:"居士,你便老了,儿女每正后生哩。"《西厢记》二本二折〔朝天子〕:"休道这生年纪儿后生,恰学害相思病。"

(二) 动静引申

动静引申不仅在单音词中存在,而且在双音词存在,即静态意义(名词义、形容词义)和动态意义(动词义)之间的引申关系,动静引申是一种极其复杂且能量极大的引申现象。很多双音节词的义项是单一的,但非单一义项的多音节词存在引申问题,如"号令"谓"号召;发布命令",原本是处于动态的动词,也指"发布的号召或命令",是动静引申的现象。又如"安乐"谓"安逸,快乐",原本是形容词,也指"使安宁快乐",意义发展变化,引起动静互用。"说话"动态意义表示"闲谈",静态意义表示"言辞;话"。"役使"动态意义表示"驱使;支配",静态意义表示"供服役的人"。"贤俊"动态意义表示"才德出众",静态意义表示"才德出众的人",其他如"怨仇""邪佞""雄杰"等。

### 遮蔽

(1) 林甫将奸诈趋事左右,杜绝天下言语,<u>遮蔽</u>帝耳目,妒忌贤能的人专一诛戮大臣,教人怕他威势。(《直说通略》卷九)

"遮蔽"指"遮挡;阻拦"。《朱子语类》卷一三一:"然豫挟房人以为重,今且得豫遮蔽房人,我之被祸犹小;若取刘豫,则我独当房人,难矣。"

(2) 此时,朝廷隔远不能通报,贼人自正月至十月围城,并无救援,众人商量弃城东走,巡远寻思睢阳是江南的<u>遮蔽</u>,若无了睢阳,便无了江淮,必索坚守,先与士卒同食茶饭。(《直说通略》卷九)

"遮蔽"指"用来遮挡的东西"。

### 偏向

更说比喻,爷娘爱孩儿好,不知孩儿每不是处,身上有一件偏向,便是不会齐家。(《大学要略》)

"偏向"表示"偏重,侧重某一方"。

(三) 时空引申

汉语中一些词常常兼有表示时间、频度、速度空间和密度的意义。如果一个义位从表示时间的领域转移到表示空间的领域,或者是相反,这就是时空引申。

### 目前

于那美好的女色,疏远他不使之在目前。(《中庸直解》)

"目前"谓"眼前",引申为"当前;现在",《直说通略》卷九:"遂因各人元据地面,因而与他名分,且得目前无事,后来各处自为党与,违拒朝命,藩镇为害,自此为始。"《渑池会》一[尾声]白:"略施小计难逃命,教你目前一命丧荒郊。"

### 先头

禄山反,先修城郭,开壕堑,聚着强壮的兵,蓄积仓库,禄山先头欺见真卿是书生,不以为事。(《直说通略》卷九)

"先头":早先;刚才。

### 发头

孔子惜他正名是小勾当,孔子把首先的事只为道是名器,若失了便无了上下的体面,所以凡事必须谨慎,初发头处若使开去了,尽力也救不得,这便是分的里头最大是名。(《直说通略》卷一)

"发头":开头;起头。

### 前面

前面是传文第九章,解释经文中齐家治国的意思。(《大学直解》)

"前面"是"空间"义,指接近正面的空间,或者是空间、位置靠前的部分。"前面"又指文章或讲话中先于现在所叙述的部分,即次序靠前的部分。空间向时间的引申,哲学基础是"时间空间不可分割论",近代汉语中表处所的词,绝大多数可以用来表示时间,这类引申在双音词意义的演变中表现得比较明显。

(四) 同状引申

两种本质不同的事物在形状、性质、状态等方面相似而产生的词义引申,反映了人们对事物之间相似特征的认识。

## 气力

（1）朝廷亦不与他分辨曲直，各处倚气力，自相吞并，更无忌惮。(《直说通略》卷九)

（2）帝说道将一个州府的气力与人主换得长命，有甚不得处，后来服药，日渐燥渴心焦，左右有小罪过的便是杀戮，人人惊惧。(《直说通略》卷九)

例1"气力"表示"势力"，《元典章·台纲一》："有倚恃衙门气力，为人营求职名，把握公事，乞严行禁止。"例2"气力"表示"财力；钱物"，《通制条格》卷七："每年放军还家，置备鞍马，军需气力。"

## 家私

欢说道，宿卫军卒厮哄，焚烧大臣宅第，朝廷怕惧，不问政事，如此气象可见了，遂家去，尽将家私接纳宾客。(《直说通略》卷八)

"家私"谓"家庭私事；家务"，例句中指"家财；家产"。

## 涵泳

君子於所已知的，必温习涵泳之。(《大学直解》)

"涵"指"润泽"，浸入在水中，"沉""潜"义，"泳"是指"潜行水中"，在水里游，"涵泳"指"水中潜行""潜泳""潜游"义，南朝宋谢灵运《撰征赋》："羡轻鲂之涵泳，观翔鸥之落啄。"引申为"深入领会"，由于浸润潜行水中游，二者具有相似之处，都有浸润、沉浸义，后者在前义基础上，通过隐喻将原域内沉浸的对象转移到其他目标域事物的身上。

## 践履

"践"是践履。当祭之时，践履着先王祭祀的位，行着先王祭祀的礼。(《中庸直解》)

"践履"同义连用，《说文·足部》："践，履也。""践履"谓"踩；踏"，《诗经·大雅·行苇》："敦彼行苇，牛羊勿践履。""践"由踩踏引申为登上、承袭义，二者相似，"践履"引申为"行为；行动"。

## 根脚

注根脚亦是宦官，商量诛灭众宦官，训与注两人又自争权，注暗地药杀宦官。(《直说通略》卷九)

"根脚"本指植物或建筑物的根基，引申为事物的基础、底子。元末明初，"根脚"多指家世、出身、资历等，元睢景臣《哨遍·高祖还乡》套曲："你身须姓刘，您妻须姓吕，把你两家儿根脚从头数。"元代以后，逐渐不再使用，清梁绍壬《两般秋雨盦随笔·履历》："今之履历，古之脚色也……宋末参选者，具脚色状，今谓之根脚。"

### 定向

人若是先晓得那所当止的去处，志便有个定向无疑惑了，这便是知止而后有定。志若有了定向，心便有个主张，不妄动了，这便是定而后能静。(《大学直解》)

"定向"指"一定的方面"，引申为"目标；目的"。

### 回还

此时，魏博军马镇守吊桥，役满，当替换回还，却再留众军，屯驻贝州，众军遂作乱，奉赵在礼，入据邺都。(《直说通略》卷十)

"回"，《说文·口部》："回，转也。"《资治通鉴·汉纪四十三》"莫或回革。"胡三省注："回，转也，反也。""还"，《说文·辵部》："还，复也。"本义为返回（原处）。"回还"犹往返，来回。南朝宋武帝《自君之出矣》诗："思君如日月，回还昼夜生。"元代"回还"指"返回原处，回去"。"契丹主对左右说我不知中国人这般难制，遂回还本国，将晋百官有职事的根随，萧翰做汴梁节度使。"(《直说通略》卷十) 也指"返回原处，回来"，如元高文秀《渑池会》第一折："早回还，教公子开颜。"

### 下面

为人君的能哀矜那孤幼的人，则下面百姓也都兴起其慈心爱恤孤幼，不肯违背了。(《大学直解》)

"下面"指"次序靠后或部位低的部分"，句中"下面"引申为"下级，基层"。

（五）部分与整体的引申

### 头目

帝教宦官头目中尉仇士良领众宦官去看，到得那里，其间忽然风吹帐开，见军人拿着器械的无数，士良等一时惊走，训急忙呼唤金吾军士上殿，才杀得十余人。(《直说通略》卷九)

"头目"在唐代借指"性命"，唐郑棨《开天传信记》："某有佛牙，宝事虽久，头目犹舍，敢不奉献。"元代产生新义，借指"军官"，《前汉书平话续集》："吕后不合恨彭越昔日要他为妻，又将梁王体肉作羹，教外路头目并在朝大小众臣，都皆食之。"例句中指的是"带头的人，负责的人"。《元典章·圣政一·劝农桑》："若有违犯之人，断罪赔偿。各管头目有失钤束，具以名闻。"

汉语词汇发展与修辞有着极为密切的联系，词义的演变、新词的产生以及词语形式的替换等很多都是在修辞的作用和影响下发生的。这里所说的修辞主要是比喻和借代。"枝叶"从表示"枝条和树叶"到用来比喻琐碎的情节和话语，构词语素义在新词义中不再显现，两个语素变成与新词义无关联的语素。借代修辞格中有"以部分代整体"和"以事物特征代本体"用法，为词义引申提供了途径，成为汉语复音词的造词手段之一。事物的实体与其部分之间存在关联，因此，词义可以从表示部分进而演变为表示整体，"布衣"谓"布制的衣服"，布衣是平民百姓所穿，故用来指代平民百姓。汉桓宽《盐铁论·散不足》："古者，庶人耋老而后衣丝，其余则麻而已，故命曰布衣。"宋沈括《梦溪笔谈·技艺》："庆历中，有布衣毕昇，又为活板。"元代直解体文献中多次出现"布衣人"，意在突出所指代对象是"平民百姓"。修辞引申是借助一定的修辞手法，从而在原义的基础上引申出新义的词义引申方式。

### 统绪

孔子又说：武王缵继他祖宗大王、王季、文王的<u>统绪</u>。一着戎衣以伐商纣。遂有了天下。百姓每都仰戴称美他。（《中庸直解》）

"统"指丝的头绪，《说文·糸部》："统，纪也。"《淮南子·泰族训》："茧之性为丝，然非得工女煮以热汤而抽其统纪，则不能成丝。""绪"本义为丝头，引申指世系，传统，"统绪"借助比喻，指皇室世系。

### 走马

建成元吉入内，觉得有变，抽身出外，<u>走马</u>归宫，世民射杀建成，尉迟敬德将七十骑，继至左右。（《直说通略》卷九）

"走马"谓"骑马疾走；驰逐"，在例句中比喻匆促，快速。

### 省得

韩非是韩国诸公子，<u>省得</u>刑名法术的学见，韩国削弱，累次上书劝韩王富国强兵，王不用。非逐作孤愤等书一十万言，即使秦，上书与秦王政，破天下纵约，秦王喜欢。（《直说通略》卷二）

"省"视察，《礼记·礼器》："礼，不可不省也。"郑玄注："省，察也。"引申为问候，省问，《礼记·曲礼上》："昏定而晨省。"又引申为自我反省，《论语·学而》："吾日三省吾身。"又指清楚，明白，《列子·杨朱》："实、伪之辩，如此其省也。""省得"谓"记得；晓得；明白"，《全唐诗》卷七八五载《听唱鹧鸪》："夜来省得曾闻处，万里月明湘水流。"亦作"省的"，元武汉臣《老生儿》第一折："你两个也省的，俺老的偌大年纪，见有这些儿望头，欢喜不尽。"从认知角度来看，在生理域之间的认知转移，被称为通感，也有学者认为通感是一种修辞手法。"省"从视觉域转移到心理域，是视觉感官认知投射到心理感官域，从而发生了词义引申。

## 玩索

善读者，玩索而有得焉，则终身用之，有不能尽者矣。玩是玩味。索是思索。善读这书的玩味思索于其中。(《中庸直解》)

"玩"有观赏义，"索"研索，探索义，"玩索"反复玩味、探索，"味"舌头尝东西所得到的感觉。《法苑珠林》："初关中僧肇始注《维摩》，世咸玩味。"《朱子语类》："中年以后之人，读书不要多，只少少玩索，自见道理。"

### （六）实虚引申

这是词义基于隐喻的作用，由较实的具体意义向抽象意义引申，或者是相反。

## 面皮

（1）遂寻事断了孙膑两脚，更刺了他的<u>面皮</u>。(《直说通略》卷二)

"面皮"指脸。

（2）聂政直入刺杀侠累，政遂自裂了<u>面皮</u>，剜了眼睛，破肚出肠，韩人将聂政尸首暴露街市上，挨问皆无人认识。(《直说通略》卷一)

（3）贾充问皓道闻君在南方，剜人眼睛，剥人<u>面皮</u>。(《直说通略》卷五)

"面皮"指脸上的皮肤。

（4）盆子此时年十五岁，披发赤脚破衣，害羞<u>面皮</u>，发赤流汗，见众人拜怕惧，要啼哭。(《直说通略》卷四)

"面皮"指脸色，脸上的表情。元尚仲贤《洞庭湖柳毅传书》第一折："则我这头上风沙，脸上土，洗面皮惟泪雨。"元孟汉卿《魔合罗》第四折："枉塑你似观音像仪，怎无那半点儿慈悲面皮？""脸"向抽象意义"脸色"引申。

## 闲住

仲尼是孔夫子的表德，居是孔子<u>闲住</u>的时分。(《孝经直解》)

"闲住"表示对官吏的一种处置，指免去官职，令其家居。泛指离职闲居。

## 权柄　执把

孔子道不如多与他邑，惟有名与器不宜假借人，这是人君<u>执把</u>政事的<u>权柄</u>，政事若失，国家随他失去了。(《直说通略》卷一)

先秦文献，"权"指秤锤，今天的秤砣或砝码，《礼记·大传》："立权度量，孔颖达疏：'权，谓秤锤，书舜典，同律度量衡。'孔颖达疏：'权、衡一物，衡，平也。权，重也，称上谓之衡，秤锤谓之权。'"词义发展中，"权"由上面的意义分别引申出衡量义，如"权衡"一词中保留这个意义，又引申出权力、权柄义。"柄"指斧头的把儿，引申用于抽象意义，指权力。

"执把"原本为"拿着"，《元典章·兵部五·围猎》："汉儿人执把弓箭围猎。"元代引申为"把持，掌管"，意义由实到虚，《元典章新集·朝纲·纪纲》："（诸司）或为僧道护持，或与权豪执把。"引申义在元代更常用，如"这是人君执把政事的权柄"（《中庸直解》）。

### 绰号

狎侮群臣，宰相以下皆被秽骂唤金紫光禄大夫，王玄谟做老伧仆射，刘秀之做老悭，颜师伯唤做老齁，其余长短肥瘦的都有称号（绰号），黄门侍郎身体肥胖，拜起不便，当每过大会时，多与赏赐，却看谢拜，将来取笑。(《直说通略》卷六)

郑镇孙用"绰号"一词直解"称号"，"绰号"元代新词，谓"诨名；外号"，元康进之《李逵负荆》第一："俺梁山泊上山儿李逵的便是。人见我生得黑，起个绰号叫俺做黑旋风。""称号"指赋予人某种称谓，以表明身份。直解体文献用"绰号"释"称号"，即"称号"一词在元代的特指义。

### 就里

(1) 安排棺椁和就里的衣服，覆盖着好者。(《孝经直解》)

例1 "就里"表示"里面；内里"。

(2) 宦官立怡做皇太叔，改名忱权，勾当军国重事，处决政事都合理，人方才得知就里，有德性，遂即位。(《直说通略》卷九)

例2 "就里"指"内部情况"，马致远《寿阳曲》："相识若知咱就里，和相识也一般憔悴。"

(3) 及参乘典护军周勃说道陈平虽生得好，如冠玉一般，就里未见他有甚才能，听得他在先居家时，曾偷了嫂嫂事，魏与楚皆容身不得，令大王教他为护军，又受了诸将金子，大王仔细体察这人。(《直说通略》卷三)

例3 "就里"表示实际上，《元典章·台纲二》："那官人每推着梯己俸钱么道，就里动支官钱，科敛百姓。"

## 三、虚化

虚化和引申不同，虚化产生的意义与已有的本义之间不是词汇意义之间的联系。词语在发展演变过程中，词汇意义逐渐消失，直到演变为只具有语法意义和功能。实词的虚化一般是由于它经常出现在一些适于表现某种语法关系的位置上，进而引起了词义的虚化，从而实现了句法地位的固定化，转变为虚词。虚化的两个必要条件是词义变化为只具有语法意义，经常出现某一语法关系位置。虚化的实词大部分是动词，由虚化而形成新义的词类有副词、助词、量词、连词、介词，其中副词虚化程度较弱，有的还保留一定的词汇意义，副词按照用法分为程度、情态、时间、范围、否定、反诘，直解体文献中虚化的副词有程度副词"最、极、顶、忒、很"，情态副词有"的确、自然、果然、好歹、左右"，时间副词有"从来、当初、原来、将来"，范围副词有"一发、一齐"，否定副词"别、休、没"。连词和助词的虚化程度较强，词汇意义完全消失，直解体文献中虚化的连词有选择连词"有时"，转折连词"然而、但是"，假设连词"只有、不争、只要"，因果连词"因为、因而、因此"，让步连词"遮末"，条件连词"一旦"，虚化的助词有"似的、也似、一样"，语气助词"则个"。

## 独自个

项王<u>独自个</u>又杀了千余人，自身也受了十来创，项王道我听得汉军里得我头的与他一千两金子及一万户。（《直说通略》卷三）

"独自"谓"自己一个人；单独"，"独自个"指"只自己一个人"。"个"，量词，专用来记竹。《史记·货殖列传》："竹竿万个。"汉代以后用以计数各种东西，《汉书·刑法志》："负矢五十个。"用作表示不定数量的词"些"的后缀，如"心若正，便有些行不尽的政事，决没一些个歪斜偏向处"（《大学要略》）。"个"用在形容词"真"后，虚指，如"说道北来军马真个飞过江来"（《直说通略》卷五）。"钟离昧等在楚有功，为无封的上头，与汉王商量待要灭楚，分了楚国，项王因此真个不信钟离昧等。"（《直说通略》卷三）"真个"源于唐代，意为"真的；确实"，唐王维《酬黎居士淅川作》："侬家真个去，公定随侬否。"形容词"真"加量词"个"构成的词组，词汇化为语气副词，等于"真成、确是、真是"，"真个"保留在现代汉语方言中。"个"用在动词之后，如"今日问个，明日复将来温寻，子细熟看"（《朱子语类》卷一一五）。量词"个"逐渐变成助词"个"，是一个词义不断虚化的过程，由跟在个别形容词之后，演变为跟在名词、动词、代词等之后。词义的虚化，改变了它的功能和结合关系，从而完成了从量词到助词的演变。

## 到老

这是说卫武公有是盛德至善，深入百姓的心，百姓每<u>到老</u>也忘他不得。（《中庸直解》）

"到老"谓"直到最后"，唐杜荀鹤《山中贻同志》："到老如今日，无心愧古人。"在汉代，"到老"谓"直到老年"，汉焦赣《焦氏易林·谦之损》："常德自如，安坐无尤。幸入贵乡，到老安荣。""直到最后"由此虚化而来。

## 一发

（1）刘季料想到得那里，其间都走尽了，<u>一发</u>都放了，众人情愿随着刘季。

(《直说通略》卷三)

（2）桀等又商量令长公主办酒，请唤霍光，欲伏兵杀光，废帝了，立燕王，上官安又欲引诱燕王到来，一发杀了，立上官桀为帝，事发。(《直说通略》卷三)

（3）今次晋大夫陵虐君主，分了晋国天下，不能征伐，颠倒宠他，教他列作诸侯，这一些名器更不能守更，一发撇弃了先王的礼，到这里都坏尽了，或有人说道那期间周室微弱，三晋强盛，怎生不与他这言语，好生说得不是三晋虽强，假使不怕天下诛他，他每犯义侵礼，必是不禀，天子自去做了呵，便是大逆的臣，天下但有一个似齐桓公，晋文公这般，诸侯必定奉礼义征伐他。(《直说通略》卷一)

"一发"有"越发"义，又有"一同"义，义项还是不够完备，因为"一发"除了"越发、一同"义之外，还可表示"干脆、索性"，如例句中的"一发"。用作范围副词，是"一同、一起"的意思。还可以用作程度副词和情态副词，是"更加"和"干脆"的意思，"发"本义"射箭"，由射箭引申为"发动、启动"义。"一"修饰"发"，则"一发"为"一起发动"义。用作副词，就是"一起、一同"。"一起发动"力度强，作用大，故有"增加"义。"一起发动"则不留余地，故有"索性、干脆"义。蒋冀骋指出"还有一个可能是来自北方民族语言的某个词"①，但没有确切依据，其引申线索暂时无法说清。

### 为头

（1）却有张俭的仇人朱并是一个奸邪歹人，告俭为头与同乡二十四人，立着名号，结集群党，要危社稷朝廷。(《直说通略》卷四)

（2）四方浊乱，黄巾贼人张觉为头出来叛乱。(《直说通略》卷四)

（3）这两句言语传到太学，诸生三万余人都相做效郭泰贾彪，为头与李膺、陈蕃、王阳自相推重，学中亦有言语，说道天下模楷李元礼。(《直说通略》卷四)

"头"指人头，因为头在人上部之尽处，故凡尽头处皆可称头，如"盖头"，由"人身部件"的语义场转移到"物体尽头"的语义场，词义转移了。"头"由"脑袋"引申为开端，"头"总是在动物的前端，所以这种引申具有词义相似的基础，"为头"就解为"作为开端、开头"。例句中"为头"为"领头，带头"义，做定语、谓语和状语。最初"为头"是个动宾短语，谓"当

---

① 蒋冀骋.近代汉语词汇研究[M].北京：商务印书馆，2019：481.

作、作为头领"。泛义动词"为"与语素"头"结合更容易虚化成副词，引申和句法位置的变化是相互影响作用的。《汉语大词典》解释：①从头，开始；②领头。《近代汉语虚词词典》收录"为头"，解释为表示过去时的时间副词，义为"刚刚"。唐宋以来，空间概念上"位于前面"这个隐含义素是"为头"词汇化的关键。表示动作在时间概念上的先发生，虚化成时间副词"为头"，表示刚刚。"头"不断地虚化，"为"也因为"头"义不断抽象化而意义不断泛化，最后在"为头"表示"位于前面"及表示动作在时间概念上先发生时，两者抽象凝固成时间副词，表示"刚刚"之义。

## 第四节　小结

通过对元代直解体文献新词新义的分析，可以看出直解体文献有大量新产生的词形、新出现的义位。继承自上古、中古汉语的复音词，到了元代出现一词多义，反映出词汇的多义化、复音词增加新义的情况。一方面，继承自前代的词语在元代得到更广泛的使用；另一方面，通过语义复合、词汇化和类推等，产生大量的元代新词。其中语义复合和类推是新词出现的重要途径，类推在词语发展中发挥作用，主要是通过利用常用语素和汉语基本的构词法完成的，产生的新词有的成为常用词，有的经过短暂使用后消失。有些常用语素的意义在类推中逐渐虚化，发展成为较自由的语素或者词缀，如"杀""处"，这也是语法化在词语发展中的表现。利用汉语已有的构词法类推出的新义更容易通过语素义的相因生义或通过联想发生转指，类推新词往往也加入了人的认知因素，从构词法产生新词来看，大量新词形的数量差异反映出构词法的能产性和成熟性。新词的产生建立在汉语原有的材料和构词方法的基础上，认知因素发挥了一定的作用。通过考察元代直解体文献复音新词，可见其保持着稳定的内在机制，保持着生命力的创新机制，新词的产生反映社会的发展和变化，通过语言内部的优选机制产生大量的新词，传承词和新词在元代汉语这个共时平面系统中共存，展现出不同的使用频率，新词的使用频率要低于传承词。这可以从人的认知习惯得到解释，在语言使用中，人脑记住的往往是熟悉的、常用的词语，这样会提高常用词语的使用频率。直解体文献侧重用口语通俗地阐释经书、史书，因此主观上会选择更容易为人们接受理解的口语词、俗语词，有些新词能够保留并进一步发展的原因，在于作者追求作品的通俗化和语言交流的顺利进行，新词的使用频率在交际中得到检验，使用频率和意义的稳固性成正比，词汇的共时系统通过历时的不断发展，进行着新词的优胜劣汰，保持着新旧词数量上的平衡。元代直解体文献复音词词义与古今汉语的异同分为三种情况，或旧义消亡，或新义产生，或旧义未消亡而新义产生。新义发展的主要方式是引申和虚化。

# 第五章

# 元代直解体文献复音词演变研究

本章主要通过与现代汉语词语的比较，探求元代直解体文献复音词在现代汉语中的发展演变情况。与现代汉语词语进行比较，主要有两种情况：词语的消亡和词语的保留。消亡的词语是词语并未发展到现代汉语，保留的词语有的是没有变化的保留，有的则是保留了词形，义位发生了变化。下面分为两个部分，通过对一些消亡和保留词语的历时描写，尝试探讨元代直解体文献复音词语演变的机制。

## 第一节 词语的消亡

### 一、词语消亡个案分析

所谓消亡，既包括事物的消失，也包括旧范畴的消失。随着社会的发展，古代事物不适应社会发展的需要，现代已经被淘汰或者不存在了，即事物的消失。因此，这类词在古代可能是常用词，到后世变成了消失的古语词。旧范畴的消失指的是旧的语法范畴和概念的消失。本书所说的词语的消亡主要是指新兴词的消亡，在近代汉语产生存留了一段时间却未发展成现代汉语的词语。从语言发展的事实来看，这些词语占一部分比例。我们选择现代汉语词汇作为参照，以《现代汉语词典》（第七版）所收词语为主要比照对象调查词语消亡情况，分析这些词语消亡的原因。由于语言发展机制非常复杂，词语的消亡也是多种因素综合作用的结果，我们按照词语在消亡中的促发因素进行归类，然后总结阐释。

（一）同素异序词的竞争

同素异序词是指两个语素之间互换位置而意义基本不变的同义词。这一时期出现的同素异序词有两种情况：一种是成对出现，且两个词都出现于元明之际；另一种是在原有复音词的基础上，出现新的逆序形式，在这类同素逆序词中，竞争往往比较激烈，导致其中一种形式消亡。这两类同素异序词消亡的数量比较可观。前面构词法研究部分已分析过元代直解体文献中的联合式同素异序词，本节通过个案分析，探讨同素异序词对词语消亡的影响。

均平

（1）曾子说经文中所言，均平天下，在于先治其一国之人，谓何？（《大学直解》）

"均平"指平衡、均匀，同素异序词"平均"指"均匀"，两者先秦已见，"平均"一词沿用到现代汉语。

盖覆

（2）圣人至诚之德，广博而深厚，所以承载得许多事物，与那地之承载万物一般，高大而光明，所以盖覆万物一般。（《中庸直解》）

"盖覆"即"遮盖"，同素异序词"覆盖"，汉代已见，此后一直沿用，而"盖覆"仅用于元代以后的近代汉语晚期，用例很少。

裁制

（3）礼的勾当，辨别着贵贱亲疏，裁制着万物万事，不是名不显出礼，不是器不见得礼，把这名与器两件分别上下，这是礼的大经，名与器若无了呵，如何独自存立得。（《直说通略》卷一）

"裁制"表示"制裁"，金刘祁《归潜志》卷六："朝廷容之，适所以害之。欲保全其人，宜加裁制。"同素异序词"制裁"指"惩处；管束"。宋代已见，《资治通鉴·后唐明宗天成三年》："及安重诲用事，稍以法制裁之。""制裁"保留到现代汉语中。

省节

（4）帝喾，高辛氏，玄嚣之孙，黄帝曾孙，聪明仁慧，修德，天下归服，取地上所出的货财，省节用度，教养万民，迎送日月。（《直说通略》卷一）

"省节"犹"节省"，宋代已见，宋范仲淹《奏为陕西西路入中粮草及支移二税》："既粮草钱帛皆是定额，自然各务省节。"而早于"省节"产生的同素异序词"节省"，指"节俭；节约"，保留到现代汉语中。

痛伤

（5）舜举禹治水，禹痛伤父亲功不成被诛，劳身焦思，八年在外治水，三遍过门不归家，陆行乘车，水行乘船，泥行乘橇，山行乘樏，唤做四载。（《直说通略》卷一）

"痛伤"表示悲痛伤心，汉班固《白虎通·丧服》："既除丧，乃归哭于墓何？明死者不可见，痛伤之至也。"同素异序词"伤痛"，指"伤悼，哀痛"。"伤痛"沿用到现代汉语。

### 争竞

（6）为人性不猜忌，与物无争竞，在内无声色的事，再外无游畋的事，不肯任用宦官，废了内藏库，赏赐清廉官吏，虽然不知书所行的勾当，暗含着道理，每夜在禁中烧香，告天说道某是胡人，因乱为众人所推，愿天早生圣人与生民做主。（《直说通略》卷十）

"争竞"犹"计较；争论"，同素异序词"竞争"指"互相争胜"，"竞争"沿用到现代汉语。

这种词序的确定最终受制于何种因素需要进一步探讨。有些同素异序词，二者共存时间较长，有些共存时间短暂。有些在历史发展中并存很长时间，然而最终没有发展到现代汉语，有些同素异序词的另一种词形是到现代才产生的。而这些情况的结果都是由同义词场的竞争完成的，最终词语或词义消亡。这种发展变化的结果，反映出语义对于词语发展的影响作用。并列构成词的语素排列顺序，首先是意义顺序，所谓意义顺序指语素间有同义、近义、反义、对义关系的词的语素排列顺序。从构词语素性质来看，具体语素先于抽象语素，特指语素先于泛指语素。如果构词语素的意义对双音词的词序没有强制作用，则可以从语音角度进行阐释，合声调顺序的语素排列为人们选中的可能性较大。总体来说，首先是意义顺序，然后才是声调顺序，许多学者如周祖谟、丁邦新、陈爱文、王云路和竺家宁对这个问题进行了研究，蒋冀骋深入研究了造成这种现象的原因，指出"与汉语双音节词的重音特点和音素、声调的响度有关"[①]。

### 荐举/举荐

（1）大王仔细体察这人，汉王责问魏无知，无知道臣举荐陈平，只为他有才能，大王说的是他行止，假如一个人虽有好行止，却不会办事，如今时节，要他做甚么。（《直说通略》卷三）

（2）至武后时，右台监察御史，郭翰巡察，至隆右宁州界，见父老每歌颂仁杰德政的满场，荐举入朝，召为春官。（《直说通略》卷九）

"荐"去声，"举"上声，"荐举"汉代已见，表示"介绍；推荐"；同素异序词"举荐"，南北朝时已见，指古代向朝廷、皇帝推荐人才。中古以后，"举荐"使用频繁，发展到现代汉语，"举荐"一词被《现代汉语词典》收释。构词语素没有对"举荐""荐举"词序的排列产生强制作用，从语音上看，合乎

---

① 蒋冀骋. 近代汉语词汇研究［M］. 北京：商务印书馆，2019：168.

声调顺序的语素排列更容易被人们接受使用。

### 纪纲/纲纪

(1) 此时朝廷纪纲废坏，独有膺高尚有风力，士大夫若得容接，唤做登龙门。(《直说通略》卷四)

(2) 帝虽宽大仁慈，无久远见识，盗贼据了州郡的，因时，用他为牧守士卒，杀主帅的，用他做节度使，唐家纲纪自此坏了。(《直说通略》卷九)

"纲"阴平，"纪"去声，"纪纲"指"法度"，"纲纪"指"法度；纲常"，"纲纪"一词沿用到现代汉语，构词语素没有对词序排列产生强制作用，而是从语音上，合乎声调顺序的"纲纪"被人们选择使用。

(二) 同义词场中的竞争

某些词语在同义词场中消亡，还可以从构词语素的意义来考虑，构词语素是否常用，如若较为生僻，参构后的双音词难以进入常用词语的行列，慢慢成为生僻词，最终被排挤掉，或者保留在成语、特殊习惯表达中，这主要是构词语素的性质和使用情况影响所致。某些词语在同义词场中竞争而导致不复存在，如"地面""地方""田地"在表示"地区、地方"义时，构成同义词场，而如今"地面"的"地区、地方"义已消亡。

### 自刭/自刎/自杀

(1) 宽饶为句隶校尉，刚直公清，累次干犯上，意为帝用刑过重，上书谏帝，帝怒，将宽饶下吏，遂自刭死。(《直说通略》卷三)

(2) 荆轲将这意对于期说道将军的头献与秦王，秦王必喜与我相见，我左手拿住他袖子，右手刺杀他，似您的呵，则将军的仇报了，燕国的羞耻也鲜了，於期慨然自刎，遂将匣子盛了首级，令荆轲去。(《直说通略》卷二)

(3) 即位后，使人宣召田横等，说道横若来时，大的为王，小的为侯，若还不来，举兵出征，横与二人同至洛阳自杀，朝廷用王礼葬横，根随两人亦自杀，一同葬了海岛里，五百人听得尽皆自杀。(《直说通略》卷三)

"自刎"产生较早，指自割其颈，即自杀，《管子·大匡》："召忽曰：'何惧乎？吾不蚤死，将胥有所定也……子其勉之，死生有分矣。'乃行，入齐境，自刎而死。""刎"抹脖子，成语"刎颈之交"保留这一词义。"自刭"指用刀自割其颈，自杀。"刭"指用刀割颈，《左传·定公十四年》："'(臣)不敢逃刑，敢归死。遂自刭也。""自杀"西汉产生，指自己杀死自己，《史记·秦始皇本纪》："二十四年，王翦、蒙武攻荆，破荆军，昌平君死，项燕遂自杀。"《直说通略》中"自杀"的使用频率很高，远远超出"自刭""自刎"，"自杀"在文献中处于语义表达优势地位。从构词语素的语义可以看出，"刎"和"刭"

语义各有侧重，"刎"侧重部位，"到"侧重所用工具，而"杀"在义域上更广，"自杀"虽然比"自刎""自到"出现晚，但出现之后被广为接受，文献中用例频出，一直保留到现代汉语。并且，"杀"作为构词语素独立性很强，可以和其他语素尤其是动词性语素组合成更多的双音词，仅文献中所见，就有攻杀、戮杀、坑杀、敲杀、射杀、斩杀、刺杀、打杀、击杀、劫杀、诛杀、药杀、袭杀、怒杀、焦杀、缢杀、可杀、协杀等多个复音词。

（三）构词语素变化

复音词的构词语素影响了词语的消亡和保留。这种影响表现在：构词语素义变化促使复音词语义不直观，难于理解导致消亡；构词语素义的陌生化使得复音词词义变得生僻、晦涩，在语用中逐渐被淘汰，最终消亡。

安辑

人君于百工技艺能招来安辑他，则百工每将他工作。互相换易以生货财，国家用度自然充足。（《中庸直解》）

"安辑"的"辑"本义为组合众部件而成车厢，《列子·汤问》："推于御也，齐辑乎辔衔之际。"殷敬顺释文："《说文》云：'辑，车和辑也。'此言造父善御，得车舆之齐整在于辔衔之际。"引申为收敛，又引申指和谐、和睦，也引申指安定，使安定，《汉书·西域传序》："都护督察乌孙、康居诸外国，动静有变以闻可安辑，安辑之；可击，击之。"现代汉语中，"辑"往往出现在"辑录""辑要""纂辑"等复音词中，指聚集很多材料而编成的书刊，已经没有了安定、安抚义，或仅存于个别词语中，由于构词语素义位的脱落，安辑的意义变得晦涩。唐宋之际，表示安顿抚慰义很少使用安辑，产生了常用复音词"安抚"，唐李德裕《赐回鹘可汗书》："朕念其无主可归，且令安抚。"从"安抚"两语素组合来看，语义显而易见，"安辑"在语义上不直观，人民更倾向选择明显易懂的词语表达，尽管"安抚"和"安辑"在唐宋之际并存过，在同义词场内竞争过一段时间，但是，在语言的发展中，"安辑"随着构词语素意义的脱落，处于语义场的边缘，由不典型成员到逐渐不为所用。由此可见，构词语素的语义和使用情况决定了词义的凸显度和直观性，对词语的保留和消亡有很大的作用。

过尤

惟正其身而不求于人。自然无有个怨愤的心。上面不敢怨愤于天。下面也不敢过尤于人。（《中庸直解》）

"过尤"即"过失；过错"。"尤"指"过失；罪愆"，引申指"责备；怪罪"。"尤"后来逐渐虚化，指"尤其；格外"，也指"尚且；犹"。词语的发展以构词语素的语义为基础，由于构词语素义位的变化或者脱落，所构成的双音词意义变得晦涩难懂，语义结构模式也发生改变，同时，语言中可能出现其他词语表示同一义位，且更为常用。"错"也指"过失"，"失"也有"过错"义，在"过尤""过失""过错"构成的同义词场中，竞争激烈，在表示"过错"这一义位上，"过尤"逐渐消失。

（四）语境消失

语境消失是导致词语消亡的重要原因，有些词语是特定社会或特定语境的产物，它们随着所表示的历史事物的消失而消亡，一旦其出现的语言环境发生了变化，如果没有语言空位可以填补，这些词语将最终消亡。还有一类词，随着语言接触的语境消失，有些蒙汉"接触词"沿用到明代前期，最终消亡了。

（1）有客侯嬴教信陵君买嘱王根前宠姬，就王卧房偷了晋鄙兵符，信陵君去合符起兵，晋鄙不从，信陵君令力士朱亥敲杀晋鄙，夺军救赵，大破秦兵。（《直说通略》卷二）

（2）梁翼有策立功劳，添与封爵，子弟皆得封侯，权势越盛。（《直说通略》卷四）

（3）杨恽为光禄勋封平通侯，廉洁无私，却矜夸，刻害，众人多怨，有人告恽怨望，免为庶人，遂家居治产自乐，又有人告恽骄奢，不改过，遂被腰斩。（《直说通略》卷五）

（4）太皇太后收了玺绶，召王莽入来为大司马，领尚书事，诸军马尽属莽管领，立中山王子衎即平帝。（《直说通略》卷三）

（5）伯益为虞官，管山泽草木禽兽，伯夷为秩宗，掌礼典，夔做典乐，龙作纳言，这的唤九官。（《直说通略》卷一）

"买嘱"亦作"买属"，谓给人钱财，请托办事。"策立"，古代取得皇位或确立太子、皇后都须发布诏策文书，因谓取得皇位、确立太子等为"策立"。"腰斩"，古代酷刑。"玺绶"，古代印玺上所系的彩色丝带，借指印玺。"秩宗"，古代掌宗庙祭祀的官，后来随着祭祀形式的消亡，这个词也就不用了，属于随着历史事物的消亡而消亡，还有随着社会观念的改变而消逝，如"宰相"。还有被别的词语代替，就是旧词所反映的事物、观念仍在社会生活中存在，但后来改变了说法，如"倡优"，即现在的演员、艺人。

（五）语言表达精密化的要求

很多词语消失是由于表达上容易导致歧义造成的，如：

（1）如今君王若欲诏贤先从隗始，他每贤才过如我的，虽千里外怕他不来那甚么，昭王遂改造宫室，筑黄金台，师事郭隗，因此四方贤士都来到。（《直

177

说通略》卷二)

"过如"即"胜过；胜如"，由于表达上容易造成歧义，最终被"胜过"一词替代。元代汉语中有这样一批新兴词语，受语言表达精密化影响而导致组合使用时间短暂，有些已经成词，有些尚未凝固，从今天的角度看像词组或缩略语。如：

(2) 数内有乐毅，自魏国来（乐毅系贤将），辛从赵国来，邹衍从齐国来，昭王用乐毅为亚卿，掌着国政。(《直说通略》卷二)

"数内"指"其中；里头"。

(3) 孙膑退军，庞涓倍日并行，赶逐孙膑，料度魏军当夜必到，马陵路窄，四旁险阻可伏兵。(《直说通略》卷二)

"赶逐"指"驱逐"。

(4) 孟尝君恐怕秦王得知，随后根赶又有一个客人能为鸡鸣，众鸡皆鸣，孟尝君遂得走透不多时，秦王果然追赶，已不迭了。(《直说通略》卷二)

"根赶"亦作"跟赶""追赶"义。

(5) 到此时，威烈王命三家为诸侯，后头至安王时，三家遂废晋敬公，灭晋，司马温公为周天子不能与名分纲纪，做主坏了礼典。(卷二)

"做主"即"负责决定"。

(六) 义位的消失

随着社会发展和人们认知视角的深化，复音词"一词多义"比较普遍，"义位"概念正是在此背景下提出的词语意义单位。词语形式上此消彼长式的更替是表层的变化，实质上是词语的义位在不断运动，发生着义位的扩大、缩小、转移甚至消失的变化。词义是不断发展变化的系统，随着社会的发展变化，近代的词义发展至今天，一些具有时代特色的意义随着客观事物的消失以及人们认识的发展而变化，一部分意义与新的词语形式结合发生易位，相对于原来的词语，称之为义位消失。元代新产生的词义与现代汉语相比较，有些词义消失，而有些词义得到传承发展，在现代汉语中继续使用。考察新义位在现代汉语中的使用情况可以在很大程度上揭示元代复音词在现代的传承和影响。如"便利"一词，"帝名骏，文帝第三子，博学能文，弓马便利"（《直说通略》卷六）。"便利"先秦已有，指敏捷、灵活。《荀子·非十二子》："辩说譬谕，齐给便利而不顺礼义，谓之奸说。"杨倞注："便利，亦谓言辞敏捷也。"也指"有利，方便"，《墨子·尚同中》："万民之所便利而能强从事焉，则万民之亲可得也。"例句中"便利"指熟习，这一义位没有保留到现代汉语。又如"推极"一词，"致中和，天地位焉，万物育焉"（《中庸直解》）。"致是推极的意思。""致知在格物。"(《礼记·大学》)朱熹集注:"致,推极也;知,犹识也。推极吾之知识,欲其所知无不尽也。""推极"谓"推求穷究",发展到现代"推极"谓"达到顶峰"。

具体说来,义位的消失有以下两种情况。

1. 完全消失

## 把总

魏王迁都平城,才方起建宫室宗庙,立社稷又教尚书吏部郎邓渊立官制音乐,及令仪曹郎董谧制礼仪,三公郎王德定律,令太史令考天象,吏部尚书崔宏把总,做永远法度,王遂即皇帝位,改元天兴,教朝野人都束发戴帽子,追远祖二十七人,都称皇帝,依古法,定郊庙礼乐。(《直说通略》卷八)

"把总"在元代以来指总管,《水浒传》第四十四回:"又令陶宗旺把总监工,掘港汊,修水路,开河道。"明清各地总兵属下以及明驻守京师三大营、清京师巡捕五营皆设把总,为低级武官。清刘献廷《广阳杂记》卷三:"宣化等驿,原属把总管理,故有军夫名色。""把总"没有保留到现代汉语中,现已完全消失。

## 抄估

天子无权,帝心里不平,遂与众宦官,单超徐璜等商议,发军,围了梁冀家,冀与妻皆自杀,一门宗族都诛了,百姓尽皆贺喜,抄估家财三十余万万,充朝廷用度减天下赋税一半。(《直说通略》卷四)

"抄估"元代已见,指主人侵吞奴仆财产的一种手段。刘时中《端正好·上高监司》之二:"库官但该一贯须黡配,库子折莫三钱便断除,满百锭皆抄估。"郑廷玉《看钱奴》二〔煞尾〕:"贼打劫天火烧了院宅,人连累抄估了你旧钱债。"陶宗仪《辍耕录·奴婢》:"然奴或致富,主利其财,则俟少有过犯,杖而锢之,席卷而去,名曰抄少估。"清代以后出现"抄家"一词,指搜查并没收家产,与此类似。现代已没有主人侵吞奴仆财产的情况,"抄估"完全消失。

## 学房

朝廷的宫里,大城子里、小城子里,以至村里,都立着这学房。(《大学要略》)

"学房"元代时是学塾的俗称,指旧时私人设立的学堂。"学房"没有保留到现代汉语。

## 下人

太史令康权奏秦主道,昨夜三月并出,索星入太微连东井,必有下人谋上。秦主怒,扑杀权,符坚与吕婆楼等麾军鼓噪入内,秦主醉眠未来醒,坚废杀了。

*179*

(《直说通略》卷七)

"下人"谓"百姓,人民",齐梁以来指"婢仆",元代指"下属",例句中"下人"指"下属",不是百姓,"下属"义没有保留到现代汉语中。

从语言外部来看,随着社会制度或者客观事物的消失,以及人们认识的深入发展,一些具有时代特色的意义随之消失,承载词义的新词语逐渐退出日常交际领域,总体上呈现衰微之势。承载这些词义的多是具有当时社会特色的新词语,如嗣位、廷尉、玺绶、学房、亭长、汤沐、驲马、内藏库、抹额、朝靴、油鼎、新官、妖术、腰斩、升堂、见喜、印信、差发等。

2. 义位的易位

易位是指一个词语的意义与另外一个词语形式相结合,原来词语的意义消失了。就元代直解体文献中的词语而言,表现为近代的一些新词语在现代汉语中又有了新的说法,原有的词语形式已经退出了现代汉语的日常交际领域,但词义所反映的概念或现象仍然存在于现代社会中,只不过结合了新的形式。从形式和意义的结合体的角度来看,意义从原形式转移到新形式上去,原来的形式失去了意义也就不能成为词,可视为词义的消失。

### 送路

当日,两人推病求归,帝赐与黄金二十斤,太子赐金五十斤,公卿故人备办铺设酒食在东门外,送路车子数百辆,路人看了都说两个大夫真是贤人,既归乡里,卖了金子,每日请待族人,故旧宾客一同取乐。(《直说通略》卷三)

"送路"谓"送行;饯行"。元代已见,元郑光祖《倩女离魂》第一折:"王生今日就要上朝应举去,老夫人着俺折柳亭与哥哥送路哩。"这一概念仍存于现代社会,现代汉语中元代的"送路"有了新说法。

### 母舅

帝名肇,贵人梁氏所生,窦皇后取为太子,即位时,才十岁,太后窦氏临朝,母舅窦宪等,父子兄弟都在要地,充满朝廷。(《直说通略》卷四)

"母舅"指母亲的弟兄,这一义位现代汉语中称为"舅父、舅舅"。

### 卧房

又令宾客游说万般,王皆不听,有客侯嬴教信陵君买嘱王根前宠姬,就王卧房偷了晋鄙兵符,信陵君去合符起兵,晋鄙不从,信陵君令力士朱亥敲杀晋鄙,夺军救赵,大破秦兵。(《直说通略》卷二)

"卧房"谓"睡觉的房间"。

### 伴当

在一家之中,为父者慈,为子者孝,一日在朝廷为官,决忠于君,在家兄

弟和睦，在外与人做伴当老实。(《大学要略》)

"伴当"指伙伴、同伴，《百喻经·杀商主祀天喻》："众贾共思量言：我等伴党尽是亲来如何可杀。"元代指随从的差役或仆人，这一义位现代汉语中称为"随从"。

词是形式与内容结合的产物，单义词的义位消失，那么该词也随之消失。多义词的一个义位消失，只是造成该词义位数量的改变。与"义位完全消失"不同的是，有的词语的义位消失后，该词并未彻底退出汉语词汇系统，还会出现在现代汉语中，如"立心"。"盖恶那锦之文采着见在外也。君子之学为已，又善惟恐人知，其立心正是如此。"(《中庸直解》)"立心"为下决心，后来发展为存心、故意。又如"安葬"，"父没了时，安葬便用大夫之礼，祭祀便用士之礼。若为父的只做士，为子的却做大夫，父没了时，安葬便用士之礼"(《中庸直解》)。"安葬"指埋葬。还如"生意"，"天无不覆，地无不载。大化流行，万物并皆生育于其间。大者大，小者小，各有生意而不相侵害"(《中庸直解》)。"生意"谓"生机，生命力"，明清以后主要指"买卖；做买卖"。再如"知识"，"言之知识高明，周于万物，这便是知，仁与知虽若不同，皆是天命与我的道理"(《中庸直解》)。"知识"元代产生新义，指"辨识事物的能力"，现代"知识"指"人类认识自然和社会的成果或结晶"。有的构词语素义发生了历时性变化，被同义的其他构词语素替代，如"安排"，"天地以实理生成万物，如草木自然便有枝叶，如人自然便有手足，不待安排"(《中庸直解》)。"安排"指"安于推排、推移"，《庄子·大宗师》："造适不及笑，献笑不及排，安排而去化，乃入于寥天一。"郭象注："安于推移而与化俱去，故乃入于寂寥而与天为一也。"唐代以后，"安排"成为一个词，是"布置、准备"的意思，但是"安于推排"的意义还在使用，要看语境，只有带宾语、补语或作为名词使用时，才是"布置、准备"的意思，唐代例证渐多，唐李中《竹》："闲约羽人同赏处，安排棋局就清凉。"宋代以后，作"安于推排、推移"用例少见。"安排"由词组发展为一个词主要原因是构词语素"排"的词义发生了变化，《说文》："排，挤也。"排挤、推排的目的使无序变为有序，从而引申有"排列"的意义，当"排"的"排列"成为常用义，"安排"中"排"的词义起主要作用，"安"逐渐成了修饰成分，语义也慢慢弱化，语音重点也落在了"排"上，"安排"实际就是"排"，"排"就是"排列、排比"，"排比"是"准备"的意思，故引申为布置、准备。有些新义位出现在近代，但后来该义位消失，虽然现代汉语中出现了该词形，但是和现代汉语没有直接的联系，现代义并非近代义的引申或虚化。

### 二、词语消亡的原因

元代直解体文献中消亡的词语包括承古和新词两部分,词语消亡约占全部新产生词语的三分之一,承古词消亡也占有一定的比重,新词消亡要稍多于保留下来的新词,我们重点考察语料中消亡的新词。词语消亡的原因是一个复杂的问题,大致上有语言内部原因,也有如社会历史文化、语体等外部因素。

#### (一)语言内部原因

语言系统内部"牵一发动全身",词汇的系统性影响了词语消亡,同时也体现了词汇的系统性,一个词在语言中不是独立存在的,总是和系统中其他词存在某种联系,当系统中产生一个新词,或者新义加入词汇系统,就会跟原有的相关词语或词义产生联系,这种紧密关系也证明了词汇系统性的存在。

1. 词语之间的竞争

词语之间的竞争,从音节上来看,有单音词之间的竞争,也有单、双音词之间的竞争,还有双音词之间的竞争。每个词语都属于一定的语义场,语义场内词语竞争,导致词语消亡,如"畏服""危惧""忌惮""恐畏""惧怕""怕惧""畏惧""惊惧""恐惧""恐怕"构成的"恐惧、害怕"近义词场,在历时发展中,只有一个或几个发展到现代,由于意义相同或相近,容易出现词语冗余,"怕"由于表义泛化,涵盖其他近义词,词场内的成员发展到一定阶段,之间相互竞争,有的在竞争中留存下来,有的在竞争中消亡,有的在竞争中"重生"。尤其是在同义、近义词场内更容易产生词语间的竞争,竞争也更为激烈和频繁。双音化是汉语词汇的发展趋势,但单音词仍占据重要地位,新词的产生不仅有双音词,也有单音词,汉语单音词是复音化发展的基础,汉语同义单音词的排挤,不仅导致了词语的消亡,也促进了词语的发展。如"看视"类动词,觑见—观看—看觑—看视,有些文言单音词发展仍然具有生命力,单、双音同义词语的相互竞争激烈,有些复音词在发展中并未取代同义单音词的位置。或者同义的单音词成为黏着语素,参与构成双音新词,实现词语的"优胜劣汰"。

近代汉语产生大量同素异序词,同素异序词容易出现词语使用混乱,由此造成词语的竞争。同素异序词是联合式复音词发展中的过渡阶段,在第三章联合式复音词研究中讨论了同素异序词。联合式复音词两个构词语素地位平等,这是产生同素异序词的根本原因。在直解体文献中有成对的同素异序词,也有同素异序词的一种词形,从发展趋势来看,词序的定型会引起两者的竞争,极少数是成对留存,或者其中一个未完全保留,从而导致词语的消亡。同素异序词消亡的原因很复杂，主要有语音、语义和语用三个方面，其中语义原则是词序定型的重要因素，语义范围大的那个语素常常在后面，语音因素也很大程度上影响了同素异序词的词序，如"财货/货财""戮杀/杀戮""才方/方才"，词序的确定往往是综合因素作用的结果。

2. 语言表达精密化的要求

单音词发展会以增加义位的方式表现出来，随着义位增多，会分化词义，或者延长词形，使得语言表达更精确。双音词消亡的原因之一，就是出现了语言表达模糊，或者歧义。很多元代新兴词，刚出现时往往是单义的，随着使用频繁，会出现表达歧义，如"官里"指官员，语义表达容易产生模糊性，给人们造成理解障碍，因而"官里"一词存在的时间十分短暂。还有元代新义，有些是旧词新义，有的是新词新义，双音词义项繁多，也会影响表达的精确性，如"理会"原指"道理相合；见解一致"，宋代有"评理；评论"义，元代有"料理"义，也指"理解；领会"义，还指"主意；办法"义，新义刚出现极不稳定，表达容易出现歧义，使用频率低，有些义位逐渐被淘汰。而新兴词的词义随着新兴词被淘汰，也就消亡，如"勒揹"表示强迫或故意为难，没有保留下来的新词，其词义也就随之消亡。词语消亡和词素义关系密切，从构词语素的性质来看，有些构词语素较生僻，也会影响人们的选择使用，如"安辑"中一个语素较为生僻，加之同义词场中其他同义词的竞争，使其逐渐退出了语言交际。语言表达精密化促进了词义系统的调整，语素义的变化也会促发词语的消亡，多义双音词在发展过程中，引申义会逐步成为常用义，并被其他词语替换，如"立心"谓"下决心"，引申指"存心，故意"，在现代汉语中"立心"已不用，而由"存心""故意"替代了"立心"的引申义。

3. 语言经济性原则的影响

语言的经济性原则贯穿于语言发展的始终，是平衡语言发展的重要原则，是指以尽可能少的语言成分表达尽可能多的内容，获得最大的交际效果，这一原则贯穿语言系统的多个层次。词汇是语言系统中最基本的要素，也是最易变动的要素。违反语言经济性原则的词语，会在语言使用中逐步被淘汰。

(二) 外部原因

外部因素包括认知心理、语体变化和社会政治等方面，随着社会的发展和时代的变化，以及由此引起的人们思维方式的变化，很多词语不断消亡。

1. 认知心理因素

有些词语的消失是由于人们的认知心理导致的。如"儿孩"指孩童，现在不再使用与"儿"泛指有关，"儿"不仅用来指人，还可以指称其他，如"儿猫、儿马"等，从认知心理来看，人们倾向选择"男孩"这一没有指称动物功能的词语。

2. 语体变化因素

极少数的口语词最终进入通语，大多数口语词迅速消失。很多口语词、俗语词来源于民间，当进一步发展时，难以进入书面语，大部分被淘汰的是方言口语词。同素异序词保留到现代普通话的并不多，被淘汰的往往是口语性较强的。

3. 社会政治因素

元代社会多元，社会政治文化影响词语的发展，如"差发"元代指"赋税徭役"，"账房"元代指"军帐"，多与表示社会政治制度、事物名称等有关。汉蒙接触词语，代词"么道"，后置词"上头"，元朝统治结束，这些汉蒙"接触词"持续到明代前期便退出了历史舞台。假设语气词"呵"，原因祈使语气词"者"，后置词"行""里"，这些在明代前期白话语料中仍在使用，表明政权更迭会影响语言变化，但朝代的结束不会马上改换语言面貌，明代后期便不再使用。词语消亡的原因不止一种，语言内部和语言外部因素也只是初步的分类，一般来说，语用处于优先地位，语义影响词语的发展趋向，语义和语用相辅相成，由于词汇词义系统本身的复杂性，导致词义消亡原因非常复杂，而有些词语的消亡难以探寻出固定的规律。

## 第二节 词语的保留

词语保留是指直解体文献复音词在现代汉语中仍然可见。义位保留是指意义沿用到现代汉语，发生词义的扩大、缩小或者转移的变化。词义的演变是根据义位的变化来判断的，主要表现在义位增加、减少，以及义位的消失。和现代汉语比较，一部分词语的词形和义位在现代均没有发生变化，称为完全保留词；一部分词语改变了词形或义位，称为部分保留词。元代直解体文献中直接沿用到现代汉语的词语，变成保留在现代汉语中的近代词语，直接沿用词形和意义，有些甚至成为现代汉语的高频词。现代汉语中有很多复音词，无论词性、词形或意义与元代直解体文献复音词基本相同，这表明这些词早在元代或更早就稳定下来，元代词汇丰富了现代汉语词汇和构词法。通过考察词语的保留和词义的演变，可以分析元代保留词的特点，以及一些词义演变的机制，从而为汉语词汇史研究提供一些基础性参考。

## 一、完全保留词的特点

完全保留词是词语及词义的直接沿用，词形和词义完全不变。元代直解体文献中的这些仍然使用的复音词数量丰富，完全保留词分为以下几类：一是表示人状态、心理方面的，如"晓得""惧怕""疑惑""爱惜""在意""快活"等；二是表示动作行为的词语，如"寻思""管事""撺掇""选拣""过送""索要""小看"等；三是表示人体方面的词语，如"胳臂""肚皮""面皮"等；四是与社会生活密切相关的词语，如"头口""许人""差发""抄估"等；五是表示亲属称谓的词语，如"姑姑""哥哥""姐姐"等；六是一些虚词，如"早晚""只管""大概"等。完全保留词反映出元代词语对现代汉语的影响，这些词语较为常用，相对稳定，并且生命力顽强。下面从元代直解体文献复音词保留的原因方面进行分类，分析保留词的特点。

（一）词义的直观性

完全保留词的词形和义位在现代均没有发生变化，这类词语的保留和词义的直观性有直接关系。

### 嫁人

尧在位七十年了，求有德之人，让与帝位，百官都举舜，尧说我也听得这人有德，遂将两个女，大的名娥皇，小的名女英，<u>嫁人</u>与舜，又教九个儿子，都服事舜，试看他如何，舜德化二女，皆执妇道。（《直说通略》卷一）

"嫁"即女子适人，与"娶"相对。《说文》："嫁，女适人也。"汉班固《白虎通》："嫁者，家也，妇人外成，以出适人为家。""嫁人"指"出嫁"，《汉语大词典》未收录。根据构词语素"嫁""出"的表面义可以直接理解或体会"出嫁"的词义。

### 徒弟

于内有个<u>徒弟</u>唤做曾子，那个记述孔子的言语，做成《大学》。（《大学要略》）

"徒弟"指"从师学习的人"。

### 体验

这几件的道理，须索用自己心一件件<u>体验</u>过，依着行呵，便有益。（《大学要略》）

"体验"指"亲身经历；实地领会"。

### 常久

圣人之德，既是极其真实，无有一些虚假，便自然无有间断，既无间断，自然<u>常久</u>于中。(《中庸直解》)

"常久"即"长久"。

### 当众

我<u>当众</u>斥他，更羞辱他群臣，我那里怕廉颇将军，只想着强秦不敢加兵来赵国呵，只为有我两人么道。(《直说通略》卷二)

"当众"指"对着大家，在众人面前"。

#### (二) 同义词的排挤

有些词在同义词场内竞争中被淘汰，有些词排挤掉其他同义词，得以保留。

### 出嫁

未有在家先学养子，而后<u>出嫁</u>的道理。(《大学直解》)

"出嫁"表示遣放宫女，出宫嫁人，先秦已见，《韩非子·外储说右上》："仓无陈粟，府无余财，宫妇不御者出嫁之。"东汉沿用此义，《汉书·哀帝纪》："掖庭宫人年三十以下，出嫁之。"宫女被遣放出宫再结婚，和女子结婚要离开自己的家，在这一点上两者有相似之处。以相似联想为基础，"出嫁"语义范围逐渐扩大，指女子离开母家与丈夫成婚，泛指女子结婚。这一义位唐代已出现，一直保留到现代汉语中。"出嫁"有"宫女出宫嫁人"和"女子离开母家与丈夫成婚"两个义位，第一个义位由于语境消失而消亡，而"女子结婚"这一社会现象依然存在，所以"出嫁"第二个义位保留下来，"出嫁"一词义位消亡和保留并存。与"出嫁"义位相近的"出适"，宋代已见，《太平广记》卷三二四："承未出适，我亦未婚。欲结大义，能相顾否？"和"出嫁"比较，"出适"出现时间晚，并且使用较少，这与构词语素"适"的语义有关，"适"可以指女子出嫁，《玉台新咏》："贫贱有此女，始适还家门。""适"的"出嫁"义不常用，"适"的其他义位更常用，如表示去、往、适合、舒服等义位，各义位之间发展不均衡。同时，构词语素"嫁"的语义凸显度比"适"更高，对词语的保留起到重要作用，构词语素"适"在表示"女子出嫁"义上过于生僻，参构的复音词因此受到影响，"出适"受到同义词"出嫁"的排挤，逐渐谈出了词汇系统，现代汉语没有保留下来。"出嫁"语义表达显豁，反映出完全保留词的特点，经历和同义词的竞争，最终实现优胜劣汰。

#### (三) 新义位的保留

元代新词新义大量出现，新义位的保留是指该词语在元代之后的发展中，由于词义引申等原因产生了新的义位，新的义位有的消亡，有的保留。

## 触动

若人君一身贪欲乖戾,则一国的人便都做出悖乱的事来,上以此感,则下以此应,机关触动处,自然止遏不住如此。(《大学直解》)

"触动"宋代已见,指"激起;打动",《朱子语类》卷四十二:"方说得缓慢,人便不将做事,须是说得紧切,要忽然间触动他,如被人骂,便说被人打;被人打,便说人要杀。盖不如此,不足以触动他也。"元代产生新义位,指"碰撞"义,这一义位保留至今。元代以后,"触动"又指"触犯"义。

## 收拾

母避难,归有仍国,生少康,年长,有田十里,有众五百人,少康有德,收拾父亲旧臣,百姓举兵灭寒。(《直说通略》卷一)

"收拾"汉代已见,《东观汉记·淳于恭传》:"(恭)家有山田橡树,人有盗取之者,恭助为收拾。载之归,乃知是恭。"指"收聚;收集"义。宋代有"收藏;收敛"义,宋王安石《东阳道中》诗:"强将诗咏物,收拾济时心。"元代指"整顿;整理",后面常常接"人",词义多,使用频繁,成为常用词。指"折磨;惩治",元曾瑞《留鞋记》第一折:"又不是老亲多事把我紧收拾。"指"解脱;排除",元王实甫《西厢记》第三本第三折:"毕罢了牵挂,收拾了忧愁。"指"领略",元钟嗣成《凌波仙·吊施君美》:"吴山风月收拾尽。一篇篇字字新。"随着社会发展,"收拾"词形保留下来,有些新兴的义位归于消失。通过增加义位产生新义的方法是语言经济性的表现,当义项过多时,必然只能保留一部分义位,消亡一些义位,或用其他形式表达,这是语言发展的规律必然。

(四) 构词语素的常用性

词义和语素义关系密切,有些词语保留到现代汉语中,主要是受构词语素常用性的影响保留至今,有些则留在成语或现代汉语书面语中,如:

(1) 此时,季氏强僭,家臣阳虎作乱专政,以此孔子不仕,退居,修诗书礼乐,弟子越多。(《直说通略》卷二)

"弟"谓"同父母后生的男子","弟"后加词缀"子",《论语·学而》:"弟子入则孝,出则悌。"邢昺疏:"男子后生为弟。言为人弟与子者,人事父兄则当孝与弟也。""弟子"构词语义和词义关系密切,受构词语素"弟"常用性影响,"弟子"一词由"门生、学生"到专指"歌妓、妓女",词义扩大特征,由一般变具体,现代也称"学生"为"弟子"。

(2) 武王为人有气力,与力士任鄙、乌获、孟说相得,各人皆做大官,王与孟说抬鼎,筋脉断,遂薨。(《直说通略》卷二)

构词语素"官"义位《大词典》25项，非常丰富，也很常用，指朝廷办事处，官府；官吏；器官；做官，当官。由"官"构成的复音词有"官里""官人""百官""官爵""官司""官职""仕官""新官"等，例句中"大官"谓"职位高的官"。

（3）曹操即魏武帝，本是宦官，曹腾乞养子，不知它当元的<u>根脚</u>，操自少有机谋志气。（《直说通略》卷四）

"根"指草木的根、事物的本源；动词义也指根除、彻底清除。构词语素"根"较常用，构成复音词"根脚"，元代指"家世、出身、资历"等，直解体文献"根"还构成复音词"根底"。"湖阳公主的奴婢，苍头杀人，躲在公主根底，官司捉拿不出，宣伺知得苍头跟随公主外出，喝将下车来，打杀了。"（《直说通略》卷四）"根底"指跟前，"根"通"跟"，这一义位现代汉语中称为"跟前"，又指"基础；根基"。还有复音词"根本"指"来由"；"根捕"，"根"也通"跟"，"跟捕"指"缉拿；追捕"。构词语素"跟"指脚后跟，引申为追随、跟在后面，文献复音词"跟随"指随从在后面。

（4）此时，国内多难，后秦王姚兴欲乘时攻取，使尚书郎韦宗来<u>打探</u>。（《直说通略》卷七）

"打探"元代已见，指"打听；探听"。构词语素"打"较为常用，构词能力很强，元代直解体文献中由"打"构成的复音词十分丰富，如"打杀""殴打""厮打"等，有些保留了实词义，有些已经虚化，如"打听""打动"，大部分保留下来的词语属于完全保留词。

**二、部分保留词的特点**

有些词语虽然保留到现代汉语中，但改变了词形或义位，主要表现在两个方面：一是相比现代汉语，某些复音词义位增加或者减少；二是某些词语的构词语素变化，复音词的义位转移。元末明初字词使用不规范，在直解体文献中出现很多同词异形现象，异形词分很多种情况，如布疋/布匹、根前/跟前、仔细/子细、吩咐/分付、赶趁/趂趁等。古今异形词是字体在使用过程中产生变易，本书不做讨论。古今同形词的义位变化是词义演变的重要内容。对"部分保留词"的分析涉及词义的扩大、缩小和转移，学术界有观点认为词义的扩大、缩小和转移是词义变化的结果，也有观点认为词义的扩大、缩小、转移有两种结果，一种是义位的引申，一种是义位的更替。词义发展的三种情况是词义的扩大、缩小和转移，扩大或缩小以构词语素的语义为基础，表现为义位义域的扩大或缩小，下面结合个案分析部分保留词义位的发展情况。

## （一）义位的增加

如"烧火"。"诸侯每寻常将这火鼓为信号，才见摇鼓烧火，则道是贼来害幽王，诸侯每都来救。"（《大学要略》）"烧火"本指"使燃料燃烧"，现代指"担负做饭、做菜等炊事工作"。现代汉语在形式上继承了近代新词语的词形，内容上保留了词义的某些义素，与近代的义位具有一定的联系，在保留的基础上有所发展。"总管"指管理专门事务的行政长官，"韩擒虎做南边总管，潜地经略南方"（《直说通略》卷六）。现代汉语指总管事务的管家。"准备"指"预先安排筹划"，现代指打算，"隋炀帝科天下数万人夫，开河修路，栽花插柳，打造龙船，准备开了河道"（《大学要略》）。"等待"元代指"不采取行动，直到期望或意料中的人、事物或情况出现"，"帝亲领六军，严摆阵势，等待赤眉军至"（《直说通略》卷四）。现代汉语指"等到"。"杜绝"指堵塞、断绝，"朝廷政事都委付李林甫，林甫将奸诈趋事左右，杜绝天下言语，遮蔽帝耳目，妒忌贤能的人，专一诛戮大臣，教人怕他威势"（《直说通略》卷九）。现代汉语增加"彻底制止，禁止"义。

## （二）义位的减少

除了义位的增加外，还有一部分词语在现代汉语中出现义位的减少的现象。"事务"先秦已见，指要做的或所做的事情，元代指世事、社会情况，如"禹说道如有教我道德的，打鼓，教我义理的，打钟，有说事务的，摇铎，有烦恼的打磬，争讼的，摇鞀一番"（《直说通略》卷一）。现代汉语指总务，机关单位中的行政杂务。"报答"犹"答覆"，如"程婴却自杀，说道我死去，报答赵朔及公孙杵臼"（《直说通略》卷二）。也指"酬报"，如"臣力尽了，在生无所报答官里，死了做鬼杀贼"（《直说通略》卷九）。"这般为人，报答父母的心了毕也。"（《孝经直解》）现代汉语"报答"指报谢恩惠，今多指用实际行动来表示感谢。"理会"指"知道；明白"，如"武帝太子自小昏愚，口不能言，寒热饥饱也不理会得，起卧都由别人"（《直说通略》卷五）。现代汉语"理会"指"注意，理睬"。

## （三）义位的转移

"恐怕"指"畏惧"，如"恐怕去圣愈远，后面未免有差失处"（《中庸直解》）。现代汉语变成副词，表示估计、担心或疑虑。《朱子语类》卷八十九："问丧礼制度节目。曰：'恐怕仪礼也难行。'""便当"指"方便，容易"，如"秀身体肥胖，拜起不便当，每过大会时，多与赏赐，却看秀谢拜，将来取笑"（《直说通略》卷六）。"既教百姓取信了，便改法，众人都道新法不便，也有言新法便当的。"（《直说通略》卷二）《元典章·刑部十五》："不拣甚么大勾当小勾当，便当不便当底，提奏有。"明《老乞大解》卷上："这早晚黑地里出入不便当。"《平妖传》四回："你抄化也须赶早，如今关门闭户的时候，谁家这等便当，拿着钱来在门口等你布施？"《大词典》首见例证出处用清代《老残游记》。现代保留"便当"，指"便利的东西，方便，顺利"，后传入日本，又反传入中国，主要指"方便食用的东西"。"勾当"指"事情"，如"有个人名卫鞅，省得刑名的勾当，来说富国强兵的道理"（《直说通略》卷二）。"勾当"现代多指"坏事情"。有些词义保留到现代汉语，在词形上变换了原词的一个构词语素。如"思忆"指"思念"，"帝知太子无罪，思忆不已"（《直说通略》卷八）。文献中"思念""思忆"并存使用，"为武惠妃死，帝心下只管思念，后宫数千人，无一个中意的"（《直说通略》卷九）。现代汉语中保留"思念"，不再使用"思忆"。沿用到现代汉语的元代直解体文献复音词，大约三分之二都是部分保留词，词形或者义位发生了一定程度的变化。下面从元代直解体文献"部分保留词"得以发展保留的动因方面进行分类分析，阐述其特点。

（一）填补语言表达空位

空位是指本来对称的系统中出现不对称的空格。人们的认知和情感，在语言系统中缺少相应的表达形式，形成一种表达空位现象，而保留下来的近代新词，其得以保留的原因就在于填补了这方面的表达空位。如果词汇系统中出现了一个空位，可能就需要新词的填补。如：

（1）如今主上是中国所立，为不忘先帝盟约的上头，下礼与您，北朝只做邻国称孙也。（《直说通略》卷十）

"下礼"指施礼，元代新产生的复音词。元代以后，又指"向女家送聘礼"，即"送礼""施礼"没有改变。从义素来看，增加限定性义素，单指"向女家"。从语义场的上下义位关系看，这个义位只是前一义位的一部分，上位义变成了下位义，属于语义使用范围缩小的义位。从概念看，是属概念变成了种概念，填补了语言表达中"向女家送聘礼"这一空位。元代以后"向女家送聘礼"这一义位逐渐多见，明清之际该义位用例占据优势，并发展到现代。

（2）曾子承上文说，有位的君子，修己治人有个大道理，必要发于己心而自尽，循于物理而无违，方才得了这大道理。（《中庸直解》）

"物理"谓"事物的道理、规律"，现代汉语则指"物理学"，与"事物的道理、规律"义具有一定联系，保留了"道理、规律"。现当代用来指称物理学时，保留了具有相同义素的"物理"一词，扩大了特征，由一般变为具体，缩小了适用范围。

（3）张角，钜鹿人，奉事黄老，将妖术诱人称唤太平道书符咒水治病，分

遣徒弟周游四方，扇惑愚民。(《直说通略》卷四)

"扇惑"，"煽动，蛊惑"义，唐代已见用例，《晋书·郭璞传》："小人愚险，共相扇惑。"见于元代文献，《元典章·户部八·茶课》："无得纵令歹人虚桩饰词，妄行扇惑，搅扰沮坏见办课程，如有违犯之人，并引断罪。"在元代，除了表示"煽动，诱惑"义，"扇惑"还产生新义，有了新用法，指"欺骗，骗取"，从"将妖术诱人称唤太平道书符咒水治病"可见其"诱惑、煽动、欺骗、骗取"义。

(二) 构词语素变化

构词语素变化能够影响词语的消亡，同样也会影响词语的保留。构词语素变化是针对语素及其在文献中的使用两个方面的变化。如：

(1) 太昊伏羲氏上观天文，下观地理，近看一身，远看万物，将来做法，则才方画八卦为天。(《直说通略》卷一)

"做法"指处理事情或制作物品的方法。

(2) 汤进伊尹去服事桀，指望桀改过，桀不用伊尹，伊尹再归事汤。(《直说通略》卷一)

"望"指"遥望；远望"，又指"希望；期待"，《孟子·梁惠王上》："王如知此，则无望民之多于邻国也。""指望"指期望、希望，也指所期望的盼头。

(3) "宠姬索要狐白裘，孟尝君先有狐白裘已献与秦王了，门下有一个客人，能为狗盗，入秦宫里，偷取原献裘与宠姬。"(《直说通略》卷二)

"索"指大绳子，泛指绳子，《尚书·五子之歌》："予临兆民，懔乎若朽索之驭六马。"引申指"寻求，索取"，《楚辞·九辩》："国有骥而不知乘兮，焉皇皇而更索？""索要"指"讨取"。

(4) 此时，汝南人许邵与兄许靖皆好议论人物，时人唤为月旦评，曹操问邵道我是什么样人，邵鄙薄操，不肯说，操遂威胁许邵，邵说道您是治世能臣，乱世奸雄，操大喜，到此时，出来为头，渐渐的发达。(《直说通略》卷四)

"发达"唐代已见，指"兴盛；兴旺"，唐萧颖士《蓬池禊饮序》："禊，逸礼也，《郑风》有之。盖取诸勾萌发达，阳景敷煦。"元代指"显达；腾达"，元马致远《荐福碑》第一折："张镐，几时是你那发达的时节也呵！"

(5) 曹太后与魏国公主累次与敬瑭提说，帝又见敬瑭有病、瘦瘠，遂依旧教做河东节度使，敬瑭既得还镇，潜地谋计，买嘱太后左右，打听帝机密言语，大事小事都得知道。(《直说通略》卷十)

构词语素"提"多个义位，先秦有拎起、扶持、取出、率领义，近代有指出、举出、说亲、说出义，构词语素义的历时变化，使得和其他语素融合时，有所选择，元代"提"有"说"义，"提说"谓"说起；诉说"义。

（三）构词语素的多义性

构词语素的义位数量与词语的义位数量成正比。不少词语在历史发展中出现了多个义位，而这些义位在现代汉语中发生了转移，或有所增减。词义的发展主要原因是构词语素义的变化发展，即语素义的易位。

（1）虽做上将为人怯懦，契丹主遣军，断晋粮，道契丹兵势盛，杜威惊惧，与守贞等商量受降。（《直说通略》卷十）

"商量"指准备。

（2）帝子重睿幼少，天平节度使侍卫马步都虞候景延广与马道商量国家多难，合立年纪大的为君主，遂立广。（《直说通略》卷十）

"商量"指商决、计议、讨论。

有的词语虽然保留下来，但语义或词的感情色彩发生了变化，一般可分为两类，一是贬降类，二是扬升类。

（1）越王勾践与夫人，及大夫文种、范蠡一同入吴，百般忍耻，臣事吴王。（《直说通略》卷二）

"百般"唐代已见，指"各种各样"。唐韩愈《晚春》："草树知春不久归，百般红紫斗芳菲。"例句中指"想尽或用尽一切方法"，在这个义位上，元代既可以用于褒的方面，也可以用于贬的方面，元关汉卿《金线池》第一折："我这门户人家，巴不得接着子弟，就是钱龙入门，百般奉承他，常怕一个留他不住。"现代汉语多用于贬降，如"百般屈辱、百般奉承、百般懊恼、百般凌虐"等。

（2）子思引孔子之言说：鬼神之灵能使天下的人，齐明以齐其内，盛服以饰其外，畏敬奉承以供祭祀。（《中庸直解》）

"奉承"谓"奉祀，祭祀"，元代指"逢迎，阿谀"，《金史·世宗纪中》："儿辈尚幼，若奉承太过，使佟心滋大，卒难节抑，此不可长。"现代汉语"奉承"感情色彩义变化，义位减少，仅指"逢迎、阿谀"义。

（3）刘裕奋起寒微，本无尺土，讨灭桓玄，兴复晋室，擒了慕容超，斩了卢循，所向无敌，不是他伎俩过人，怎么能够这般。帝道裕既入关，进退不得，我将精兵一直去，拔了彭城、寿春，刘裕若之何？（《直说通略》卷八）

"伎俩"指"技能；本领"。三国魏刘邵《人物志·流业》："盖人流之业十有二焉……有伎俩。"刘炳注："错意工巧。"元代指"手段，花招"，元刘时中《端正好·上高监司》："吞象心肠歹伎俩。谷中添秕屑，米内插粗糠。"

192

## （四）相似或相关的联想

词义的产生与人的思维有密切关系，是客观对象在人们意识中的反映，是人的认知活动的成果。相似或相关的联想是词义发展的重要机制，在联想机制的促发下，元代直解体文献中很多词语发展到现代汉语产生了新义位。如：

（1）天地未开辟时，模样恰似鸡蛋一般，唤作混沌，又唤作太极。（《直说通略》卷一）

"模样"为"图样；形状"，现代汉语指"人的长相或装束打扮"。

（2）故大德必得其位，必得其禄，必得其名，必得其寿，位、禄、名、寿是大德之征验。（《中庸直解》）

"征验"为"证据，用来验证的凭据"，现代汉语指"通过试验使得到证实，或指实际的效验"。

（3）伊尹相汤，举兵征伐东边去，西边怨，南方去，北方怨，都道为什么偏落后我这田地不来，百姓思望如大旱望云雨也似。（《直说通略》卷一）

"落后"犹"怠慢"，现代汉语指"处于较低的发展水平"。

（4）于天下事物都辨别个中庸的道理，但得了一件善道，便拳拳然奉持在心胸间，守得坚定，不肯须臾失了。（《中庸直解》）

"心胸"犹"心中、内心"，现代汉语指"胸怀、胸襟"。

（5）武丁居父三年，不言语，服制既满，亦不肯言语，梦见上帝赐与一个好人，做辅佐，遂画形象，教人遍天下，寻觅到傅岩，求得傅说，用为宰相。（《直说通略》卷一）

"形象"指"肖像"，现代汉语指"描绘或表达得具体、生动"。

（6）人君若能把自己的心体群臣的心，知他心里所欲，则群臣必感恩图报，都尽心尽力与朝廷干事。（《中庸直解》）

"干事"义为"办事"，现代汉语指"专门负责某项具体事务的人员"。

（7）守着文武祭祀，久远不绝，为甚，只缘他根本坚固，以此源流深远，当初，周与其间，礼是他的根本，仁是他的源流，自后稷以来，至文武成康，礼似这般，周备仁似这般深厚，百姓耳目里见闻也熟，骨髓里入去也多。（《直说通略》卷一）

"根本"指事物的根源、基础，最主要的部分，现代汉语指"全然；本来"。

（8）人君于宗族之亲，尊其爵位以贵之，重其俸禄以富之。兄弟婚姻不使相远，好恶之事必与之同，则有恩有义，亲族都各逐其情。（《中庸直解》）

"婚姻"为"亲家，有婚姻关系的亲戚"，现代汉语指"男女结为夫妻；嫁娶"。

（9）虽是后世微弱，下头众人畏惧先王的礼，不敢欺凌，思想先王的仁，不忍离散，这是他国家长久的道理，不怎底呵，一些地面在七个强国中间，一日也过不得，况八百年。（《直说通略》卷一）

"思想"为"想念；怀念"，现代汉语指"思想意识；道德品质方面"。

（10）气质虽是昏愚，必能变化做个明白的人。气质虽是懦弱，必能变化做个刚强的人。（《中庸直解》）

"气质"指"人的生理、心理等素质"，是相当稳定的个性特点。

（11）君子能卓然中立而不至于偏倚，其强之矫矫者。（《中庸直解》）

"中立"为"中正独立"，现代汉语为"使中立，不倾向于一方"。

（12）但见那鬼神之灵洋洋乎流动充满，仰瞻于上，便恰似在上面一般。顾瞻于旁，便恰似在左右一般。（《中庸直解》）

"顾瞻"泛指看、望，谓慎重、周密地考虑。

（13）学者穷究事物的道理，今日穷究一件，明白穷究一件，用工到那积累多时，有一日间忽然心里自开悟通透。（《大学直解》）

"用工"为"使用功力"，现代汉语指招收工人或使用工人，其义位由动作转指人，产生了新的义位，原有的义位没有因此消失，而是与之并行发展。这种新义位产生的途径是语言经济原则的一种表现，充分利用原有的词语。同时，这种词义的变化是在语义相似性的基础上进行的，以语言使用者的认知习惯为基础，更容易被人接受。

### 三、词语的发展趋向和保留机制

（一）发展趋向

元代直解体文献词语的发展趋向很复杂，有些词语如昙化一现，很快退出语言交际的历史舞台，如"慈恕、也似、怎生"等，这类词语有承古词，也有部分新词。有的词语仅仅在元代使用，明清就不再使用，如"仓忙、轻清、专征"等。甚至有的词语是由原来的高频词到逐渐消失，如"安下"指"住下，安歇"，最早见于唐代，但用例不多，至元明时期用例增多，清代沿用，现代汉语中已经消失不用。"罢职"指"解除职务"，最早见于南宋时期，元明用例较多，清代沿用，近现代以后基本不再使用。有的新词语完全保留到现代汉语普通话中，如"创造、办事、察访、颠倒、平稳、欺凌、恰似、百般、囚禁、主张、地名、蛊惑"等，而有的词语仅仅保留于现代汉语方言中，如"意中、晚西、日头、临了、摆布、比先、赶趁、害病"等。还有一些沿用到现代汉语的词语，意义发展了变化。词语保留了机制的复杂性，催生了复杂多样的发展情况。

（二）保留机制

元代直解体文献的词语和现代汉语相比，有"完全保留"和"部分保留"两种情况。决定词语保留的主要因素是构词语素的情况。常用语素与人类生活密切相关，是以人的思维习惯为依据的，构词语素的常用性与词语的常用性成正比，构词语素义与词义相近、相似或相关的更容易被保留。在语义组合中，语义比较直观的词语，更符合语言表达的省力原则，有些下位义与上位义的结合方式较容易凸显语义，这种组合方式的词语生命力较持久，如"鳞虫""飞禽""蓍草"等。词语义位的增减很大程度上受制于构词语素的义位数量，单义构词语素构成的复音词词义发展概率小于多义构词语素的组合。词语在发展过程中，会引申出新义位，引申是词义发展的重要机制，是语言经济性的一种表现，是对词语使用潜力的深度挖掘。新义位要通过与单、双音同义词的竞争赢得自身的发展空间，不断发展更新。对于同素异序词来说，当意义不起强制性作用时，语音也不能发挥作用，这会导致同素异序词并行且使用时间延长。此外，新义位的产生与词语的使用环境以及人的认知习惯关系密切，词语的发展更好地反映了社会的发展和人的认知习惯变化。就"部分保留词"而言，是从部分保留词发展的动因入手，归纳类型，即构词语素的变化及其多义性、填补语言表达空位和联想生义。对"部分保留词"的分析涉及词义的扩大、缩小和转移，词义的扩大、缩小和转移是词义发展的三种情况，对于什么是词义的扩大，蒋绍愚指出："从旧义演变为新义，如果是从下位义演变为上位义，就是扩大。"[1] 这种扩大或缩小是以构词语素的语义为基础，表现为义位义域的扩展或缩小。词义的转移一般通过比喻和借代实现，是用表示一种客体的原词来表示另一种客体，用尽量少的词语表达尽可能多的意义。词义转移会产生新词，使得一个义位转入一个新的语义场，原义位由其他词承担，那么，处于不同语义场的一个旧义和新义，往往会属于不同的语义范畴，大多数的词义演变都遵循这种规律。

## 第三节　小结

词语的消亡和保留是相对而言的，从元代直解体文献复音词的演变来看，保留的元代词语比之消亡的元代词汇要少。词语消亡的原因非常复杂，从语言外部

---

[1] 蒋绍愚. 汉语历史词汇学概要 [M]. 北京：商务印书馆，2015：184.

因素来看，语境的消失和社会历史文化等因素，是导致词语消亡较为明显的原因，语言内部系统的调整，也导致一部分词语消亡。元代直解体文献复音词的特点之一是出现大量的同素异序词，发展到现代汉语，这类词语很多都被淘汰了，还有一些元代词语不适应语言表达精密化的要求被淘汰。在同义词场内部，词语之间的竞争始终存在，这和语言经济性原则相违背，也造成一部分同义词的消亡。这些消亡了的词语，表明近代汉语和现代汉语词汇间的差异，保持不同阶段语言的独立特性。综观消亡词语和保留词语的主要特点和内在机制，可以看到其共同的因素。同义词场内成员的竞争机制导致同义词场进行严格的优胜劣汰。

被保留下来的元代直解体文献词语，成为近代汉语和现代汉语紧密相连的印证，这部分词语具有很强的生命力，适应了社会发展对语言系统更新重组的需要，成为现代汉语词汇的组成部分，在一定程度上影响了现代汉语口语特色的形成，影响了现代汉语词汇系统。这些完全保留词和部分保留词，被保留的动因有所不同，构词语素义和词义关系密切，构词语素的变化影响了复音词的发展，具体来说，构词语素的常用性和词语竞争力成正比，越常用，被保留的可能性越大，越生僻，越容易消亡。语素义的透明度和直观性影响了词语的保留，语素义越透明直观，词义越明确，语言使用者越容易接受，引起使用频率提高。词语保留和人们的认知习惯有关，相似或相关的联想生义，扩大了词语发展空间，拓展了词义使用空间，适应了语言的经济性原则。总之，词义的发展和演变可以归结为两个因素：一个是语义因素，这个因素是属于语言系统本身的，也是词义发展的根本；另一个是语用因素，包括由人的认知能力和习惯引发的机制，这是词义发展的重要推力。两者相互作用，使得词义在不断的发展中保持着平衡，以适应社会发展和人们思维认知的变化。

第六章

# 元代直解体文献复音词使用差异

## 第一节 许衡直解体文献复音词比较研究

一、《大学要略》和《大学直解》《中庸直解》的比较

（一）行文形式上的不同

研究语料中，《大学要略》和《直说通略》的行文形式是一致的，运用元代白话对经书史书原文进行解释、阐发，不把原文完全翻译过来，完全抛弃了章句式的烦琐训释，采用撮要式的大意讲解，因此《大学要略》篇幅上小于《大学直解》。比较内容相同的部分也能看出，《大学要略》的记述和《大学直解》《中庸直解》有所不同，《大学要略》的口语性更突出，这种并非完全对应式的阐释形式，更便于口语性语言的运用，《大学要略》正是受到这种行文形式的影响。而《大学直解》《中庸直解》《孝经直解》和《经筵进讲》行文形式与此不同，先引一段文言文，然后再用口语加以串释和阐发，这是很明显的差异。从训释方法上来看，这种逐字句直解的方式，使得经书更便于阅读和传播普及。出现用白话口语解释经书的"直解"，是元代训诂学的突出成就，并且明代也受此影响，如明代张居正的《书经直解》和《四书集注直解》。

（二）《大学要略》和《大学直解》《中庸直解》复音词差异

从用词上看，《大学要略》和《中庸直解》《大学直解》在表达同一个意思时使用不同的词，这种现象称为"同义异词"。所谓"同义异词"，即表达同一个概念语料使用不同的词，这一现象又集中体现在常用词的选用上，我们选取了4组常用词进行考察，并探究造成这种现象的原因。

1. 这的/阿的

《大学要略》"这的"有8例，"阿的"1例，后均接系词"是（便是）"。

例如：

(1) 这的是大学里一个好法度。(《大学要略》)
(2) 这的便是新民。(《大学要略》)
(3) 阿的是根脚起处。(《大学要略》)

"这的"是指示代词，这，这个。同期元代文献可见用例，《诈妮子调风月》二［尾］："本待要皂腰裙，刚待要蓝包髻，则这的是折桂攀高落得的。"《海门张仲村乐堂》二［梁州］："过道里不索开窗，洒家道来则这的便似天堂。""这的"也表示"这里"。《直说通略》卷九："尊公所将的兵更有数万将这的来，乘关中空虚入关去，号令天下不过半年，帝业可成。""阿的"也是指示代词，这，这个。《拜月亭》三折："阿的是甚么言语那！"《直说通略》使用"阿的"1次。《直说通略》卷二："不过赐他茶饭衣服等物，差人护送他每出境去，阿的便是了也。"元刊《老乞大》："这桥梁、桥柱比在前忒牢壮，这的捱十年也坏不得。"元刊《老乞大》中"阿的"仅出现3例，"这"出现179例，明代《老乞大谚解》中替换为含"这"的复合词"这个、这的、这们的"。《大学直解》《中庸直解》不见"这的""阿的"这些双音节词，"这"单独做主语，后接"是（便是）"的例子，《大学直解》有55例，《中庸直解》有49例，"这"做主语常见。宋代《朱子语类》中"这"做主语超过80次，以用"这"为常，对许衡直解《大学》《中庸》有所影响，推测《大学要略》"这的（阿的）"更接近口语实际。在元代"这""那"用作主语时后面必须跟"的"这种情况，《大学直解》《中庸直解》与此不同。例如：

(1) 这是曾子传《大学》的第四章。(《大学直解》第四章)
(2) 这便是"新民"。(《大学直解》第二章)
(3) 这便是南方之强。(《中庸直解》第十章)

"阿的""这的"用作指示代词，在贯云石的《孝经直解》中分别出现11次、2次，例如，"阿的是孝道的为头儿合行的勾当有"。根据"阿的""这的"在《孝经直解》中使用的情况推断，贯云石《孝经直解》所反映的语言实际和许衡《大学要略》更为接近，"阿的"在元代北方是一个常用词，元代杨瑀《山居新话》中曾指出："今北方人凡指此物，皆曰阿的。"《孝经直解》所反映的语言应该是当时的北方官话。

2. 物件/东西/物事

这一组词语都有"物品；东西"义。《大学要略》只用"东西"，《大学直解》《中庸直解》使用"物件"。例如：

(1) 粮积在那钜桥仓里，却不思量这般东西都是百姓每身上脂膏，教百姓

每怨不好。(《大学要略》)

(2) 心是一身的主宰,心若不在呵,虽是眼前的物件,也都看不见,耳边的声音,也都听不得,口里吃的饮食,也都不知滋味了。(《大学直解》)

(3) 凡世间宝藏的好物件也都产生出来。(《中庸直解》)

(4) 宝藏是人所宝重藏畜的物件,如金银铜铁之类皆是。(《中庸直解》)

"物件"的"物品;东西"义大约出现在南宋时期,但"物件"南宋时期使用较少,元明时期用例大增,《庞居士误放来生债》一折:"恰才见居士家门首灰火未绝,不知烧毁的是何物件?"清代以后沿用,清代《醒世姻缘传》三十一回:"你的儿子又不是个不会说话的小物件儿,我藏他过了!"徐时仪认为:"元代'东西'成为南北的通用词。"① 元代以后,"东西"使用频繁,成为"物品;东西"义的主导词。

《直说通略》使用"物事"4次,例如:

(1) 朕生长军中,不曾读书,不理会得治天下道理,文武官有利益国家、便民的勾当,都开写闻奏,又出宝物,玉器都碎了,说的做帝王要这般物事做甚。(《直说通略》卷十)

(2) 依古法,定郊庙,礼乐又置五经博士,国子太学生员三千人,帝问博士李先道天下甚么物事最好,可以增益人的神智,李先道说道无如书籍。(《直说通略》卷八)

(3) 留这等物事正是长这病源,教打碎了,更教检寻有什么奇异的物都照这例一发毁坏了,每每说道使我治天下当使黄金与土同价。(《直说通略》卷六)

"物事"的"东西;食物"义宋代已见,宋代陆九渊《象山语录》卷三五:"是自家有的物事,何常硬把捉?"王学奇在《宋金元明清曲辞通释》一书中推测可能来自吴语。② 宋元以后"物事"广泛使用,明代《老乞大谚解》卷上:"早来吃了干物事,有些干渴。"清代《聊斋志异·狐惩淫》:"生忆肴中有黑条杂错,举座不知何物,乃失笑曰:'痴婆子!此何物事,可供客耶?'"这两句"物事"指"食物",也可指人,含轻蔑意。宋代《新编五代史平话·梁史平话上》:"'此是不祥的物事!'将这肉球使人携去僻静无人田地抛弃了。"

《直说通略》使用"物件"1次,如:

玄奘侈放纵,欺辱朝廷,裁减御用物件,帝不免饥寒。(《直说通略》卷

---

① 徐时仪. "东西"成词及词义演变考 [J]. 汉语学报, 2010 (2): 47-52.
② 王学奇, 王静竹. 宋金元明清曲辞通释 [M]. 北京: 语文出版社, 2002: 1153.

五)

元代"物件""物事""东西"都有"事物；物品"义，处在一个同义词场中，文献中"物件"使用次数最多，其次是"东西"。元代以后，表"事物；物品"义的"东西"使用频率越来越高，使用范围也更广，"物事"逐渐被淘汰，"物件"在现代汉语中虽有使用但频率非常低，这是同义词场内部竞争的结果。

3. 仔细/备细

"仔细""备细"都有"仔细；详细，详尽"义，《大学要略》使用"备细"，《大学直解》《中庸直解》使用"仔细"。邢永革详细调查明代前后期白话语料中"仔细""备细"的使用情况后指出"前期二者使用比例为26∶25，差别不大；后期则为7∶19，'仔细'明显占了优势"①。

(1) 备细思量，正心是《大学》的好法度。(《大学要略》)

"备细"表示"详细；仔细"义，元刊《老乞大》："俺家里书信有那没？书信有。这书上写着，无甚备细。"又表示名词义"详情；底细"，元明《水浒传》三十五回："叙礼罢，动问备细。"明《三宝太监西洋记通俗演义》二十七回："末将祖籍出自西域回回，极知西番的备细。"

(2) 身既能安，凡事便会仔细思量，自然不错乱，这便是安而后能虑。(《大学直解》)

(3) 这以上八件，是大学教人仔细用功处，故叫做八条目。(《大学直解》)

(4) 身既能安，凡事便会仔细思量，自然不错乱。(《中庸直解》)

"仔"，《说文·人部》："仔，克（胜任）也。……从人，子声。"本义为人背子。用作"仔肩"，《诗·周颂·敬之》："佛时仔肩。""仔肩"指负担的重任，泛指担任，又引申指细。"细"，《说文》："细，微也。"本义当是"小"，由具体事物的"小"不断引申，表示"详细；仔细"。"仔""细"同义连用，产生后起副词义"细心"，唐杜甫《九日蓝田崔氏庄》诗："明年此会知谁健？醉把茱萸仔细看。"元代以降"仔细"词义不断发展，指小心、当心、留神，也指详细，元代刘唐卿《降桑椹蔡顺奉母》第二折："哥也，看仔细些，莫要掉将下来。"明代产生名词义"底细"，形容词词义"节俭"，"仔细"在元代以后经常使用占据优势，保留到现代汉语中。

---

① 邢永革. 明代前期白话语料词汇研究[M]. 南京：凤凰出版社，2017：264.

## 4. 些儿/些个

直解体文献出现"些""些个""些儿",这一组词语表示少量义。《大学要略》使用"些儿""些个"比例是 3∶1,《大学直解》《中庸直解》使用"些",未见其他。这组词之间意义基本相同,使用上存在不同,可能存在方言背景或地域的差异。近代汉语时期出现一批"些类词",香坂顺一认为"(一)些儿""些个"在明代以前的资料里占优势。[1] 以下是语料中使用"些个""(一)些儿"的情况。

(1) 若是正心呵,恐怕身上有些儿不是处。(《大学要略》)
(2) 一日家三遍思量,不教有些儿不到处。(《大学要略》)
(3) 心若有些儿不正,便是昧了心。(《大学要略》)
(4) 心若正,便有些行不尽的政事,决没一些个歪斜偏向处。(《大学要略》)

《直说通略》出现"些个"1次,例如:

(5) 有吕氏为乱,险些个亡国,幸然外面有宗亲强盛。(《直说通略》卷三)

除了"些个""些儿",语料中多使用"些"。吕叔湘、江蓝生指出:"元人基本上只用些,间或也用些儿;明以后则只用些、些个两式。"[2]《大学要略》主要使用"些儿",突出反映了元代白话的口语色彩。

## 二、许衡直解和《四书章句集注》词语的比较

《大学》在儒家经典中具有重要地位,本收于《小戴礼记》,相传作者为曾子,程颐以为"孔氏之遗书,而初学入德之门也",南宋时由朱熹单独抽取出来,与《论语》《孟子》《中庸》合称为"四书"。宋元以来《大学》成为学校教育的官方教科书,对古代教育产生了重要影响。朱熹是宋代理学集大成者,《四书章句集注》是他的代表作之一。许衡是元初思想家、教育家,他的著作《大学直解》属于"直讲"作品,"直讲"又称作"直说""直解""直谈"。朱熹、许衡处于宋、元两个朝代,许衡直解和朱熹《四书章句集注》(下面简称《章句》)分别是宋元时期对《四书》进行解读、阐释的代表性作品,其间具有一定的承续关系,通过对两部书所用词语的比较,能够反映出汉语词汇的发展变化。

---

[1] 香坂顺一. 白话语汇研究 [M]. 江蓝生,等译. 北京:中华书局,1997:339.
[2] 吕叔湘,江蓝生. 近代汉语指代词 [M]. 上海:学林出版社,1985:368.

（一）双音节词替换单音节词

许衡直解中保留了朱熹《章句》单音节词，用双音节词替换朱熹单音节词，主要有两种形式：一是以单音节重叠形式替换；二是保留原来单音节词，以"单音节词根+单音节同义词"形式来替换。

1. 单音节重叠形式替换单音节词

单音节重叠形式替换单音节词，替换后意义不会发生大变化，在朱熹用词的基础上，许衡会用单音节重叠形式替换朱熹原用词。例如，"《大甲》曰：顾諟天之明命"。朱熹《章句》作："顾，谓常目在之也。諟，犹此也，或曰审也。"许衡《大学直解》作："大甲，是商书篇名。顾，是常常看看。諟字，解做此字。天之明命，即是上天与我的明德。伊尹作书告大甲说，人人皆有天的明命，都丧失了，独诚汤常常看着这明命，无一时不明。"朱熹原文用单音节词"常"，义为"经常，常常"，许衡改作"常常"，与单音节词"常"同义，表示"时常，经常"，口语色彩更明显，符合许衡口语注释风格。

2. "单音节词根+单音节同义词"形式

"舜好问而好察迩言，隐恶而扬善。"朱熹《章句》作："迩言者，浅近之言，犹必察焉，其无遗善可知。然于其言之未善者则隐而不宣，其善者则播而不匿。"许衡《中庸直解》作："迩言是浅近的言语，察是审查，隐是不宣露的意思。恶是不好的言语，扬是不隐匿的意思，善是好的言语。"许衡用"言语"替代朱熹的"言"，用"审查"替代朱熹的"察"，用"宣露"替代朱熹的"宣"，都是后世用"单音节词根+单音节同义词"的形式替换原单音节词。这种类型占比例较大，比如，"《诗》云：'鸢飞戾天，鱼跃于渊。'言其上下察也"。朱熹《章句》作"察，著也"。许衡《中庸直解》作"察是昭著"。"《诗》云：'伐柯伐柯，其则不远。'"朱熹《章句》作"则，法也"。许衡《中庸直解》作"则是法则"。许衡用"昭著"替代朱熹的"著"，用"法则"替代朱熹的"法"。"'如切如磋'者，道学也。"许衡《大学直解》："道，是言说。学，是讲习讨论。诗人所言，如切如磋。这是说卫武公学问工夫已精而益求其精的意思。"朱熹《章句》："切以刀锯，琢以椎凿，皆裁物使成形质也。磋以𨫼锡，磨以沙石，皆治物使其滑泽也。治骨角者，既切而复磋之。治玉石者，既琢而复磨之。皆言其治之有绪，而益致其精也。瑟，严密之貌。咺，武毅之貌。赫咺，宣着盛大之貌。喧，忘也。道，言也。学，谓讲习讨论之事，自修者，省察克治之功。"许衡用"道，是言说"。朱熹用"道，言也"。用"单音节词根+单音节同义词"，即"言说"的形式替换原单音节词"言"。

（二）多音节词（词组）替换单音节词

"忠恕违道不远，施诸己而不愿。"朱熹《章句》："尽己之心为忠，推己及人为恕。违，去也……道，即不远人者是也。"许衡《中庸直解》："尽己之心叫做忠，推己及人叫做恕。违是彼此相去的意思。道即是率性之道。"许衡用"叫做"替代朱熹的"为"，用"彼此相去"替代朱熹的"去"。"为"是训诂术语，用来解释词义，可以译为"叫作""称作"，也可以用来辨析同义词之间的细微差别。"言顾行，行顾言，君子胡不慥慥尔！"朱熹《章句》："慥慥，笃实貌。"许衡《中庸直解》："慥慥是笃实的模样。"许衡用"模样"替代朱熹的"貌"，"貌"与"模样"都指"状貌、样貌"。"貌"是用来表示某种性质或状态的形容词。译为"……的样子"，训释语一般是形容词或动词，和"貌"结合成一个整体，表示人、事物或行为动作的性质状态。"模样"较早见于中古时代，如《南齐书》"群臣瞻见（明堂）模样，莫不佥然欲速造"，做名词，表"图样、形状、状貌"义，用"模样"替代"貌"，体现古代文言为近代白话词语替代的事实。然而文白替代并非一蹴而就，许衡沿用朱熹文言词汇用法，使用"貌"，比如，《大学直解》作："'菉'，《诗经》上作绿色的'绿'字。'猗猗'是美盛貌。"许衡直解用词体现宋元之际文白转型与交替的特点。许衡用词用语较为丰富，呈现口语化的特色。直解的训释用语也呈现口语化的特点，除去部分引用朱熹《章句》的内容，许衡的注解具有鲜明的特点，例如，"仁者以财发身，不仁者以身发财"。朱熹《章句》："发，犹起也。"许衡《大学直解》："发是发起来的意思。"许衡用"是"替代训诂术语"犹"，属于单音节训诂术语替换，许衡用多音词"发起来"替代单音词"起"。又如，"以不能保我子孙黎民，亦曰殆哉！"朱熹《章句》作："殆，危也。"许衡《大学直解》作："殆是危殆不安的意思。"许衡用多音结构"危殆不安"替代朱熹的单音词"危"。相比较而言，朱熹《章句》文辞多用文言，用分章析句的方法来解说古书，从宋代对白话书面语的使用来看和元代有所不同，宋代更侧重使用文言，语言典雅简洁，运用白话处于自发阶段，而元代是文白转型的重要阶段，许衡等文人开始有意识地自觉运用白话创作作品，元代直解作品尤其是许衡的直解作品具有浓厚口语色彩，语言通俗，是以朱熹《章句》为创作基础自觉运用元代白话通俗化解读、阐释经典的典型代表性作品。

## 第二节 贯云石《孝经直解》和其他直解体文献复音词比较

《孝经直解》的作者是元代维吾尔族文学家贯云石,《孝经》语言是先秦文言,和直解语言相比有很大差异,后者使用的是通俗的古白话。学术界很看重《孝经直解》的汉语词汇史价值,本节与元代其他直解体文献复音词进行比较研究,力求发现差异,探索原因。

### 一、《孝经直解》和其他直解体文献复音词比较

元代直解体文献中有大量的同义聚合。下面比较《孝经直解》和其他研究语料中出现的同义聚合。所谓"同义异词",是指表达同一个概念,所用的词存在差异,有些是用词不同,有些则是出现频率有异。[①]

（一）异词形同义

1. 田地/地面/地方

元代"田地""地面""地方"这三个词都可以指"地区、地方",但在表示"地区、地方"这个意义上,各语料使用情况有所不同。《孝经直解》表示"地区、地方"使用"地面",不使用"田地","地面"出现 3 次,"地方"未见。《大学直解》使用"地面"表示"地区、地方",出现 1 次,其他未见。《直说通略》"地方""地面"各 1 次,"田地" 4 次。

(1) 各处诸侯管着的<u>地面</u>,最穷的人不着落后了,休道官人每和百姓每。(《孝经直解》)

(2) 这等媢疾之人妨贤而病国,唯是仁人在上,知其为恶,十分恶他,或放弃之,或流徙之,务要赶逐出外夷<u>地面</u>去,不容他在中国,以为善人之害。(《大学直解》)

(3) 又养国老,庶老,众老的每,在阶墀下行礼了,各有赏赐,帝又为元,建都在平壤<u>地面</u>,寒冷六月,雨雪风沙,遂迁都洛阳。(《直说通略》卷八）

《经筵进讲》中"田地"表示"路程;道路"。《孝经直解》中"田地"指耕种的田地。"田地"指地区、地方,主要见于元代文献,《元典章》《通制条格》《南村辍耕录》《原本老乞大》中使用较多,明代文献基本不表此义。

---

[①] 汪维辉.《老乞大谚解》《朴通事谚解》与《训世评话》的词汇差异[J]. 语言研究, 2011, 31 (2): 18-25.

(4) 非威武仁德，远田地国土怎生肯来归附？非慈爱忠厚德心，百姓怎生感戴？（《经筵进讲》）

(5) 分拣得田地上种养的五谷。（《孝经直解》）

(6) 咱这高丽言语，只是高丽田地里行的。过的义州，汉儿田地里来，都是汉儿言语。（《原本老乞大》）

《中庸直解》使用"地方"，"地方"本是词组，指地呈方形，也常指土地方圆（多少），大约北宋时期开始凝固成词，但宋至元代文献用例非常少，明代文献才大量使用。在可靠的元代文献中，我们仅在《新校元刊杂剧三十种》中发现1例，说明直到元代它还基本不用。

(7) 如今天下一统，地方虽多，其车行的辙迹广狭都一般，所写的文字点画也都一般，以至君臣、父子、尊卑、贵贱的等级，也无一件差别。（《中庸直解》）

2. 在先/先时/先前/比先/当先/当元

表示"以前，从前；当初"义的同义词在我们的语料中有如下一些：先前、先时、比先、在先、当先、先时、起初。有些同义词虽语素相同，但词序不同；有些同义词有一个相同语素；有的两个语素都不同。

(1) 在先的圣人有至好的德、紧要的道理。（《孝经直解》）

(2) 先时，梁武陵王纪在蜀闻侯景乱，纪遂僭帝位。（《直说通略》卷六）

(3) 先时天下已定，韩信归本国，摆军马出入有人告信谋反，帝问陈平计策，平道陛下只假做出游云梦，会诸侯韩信必索来迎接。只消一个有力之人便拿住了，帝依陈平计。（《直说通略》卷三）

(4) 汉高祖初到汉中，唤集老的每、诸头目每来，说你受秦家苦虐多时也，我先前与一般的诸侯说，先到关中者王之。（《经筵进讲》）

(5) 殷朝比先祖宗做天子时所行的事，件件都合道理，不曾失了众人的心。（《大学直解》）

(6) 比先武王时，先已有国，武王得天下后，封诸侯七十二国。（《直说通略》卷二）

(7) 陈平，阳武人，当先家贫，好读书，里中祭社，平为社宰。（《直说通略》卷三）

(8) 曹腾乞养子，不知它当元的根脚。（《直说通略》卷二）

《经筵进讲》中"先前"表示"从前；过去"。《直说通略》多次使用"先时"，表示"从前，以前"，而未见使用"先前"。《汉语大词典》"先时"指"以前；开始的时候"，首见例证见清代《红楼梦》。"先时"在元明时期还表示

"起初；开头"，《水浒传》二十一回："你先时不曾脱衣裳睡，如今盖着被子睡，一定是起来铺被时拿了。"明《西游记》七十五回："他两个先时在洞前撑持，然后跳起去，都在半空里厮杀。"清《红楼梦》十九回："先时还挣挣的住，次后捱不住，只要睡着。"《大学直解》"比先"表示"先前，以前"，《翠红乡儿女两团圆》楔子："这家私比先家兄在时，原无积趱，都是我苦挣下的。"唐代"在先"表示"预先，事先"，《孝经直解》表示"早先；从前"，《直说通略》使用"在先"8次，但不是每一次都表示"早先；从前"。"当先"在《汉语大词典》有两个义项：1. 赶在最前面，领先；2. 原先，当初。《直说通略》出现了"当先"1次，"当元"1次，表示"原先；当初"。

3. 索要/需索/勒掯

这一组词都有讨取、索要义，如：

（1）三日以后索要吃些茶饭，教他休要因死的伤了活的。（《孝经直解》）

（2）宠姬索要狐白裘，孟尝君先有狐白裘已献与秦王了，门下有一个客人，能为狗盗，入秦宫里，偷取原献裘与宠姬。（《直说通略》卷二）

（3）我今日需索斩了他的将军，砍了他的旗，赢了他三遍，教怹众人知是天意，不是战的罪过。（《直说通略》卷三）

（4）有个富人崔烈，纳钱五百万贯做司徒，拜命日，帝对左右道可惜不勒掯他，可得千万。（《直说通略》卷三）

"索要"较早见于元代文献，较常用。"哭者索要衣服。"（《南村辍耕录》卷十三）明代更为常用，清代沿用。"需索"和"勒掯"意义接近，较"索要"更强横，有贬义。"勒掯"表示"敲诈；勒索"，元明时期使用，如《包待制智斩鲁斋郎》一折："休想肯与人方便，衡一片害人心，勒掯了些养家缘。"清代《红楼梦》二十二回："金的，银的，圆的，扁的，压塌了箱子底，只是掯我们。"还表示"强迫；逼迫"义，也指"故意为难；刁难"。"需索"主要在元明时期使用。

4. 省得（的）/知道/晓得/知得/得知/见得/明了

这一组词都有"知道、懂得、明白"义。"省的"同"省得"，唐代表示"记得"，唐杜荀鹤《寄顾云》："省得前年别，蘋洲旅馆中。"宋代沿用，《朱子语类》卷十二："或问：'持敬易间断，如何？'曰：'常要自省得。才省得，便在此。'"又表示"知道；懂得；明白"，较早出现在《敦煌变文》卷二十三："推寻恶业谁人造，省得前身自己为。"在元明白话文献中，也有不少用例，如：

（1）自中丞之下至监察御史，但有省得的勾当，交奏说呵，不空吃了俸钱。（《元典章·台纲二》）

(2) 这些话我也省的，这一向我早忘了一半，也只是贵人多忘事。(《死生交范张鸡黍》一折)

(3) 学了多少时节？我学了半年有余。省的那省不的？每日和汉儿学生们一处学文书来，因此上些小理会的。(《老乞大》卷上)

"省得"主要用于元明时期，清代沿用，在研究语料中，《孝经直解》使用5次，《大学要略》使用5次，《直说通略》使用3次，《经筵进讲》使用1次。

(1) 汝知之乎？(《孝经》) 你省得么。(《孝经直解》)

(2) 子曰："昔者明王事父孝，故事天明；事母孝，故事地察；长幼顺，故上下治。(《孝经》) 在先圣人孝顺父母呵，便省得天地的道理。(《孝经直解》)

(3) 天地明察，神明彰矣。(《孝经》) 省得天地的道理呵，自然有福有。(《孝经直解》)

(4) 参不敏，何足以知之？(《孝经》) 我不省得，怎能知道着。(《孝经直解》)

(5) 曾子曰："若夫慈爱恭敬，安亲扬名，则闻命矣。敢问子从父之令，可谓孝乎？"(《孝经》) 曾子问孔夫子，这孝道都省得了也，这孩儿每依着父母行呵，父母有不是处不谏？中那不中？(《孝经直解》)

(6) 只有汉高祖省得这道理来。(《经筵进讲》)

(7) 三老是省得天地人三才的理便是。(《直说通略》卷四)

(8) 大虫、豹子不吃他孩儿，便自省得那父子的道理，雁大的小的，厮随着成行飞呵，便自省得那兄弟的道理，狗认得主人，便自省得那恩义的道理。虽是人后来多被昏浊的气，蔽得那德性不明，天生的好聪明的人，出来教与万民做主，又做师父，教道着人，教都省得他元有的仁、义、礼、智、信，不教昧丫。(《大学要略》)

(9) 好的、歹的，合做的、不合做的，都省得了，心上明白，无些昏蔽，便是致知。(《大学要略》)

"省得"在《大学直解》《中庸直解》中均未见使用，而贯云石、吴澄和许衡的《大学要略》均有使用，后面三篇的口语化程度更高一些。同时，《大学直解》《中庸直解》表示"知道；懂得"义，使用了其他同义的复音词如"知道""晓得""知得""得知"，如：

(1) 小人实有那不好的心在里面，便有那不好的形迹露出在外面，此君子所以重以为戒，必致谨于那心里独自知道的去处，而不敢自欺也。(《大学直解》)

(2) 人若是先晓得那所当止的去处，志便有个定向，无疑惑了。(《大学直解》)

(3) 要得上人的心，自有箇道理，不在于谄说取容，惟取信于朋友而已，若不能取信于朋友，则志行不孚，名誉不闻，在上的人何由知得。(《中庸直解》)

(4) 这是门人引曾子平日的言语，发明上文的意思，说那小人在幽独处干了不好的事，只说人不得知，不知被人将他肺肝都看见了，便与那十目同视着，十手同指着一般。(《大学直解》)

(5) 王人虽卑微，位在诸侯之上，以此见得，圣人觑着君臣，其间好生用心来。(《直说通略》卷一)

(6) 大人为学，既明了自己明德，又当推此心，使那百姓每各去其旧染之污，以明其德也，都一般不昏昧。(《大学直解》)

许衡直解"知道""得知"和"知得"使用比为1∶1∶1，侧重对事情的了解、掌握程度。《直说通略》"知道""知得"和"得知""见得"使用比为1∶2∶1∶1。"明了"指"清楚地知道或懂得"，"晓得"同"晓的"，表示"知道；懂得"。宋代已见使用，《朱子语类》卷十三："你不晓得底，我说在这里，教你晓得。"元明清时期较为常用，《大学直解》"晓得"使用1次，现代汉语方言中"晓得"仍在使用，侧重对所了解的事情清楚、懂得。

5. 看见/视看/看视/观看/看觑/觑见

这一组词都有"看到；看见"义，这组词基本都是以"看"为共同语素，《大学直解》《中庸直解》"看见""视看""看视""观看"使用比例为3∶1∶2∶2，《孝经直解》未见使用这些复音词，仅出现"看着(者)"。

(1) 容止可观，进退可度。(《孝经》)好体面，着人看着。好行止，着人依着。(《孝经直解》)

(2) 《诗》云：'赫赫师尹，民具尔瞻。'"(《孝经》) 再说毛诗，大人行的好体面的勾当着，百姓每看着。(《孝经直解》)

《直说通略》"看见""看觑""觑见"使用比例为8∶1∶1。

(3) 帝疑征阿党，又有人言征自录前后谏辞与起居郎，褚遂良看觑帝不喜。(《直说通略》卷九)

"看觑"有"看；看看"义。《新编五代史平话·梁史平话·卷上》："太宗(唐太宗)待觑他算个什么文字，袁天罡进前将太宗背推住，叫：'陛下！不要看觑！'"

(4) 滂又觑见儿子道我欲使怹为恶，恶不可为，使怹为善呵，我平生不曾

208

为恶，路人听得人人流涕，滂当死的百余。(《直说通略》卷四)

"觑见"表示"看见；窥见"。

这四个词意义基本相同，都有"看到；看见"义。"看见"唐代开始同义连用，表示看到。"羞见秋眉换新绿。"(李贺《浩歌》)南宋时有较多用例，成为常用词。"我却不见雀，不知雀却看见我。"(《朱子语类》卷七十二)"举头看见日初圆。"(《五灯会元》卷四)《汉语大词典》未收录"视看"。"视看"本是并列结构，南宋时逐渐凝固成同义复词。"某作此功德，不曾语人，怪小娘子知，故来视看，更非何事。"(《太平广记》卷一二五)"视"是一个文言词语，在近代汉语复音化过程中，在"看到"语义场内"视看"被淘汰掉，近代极少使用。"看视"早期文献中多表示察看，是一般意义上的"看见、看到"。"观看"侧重参观、观察，使用较早。"上御勤政楼大酺，纵士庶观看。"(唐郑棨《开天传信记》)元代表示"看；看到"还有"觑"，在直解体文献中构成"窥觑""觑见""小觑"等复音词，元白话其他文献中有用例，如"觑得孙千户等睡着，有周子友用斧于孙千户头上斫讫一下"(《元典章·刑部四》)。"我这里猛抬头刚窥觑，他可也为什么立钦钦惹的胆儿虚"(元秦简夫《东堂老》第三折)。许衡在直解《大学》《中庸》儒家经典过程中，力求使用精准的复音词来注释，因此，复音词使用上的差异区分了一般意义上的"看见、看到"，这种使用差异与作者追求词义的精确性有密切关系。

6. 不要/休要

直解体文献表示禁止、劝阻义，使用"不要""休要"。《孝经直解》使用"休"12次，"休要"1次，《经筵进讲》使用"休"3次。杨荣祥认为在元明时期的北方话中，"休"已逐渐取代"莫""别"，用作表禁止的副词始于元代，到明代的《金瓶梅》中，它的使用频率还远远低于"休"。[①]

(1) 三日以后索要吃些茶饭，教他<u>休要</u>因死的伤了活的。(《孝经直解》)

(2) 好生亲爱和睦者，<u>休</u>教疏远者；朝廷大官人每好生祗待，<u>休</u>轻慢者；奉祀祖宗的上头，好生尽孝心者；坐著大位次裏，好生谦恭近理，<u>休</u>怠慢者。(《经筵进讲》)

许衡直解中未使用"休"和"休要"，《直说通略》也未见使用。《大学直解》使用"不要"3次，《直说通略》《中庸直解》"不要"都有使用，如：

(1) 魏主说恁要我和亲那，还是<u>不要</u>，庆远说和亲呵，二国都欢喜，生民受福，不恁的呵，二国做仇家，百姓受苦。(《直说通略》卷六)

---

① 杨荣祥. 近代汉语否定副词及相关语法现象论略[J]. 语言研究，1999(1)：20-28.

(2) 若要发生这财货，自有个大道理，财货出于土田，须使百姓每都去耕种，<u>不要</u>闲了。(《大学直解》)

(3) 正恰似这中庸的道理，谁<u>不要</u>明，谁<u>不要</u>行。只是明不到那中处，行不到那中处。所以有太过不及之弊。(《中庸直解》)

明代表示禁止、劝阻义，沿用"休""不要"，其中"休"的出现频率更高。"别要"表示禁止，从明代后期始见，清代沿用，如"相公道的正好！正好！别要盖甚麽房子？不要盖，尽勾也"（明《朴通事》卷下）。清代《红楼梦》四十二回："也别要怪老太太，都是刘姥姥一句话。""别"可以单独使用表示禁止，如"莫听邻里外人言，便即恶发别开口"（敦煌词《失调名·三嘱歌》）。元明时期，单独使用"别"还表示"违拗"，如：

(1) 这般呵，把自家父母落后了，敬重别人呵，阿的不是<u>别</u>了孝道的勾当那甚么。(《孝经直解》)

(2) 这般宣谕了呵，<u>别</u>了的人每，要罪过者。(《元典章新集·刑部》)

(3) 待奉着俺先人的教训，怎敢道<u>别</u>了家尊的义分。(《包龙图智赚·合同文字》二折》)

(4) 众百姓都不敢<u>别</u>着新法行。(《直说通略》卷二)

7. 俺家/咱每

这一组词都表示第一人称代词，研究语料中使用有所不同，反映出元代代词的变化。人称代词的使用，据分析《元曲选》有 33 种之多，《元朝秘史》使用 12 种，《原本老乞大》使用了"俺""恁"。[①]

(1) 项羽嗔楚怀王主约，说道怀王是<u>俺家</u>里立，他不曾有功，怎生擅自主约，遂假意尊他为义帝。(《直说通略》卷三)

(2) 诸侯每来到见没事，知道幽王召<u>咱每</u>来，祇是要引得褒姒笑。(《大学要略》)

(3) 似这般便能齐家，能齐家，则<u>俺家</u>大的、小的，都学<u>俺</u>一般样好。(《大学要略》)

《直说通略》使用"俺家"1 次，《汉语大词典》"俺家"释为"方言；我"，《近代汉语词典》释为"主要用于第一人称单数，也可用为复数"。《直说大学要略》"俺""我"比例为 3∶1，使用"咱每"1 次，《孝经直解》使用"咱每"较频繁，如：

(1) 这般上头显得<u>咱每</u>父母名听有。(《孝经直解》)

---

[①] 郑光.《原本老乞大》研究 [M].北京：外语教学与研究出版社，2000：30.

(2) 这富贵不离了咱每的身起呵，自管的天地百姓每都常常存得有。(《孝经直解》)
(3) 这般呵，口里言语遍天下也不错了，行的勾当遍天下呵，也无怨咱每的。(《孝经直解》)
(4) 因这的上头，父母在生时着受用咱每奉侍者。(《孝经直解》)
(5) 死了呵，着受用咱每祭奠者。(《孝经直解》)

"俺""咱每"在《大学直解》《中庸直解》中均未见。《孝经直解》不用"俺"，表示第一人称用"我""咱每"，使用"咱每"5次，表示咱们，指我。《直说大学要略》使用第一人称主要使用"俺"，表示复数的词尾使用了"每"而不是"们"，这与《原本老乞大》的用法大体一致，反映出元代北京话使用的人称代词。

8. 根底/根前

这一组词都有"附近；跟前；旁边"义，如：
(1) 那卿大夫早起晚息，休怠慢，官里根底扶侍着。(《孝经直解》)
(2) 母亲根底爱的心，官里根底敬的心，这两件儿父亲根底都有着。(《孝经直解》)
(3) 在上的人先行孝道呵，百姓学着，父母根底也不肯教落后了。(《孝经直解》)
(4) 官里根底敬爱，远天地里去呵，心里也有。(《孝经直解》)
(5) 将这两件儿先父母根底行呵，四海百姓把我的这德行教道做体例的一般行有。(《孝经直解》)

"根底"表示"跟前；旁边"，"根"通"跟"。《孝经直解》使用"根底"7次，"元代北京话受蒙古语的影响，相当于与格和离格的形式使用'根底'来表示。《原本老乞大》里现后置词'根底'，而在《翻译老乞大》里却改为'上''根前'等形式"①。

(6) 且说朝廷根前行呵，把心敬谨，便是为官的道理最上等好处，爷娘根前孝顺，便是为子的道理，最上等好处，以至孩儿每根前慈爱，便是爷娘的道理，最上等好处。(《大学要略》)
(7) 湖阳公主的奴婢苍头杀人，躲在公主根底。(《直说通略》卷四)

"根"通"跟"，"根前"同"跟前"，表示"附近；面前；身边"。《直说通略》"根底""根前"使用比例1∶1。"根底"也见于元白话其他文献，《争

---

① 郑光.《原本老乞大》研究 [M]. 北京：外语教学与研究出版社，2000：19.

报恩三虎下山》四［侧砖儿］："我这里急慌忙那身起，大走到向他根底。"《尉迟恭三夺槊》一折："咱两个欲待篡位，争奈秦王根底，有尉迟无人可敌。"《孝经直解》使用"根底"的情况，反映了《孝经直解》的语言性质，"鲁斋用语，颇近于浅白的宋人语录，而酸斋《孝经直解》用语，却不免深受元代习见的硬译体白话文影响"①。

9. 欢喜/欢乐/喜悦/快乐/快活

这一组词都有"高兴；快乐"义。《孝经直解》使用"欢喜"14次。

(1) 养则致其乐。(《孝经》) 侍养呵，欢喜的心有着。(《孝经直解》)

(2) 言思可道，行思可乐。(《孝经》) 思量好言语说，着人欢喜，做好勾当。(《孝经直解》)

(3) 故敬其父，则子悦；敬其兄，则弟悦；敬其君，则臣悦；敬一人，而千万人悦。(《孝经》) 这般敬重他父呵，孩儿欢喜。敬重他哥哥呵，兄弟欢喜。敬重他在上人呵，已下欢喜。敬重天子呵，天下人都欢喜。(《孝经直解》)

(4) 所敬者寡，而悦者众，此之谓要道也。(《孝经》) 敬重的人少，欢喜的人多，阿的是紧要道理有。(《孝经直解》)

(5) 闻乐不乐。(《孝经》) 听乐声呵，不欢喜。(《孝经直解》)

(6) 故得万国之欢心，以事其先王。……故得百姓之欢心，以事其先君。……故得人之欢心，以事其亲。(《孝经》) 因这般上头得那普天下欢喜得心，把祖先祭祀呵，也不枉了。……因这般上头得百姓欢喜得心，把祖上祭奠呵，不枉了有。……因这般上头得一家人欢喜，奉侍父母呵，不枉了有么道。(《孝经直解》)

《大学直解》使用"欢喜"3次，1次表示"高兴；快乐"义，2次表示"喜爱"义，如"他真个不欢喜我了"(元关汉卿《金线池》第三折)。

(1) 盖恼怒、畏怕、欢喜、愁虑，这四件是人心里发出来的情。(《大学直解》)

(2) 有所好乐，则不得其正。(《大学》) 好乐，是欢喜的意思。(《大学直解》)

(3) 不当欢喜却去欢喜，则欢喜便偏了。(《大学直解》)

《中庸直解》使用"欢乐""快乐"表示"愉快；高兴"，各出现1次。

(1) 为妻孥的则相欢乐。(《中庸直解》)

---

① 方龄贵．读《黑城出土文书》[J]．内蒙古社会科学（文史哲版），1994 (6)：80.

(2) 喜怒哀乐之未发，谓之中。(《礼记·中庸》) 喜是喜悦，乐是快乐。(《中庸直解》)

《大学要略》《经筵进讲》主要使用近代产生的"快活"，表现出较强的口语性、时代性，如：

(1) 纣王宠妲己，只理会快活。(《大学要略》)

(2) 当时做官的、做百姓的，心里很快活有。(《经筵进讲》)

《直说通略》使用"喜悦""欢喜""欢乐""快活"各1次。

10. 身体/身己/身子

这一组词都有"身体"义。《孝经直解》使用"身体"2次，如：

(1) 身体头发皮肤从父母生的，好生爱惜者。(《孝经直解》)

(2) 自家身体里自然立者也。(《孝经直解》)

《孝经直解》使用"身己"4次。

(1) 这般呵，自家身己立，得好后世的名。(《孝经直解》)

(2) 卓立身己，行的好勾当，留得好名听，著后人知道呵。(《孝经直解》)

(3) 好的人有肯劝谏的伴当呵，身己上长有好的名听有。(《孝经直解》)

(4) 父母有苦劝谏的孩儿呵，身己不落在歹名听里。(《孝经直解》)

"身己"表示"身体；身子"，"只是有私意，便内外扞格。只见得自家身己，凡物皆不与己相关，便是'有外之心'"(《朱子语类》卷九十八)。"他每的身己不清净，与上位祝寿呵，怎生中?"(元《通制条格》卷二十九)"怕的是晚夕，没着落身己。"(明佚名《走苏卿》)明代以后，"身己"一词很少见了，有些明代的语料也会用到"身己"，如明代戏曲，这可能是戏曲语言的一种习惯性沿用。"身己"又作"身起""身奇"，表示"自己；自身"，五代贯休《村行遇猎》："伤嗟个辈亦是人，一生将此关身己。"《朱子语类》卷八："那人直是要理会身己，从自家身己做去。"因此，"身己"在"身体"义上同"身子"构成同义，在"自己"义上同"自家"构成同义。

(1) 这富贵不离了咱每的身起呵。(《孝经直解》)

(2) 自家的身起谨慎少使用了呵，孝养父母着。(《孝经直解》)

《直说通略》使用"身己""己身""自家"比例为5:1:1，表示"身体"义《大学直解》使用"身子"2次，"身体"1次，《中庸直解》使用"身子"2次，如：

(1) 心既能静，身子便到处皆安稳，自然不动摇。(《大学直解》)

(2) 这四件偏了，心便不正，如何能修得自家的身子？(《大学直解》)

(3) 第一件当先修治自家的身子。(《中庸直解》)

213

（4）人君若能修治自家的身子。（《中庸直解》）

（5）心里宽大广平，身体自然舒泰。（《大学直解》）

11. 疾忙/慌忙/疾快/急急

这一组词都有"赶紧；赶忙"义，主要在《直说通略》《孝经直解》中使用，并且使用频率不同。如：

（1）孔子再说父母但有不是处呵，急急的索苦谏了着。（《孝经直解》）

（2）徐造父驭王车急忙回来救乱。（《直说通略》卷一）

（3）后主慌忙投井，军人觑着井里，呼唤不应。（《直说通略》卷六）

（4）楚兵未摆阵，疾忙击他，可以取胜。（《直说通略》卷二）

（5）一日，在门前看见有一人，疾忙走过，柴氏大惊，问是甚么人。（《直说通略》卷十）

（6）先王听得我新立，欺我是小孩儿，必定有怠慢的心，不设防备，如今选着精兵，疾忙走去，出他不意，决然破了他，成了霸业，只在这一行，不宜失了。（《直说通略》卷十）

（7）王遂分兵，疾忙回晋阳。（《直说通略》卷十）

（8）高祖自布衣起来，手里提着三尺剑，八年其间成了帝业，怎生收功这般疾快，为缘他能识人，能用人。（《直说通略》卷三）

（9）汉魏时名号体上古龙官禽鸟官名的道理，诸曹名唤凫鸭，为飞得疾快，察访官唤做白鹭，为颈长望远。（《直说通略》卷八）

《孝经直解》使用"急急"，未见其他同义词。"急急"表示"急忙；赶紧"，"移家径入蓝田县，急急船头打鼓催"（宋姜夔《鹧鸪天》）。"急忙"表示"急速匆忙，赶紧"，出现较早。"慌忙"表示"急忙"，"三更前后，不知是甚么人叫我三声，我在睡梦中应了三声，慌忙走出窑来看时，这窑便忽的倒了"（元王晔《桃花女破法嫁周公》楔子）。"疾快"表示"赶快，赶忙"，"莫不是曾扰害咱每怕了的泰亦赤兀惕兄弟每又来了？母亲！疾快起来"（《元朝秘史》卷三）。"刘行首，你疾快去来"（元杨景贤《马丹阳席脱刘行首》第二折）。"疾快"在元代还表示"迅速"义，此义项下《大词典》用明代首见例证。"急忙"南宋已见，表示"疾忙，赶快"，"但有些不便当处，疾忙支分便当"（《御制军人护身敕》）。《直说通略》"疾忙""疾快""慌忙""急忙"使用比例为4：2：1：1，反映出同义词场激烈的竞争，元代表示"迅速义"用"疾""疾快""疾速"，使用上"疾快""疾忙"更常见，新词产生之初会有一个被逐步接受的过程。

## （二）同词形异义

直解体文献中有些词的意思或用法不同，形成复音词使用上的不同，这是一个用词差异的重要方面，我们称之为"同形异义"，指的是同一个词形在不同语料中的意义或用法不同。如"日头"这个词，既可以指"日子"，也可以指"太阳"。

（1）巡军三千人与许远军厮合，共六千八百人与贼战，一日二十合，十个日头拿贼将六十人，杀士卒二万。（《直说通略》卷九）

（2）晋人说道赵衰是冬间的日头，赵盾是夏间的日头，冬日可爱，夏日怕人。（《直说通略》卷二）

"十个日头"就是"十日、十天"，"冬间的日头"就是"冬天的太阳"。

下面考察分析几组"同词异义"，并对造成使用差异的原因进行探究。

### 1. 落后

"落后"表示"丢掉，忘掉"，《直说通略》使用"落后"2次，《孝经直解》使用"落后"8次，其他直解文献未见用例。

（1）宫人每各自家以下的人不着落后了，休道媳妇孩儿。因这般上头得一家人欢喜，奉侍父母呵，不枉了有么道。（《孝经直解》）

（2）这般呵，自家的大名分也不落后了有。（《孝经直解》）

（3）天的四时种养的道理不落后了。（《孝经直解》）

（4）将国家急务为先，私仇且落后者，廉颇听得，肉坦负荆登门谢罪。（《直说通略》卷二）

（5）伊尹相汤，举兵征伐东边去，西边怨，南方去，北方怨，都道为什偏落后我这田地不来。（《直说通略》卷一）

此外，"落后"又表示"怠慢；耽误"，如：

（6）这般呵，把自家父母落后了，敬重别人呵，阿的不是别了孝道的勾当那甚么。（《孝经直解》）

"落后"表示"丢掉，忘掉"，元白话其他文献也有用例。《元典章·户部四》："辛哈恩得为娶了乐人做媳妇得上头，他性命落后了也。"表示"怠慢；耽误"，元明用例多见。《新编全元文》："若约会处早不来到呵，天气热时尸首变烂，人命的勾当下落后了。"元高明《琵琶记》："宁可饿死奴家，决不将公婆落后。"明王衡《郁轮袍》三折："王维天下名士，休落后了郁轮袍者。"《孝经直解》用词精简，一词多义现象较多，与其他直解体文献复音词的使用进行比较，具有较为突出的特点。

2. 大概

"大概"在《经筵进讲》《直说大学要略》中各使用1次，词义不同。

(1) 大概天地的心只要生物，古来圣人为歹人曾用刑法来，不是心里欢喜做来。(《经筵进讲》)

(2) 大概论来，《大学》祇是明明德、新民、止于至善。(《大学要略》)

例1"大概"表示一般性的估计或推断，元白话其他文献有用例。《原本老乞大》："大概人的孩儿，从小来，好教道的成人时，官人前面行着。"例2"大概"表示"粗粗地；不十分详细地"。《近代汉语词典》收释"大概"的5个义项。唐代开始，"大概"表示"大致情况或内容"，也表示一般性的估计或推断，明清时期沿用。宋代还表示"不十分详细地"，如《朱子语类》卷二十四："如这样处，当初只是大概看了便休。"许衡、吴澄直解语言较多地继承了唐宋时期的复音词，体现出宋元语言的特点。

3. 跟脚

《元语言词典》"根脚"四个义项：①本来，初始；②家世，身世；③底细；④求仕人员或在任官吏的资格履历。"跟脚"又作"根脚"，《经筵进讲》《大学直解》《中庸直解》未见，《大学要略》使用2次，《孝经直解》使用1次，《直说通略》使用2次，词义不同。

(1) 因这般呵，圣人行的教道政事不须严肃呵，自家成有，是他跟脚里元有哪个孝顺的心来。(《孝经直解》)

(2) 那个述孔子的言语，做成《大学》，的确是根脚起处。(《大学要略》)

(3) 那诚意、格物、致知，都从这上头做根脚来。大概看来，这个当于正心上，一步一步行着去。(《大学要略》)

(4) 军卒中间有才能的人，便加擢用，不论他的根脚。(《直说通略》卷八)

(5) 曹腾乞养子，不知它当元的根脚。(《直说通略》卷二)

例1表示"本来；初始"，元白话其他文献用例，如《元典章·刑部十四》："普照小名的和尚根脚里造伪经来……又印写的其间，向前做伴当来的两个和尚，这三个的罪过重有。"《近代汉语词典》"跟脚"没有"本来；初始"义项。例2、例3比喻事物的"根基；基础"，《朱子语类》卷八："学者立得根脚阔，便好。"明代沿用这一义项，《型世言》二十二回："他后来累当变故，能镇定不动，也都是这厢打的根脚。"《近代汉语词典》这一义项下用明代《古今小说》首见例证。例4、例5表示"底细；出身；来历"。

4. 安排

（1）天地以实理生成万物，如草木自然便有枝叶，如人自然便有手足，不待安排。（《中庸直解》）

（2）安排棺椁和就里的衣服，覆盖着好者。（《孝经直解》）

《近代汉语词典》收释"安排"6个义项，宋代开始"安排"表示"故意做作"，《朱子语类》卷一百一十三："佛氏要空此心，道家要守此气，皆是安排。"《中庸直解》"安排"就表示此义，反映了许衡直解对宋代语言的沿用。而《元语言词典》"安排"有三个义项：①摆放，安顿；②准备；③整治，做。《孝经直解》"安排"表示"准备"，使用了元代新义。

5. 怠慢

（1）那卿大夫早起晚息，休怠慢，官里根底扶侍着。（《孝经直解》）

（2）人君见那有才德的好人，却不能举用，虽知要举用，又不能急急然早先用他，使在朝廷之上，这便是怠慢了。（《大学直解》）

"怠慢"先秦用来表示"懈怠轻忽"，《孝经直解》中"怠慢"表示"懈怠"。《大学直解》中"怠慢"较早表示"轻慢不敬；冷淡"，元明清时期沿用，表示态度冷淡，招待不周。《杜蕊娘智赏金线池》楔子："与你两锭银子，拿去你那母亲做茶钱，休得怠慢了秀才者！"明《警世通言》卷九："日往月来，不觉一年有余，李公子囊箧渐渐空虚，手不应心，妈妈也就怠慢了。"亦用为待客的谦敬语。

6. 法度

（1）为这般上头呵，无法度的言语休说，无道理的勾当不行有。（《孝经直解》）

（2）大使钱的勾当休做着，小心依着法度行者。（《孝经直解》）

（3）这的是圣人教人行孝的法度。（《孝经直解》）

（4）法是法度。动而见于行事，则世世为天下之法度，人都守之而不敢有所违。（《中庸直解》）

（5）为头儿说做皇帝法度，这是爱惜百姓最紧要勾当。（《经筵进讲》）

（6）立这个教人的法度，选着好人做司徒。（《大学要略》）

《孝经直解》使用"法度"5次，其他直解体文献均有出现，次数少。《元语言词典》"法度"表示一定的方法和程序，如《元典章·吏部六》："伪造钞，须向始初何人造意，如何会得雕造法度。"又表示"本领；手段"义，如《刘千病打独角牛》二折："娘也，打杀我也，法度利害，祸不是好惹的。"

### 7. 勾当

《孝经直解》使用"勾当"61次，《直说通略》使用"勾当"31次，《经筵进讲》使用"勾当"5次，《大学要略》和许衡直解均未见使用"勾当"。"勾当"在直解体文献中属于同词异义，如：

(1) 教人的勾当当先从这孝道里生出来。(《孝经直解》)

"勾当"指"道理"，《晋文公火烧介子推》四折 [金蕉叶] 插白："小人虽是个庄家汉，也省的些个小勾当。"

(2) 汉高祖姓刘名邦，为秦始皇二世皇帝的时分，好生没体例的勾当做来，苦虐百姓来。汉高祖与一般诸侯只为救百姓，起兵收服了秦家。(《经筵进讲》)

"勾当"指"事情"，《通制条格》卷五："盖学校是国家有益的勾当，俺为这事不轻的上头，题奏有。"

"勾当"元明时期使用频繁，《直说通略》中即指"事情"，也指"道理"，更多地表示"事情"，如：

(1) 嗣源多有功劳，为中书令、蕃汉马步总管，既即位，改名亶，此时已六十余岁，为人性不猜忌，与物无争竟，在内无声色的事，在外无游猎的事，不肯任用宦官，废了内藏库，赏赐清廉官吏，虽然不知书所行的勾当，暗含着道理，每夜在禁中烧香，告天说道某是胡人，因乱为众人所推，愿天早生圣人与生民做主。(《直说通略》卷十)

"勾当"指"道理"。

(2) 武宗病重，皇子幼小，宦官立怡做皇太叔，改名忱权，勾当军国重事，处决政事都合理，人方才得知就里，有德性，遂即位。(《直说通略》卷九)

"勾当"指"干事；供职"，《元典章·刑部十三》："先于见住处司、县官司，具状召保，给公凭，方许他处勾当。"

(3) 又有翰林学士白居易即白乐天，有文章才能等，皆忠正，但有不好的勾当，便随事直言谏诤，帝皆听从更改，以此，十余年间，朝廷清明，天下无事。(《直说通略》卷九)

"勾当"指"事情"，在元代文献中"勾当"也主要指"事情"义。

### (三) 同词形同义

#### 1. 分拣

(1) 分地之利。(《孝经》) 分拣得田地上种养的五谷。(《孝经直解》)

(2) 这几般一件件分拣得是呵，便是格物。(《大学要略》)

(3) 帝非不要行好政事，无好人辅佐，非不要用好人为好人，歹人相掺杂，

在朝廷上分拣不出，以此，终不振起，寿三十三岁崩。（《直说通略》卷九）

《元语言词典》收录"分拣"，表示"区别；甄别"，也作"分间"，《元典章·刑部二》："随路州府司县牢房，须要分别轻重异处，不得掺杂。妇人仍与男子别所。虽有已盖房舍，若窄狭不能分拣，即仰别行添盖。"《元典章·刑部十一》："施行间，钦遇分间，俱不刺字疏放。"

2. 不拣

（1）天下事不拣甚么公事，都从那正心上做将出来。（《大学要略》）

（2）《诗》云："心乎爱矣，遐不谓矣。中心藏之，何日忘之。"（《孝经》）诗云：把毛诗说，官里根底敬爱，远天地里去呵，心里也有。既是心里有呵，不拣几时忘不了。（《孝经直解》）

《元语言词典》收录"不拣"，表示不论，《元典章·礼部六·释教》："今后不拣是谁寺院里休做筵席。"

3. 伴当

（1）与人做伴当呵，信实不说谎。（《大学要略》）

（2）年少时，与河东人关羽，涿郡人张飞做伴当。（《直说通略》卷四）

（3）好的人有肯劝谏的伴当呵，身已上长有好的名听有。父母有苦劝谏的孩儿呵，身已不落在歹名听里。（《孝经直解》）

《近代汉语词典》"伴当"有两义，一义表示"同伴，朋友"，例如，元萧德祥《小孙屠》八出："恰才城外见二三个伴当，吃了两三杯酒。"孟汉卿《磨合罗》四折："那下书的是同买卖新伴当？元茶酒旧相知？"明陈铎《八声甘州 春日咏蝶》："一个在花下偷睛望，一个扇粉翅来寻伴当。"另一义表示"随从；帮闲"，《元曲选·金钱记》一折："叫两个老成伴当服侍你去。"《武王伐纣平话》卷上："臣纵马而走，遂杀了伴当数人。"明郭勋《雍熙乐府》："顶字续麻快商谜。阶头巷底，将咱说起，小伴当从中占了第一。"《孝经直解》《直说通略》《大学要略》使用"伴当"均表示"同伴；朋友"义。

4. 好生

（1）身体头发皮肤从父母生的，好生爱惜者，休教伤损者么道。（《孝经直解》）礼请卫人荆轲到燕，好生奉养。（《直说通略》卷二）

（2）信谢漂母道，我去后必定好生谢婆婆。（《直说通略》卷三）

"好生"指好好儿地。

（3）摆列祭器，祭奠呵，好生痛烦恼着。（《孝经直解》）

（4）祐死帝好生哀痛，南州百姓听得祐死都罢了买卖，街巷中哭声相接，吴守边将士亦皆哭泣。（《直说通略》卷五）

"好生"谓"很；甚"，用在形容词或某些动词之前，表示程度重。《敦煌变文集》中已出现"好生"，是表情状方式的副词用法，《朱子语类》中也是此种用法，《朱子语类》卷十四："这都是不曾好生去读书。"唐宋时期，"好生"只用作情状副词。在元代直解体文献中，"好生"使用频繁，共出现19次，其中12次表示程度用法。据此，我们认为元代已经产生了副词"好生"的表程度用法，并且发展很快，如例句中"好生怒"中"好生"是"甚，很"义，据张振羽考察元代杂剧、散曲及南戏中"好生"的使用情况，认为存在使用不平衡的原因有二，"一方面反映了这些文献文白程度的不同……另一方面也反映了'好生'在地域上的差异。元杂剧流行于北方，南戏流行于南方。'好生'很可能先产生于北方，然后才渗透到南方方言的"①。元代以后，"好生"即用作情态副词。还用作程度副词，《红楼梦》第四十回："好生着，别慌慌张张鬼赶来似的。"这一例是副词"好生"在清代的情状方式用法。《水浒传》第四十一回："这两日听得劫了法场，好生吃惊。"这一例是副词"好生"在明代的表程度用法。在不同语料中这两种用法并不均衡。

### 二、复音词差异的表现及其形成的原因

"随着近代汉语新词的大量产生，近代汉语同义词也空前增加。近代产生的新词绝大多数是复音词，近代同义词的发展也是这样。"② 就复音词的同义聚合（同义异形）而言，上面所展现出的词汇差异表明七篇直解体文献复音词使用上还是有不同的。其中"同义异词"和"同词异义"最能反映词汇的差异；同一个概念用不同的词表达，或同一个词用作不同的意思，都具有可比性。而"此有彼无"所列出的词项则不能排除偶然性，可比性相对差些，只能作为辅助材料。深入比较研究发现，元代直解体文献复音词使用存在以下差异。

（一）各篇直解文献异质语言成分有差异

元代文献语言受到语言接触影响较大，保留了很多异质语言成分。许衡直解体文献中使用了宋代习用的口语词，不过为了便于经书在蒙古族统治者内部讲授和传播，许衡有意模仿汉蒙混合语的痕迹，如使用表示因果或目的的关系词"上头"，代词"么道"，特殊后置词等。《孝经直解》的异质性最为突出，词汇整体面貌和其他元代直解文献有很大不同。《直说通略》的异质语言成分介

---

① 张振羽．"好生"的来源与演变更替［J］．贵州师范大学学报（社会科学版），2010，No. 163（2）：126-127.
② 向熹．简明汉语史［M］．北京：高等教育出版社，1993：699.

于许衡直解和《孝经直解》之间，存在着许多因语言接触所导致的蒙古语干扰特征，直解体语言特色是用当时口语注释经书，因此，各篇直解文献尽管篇幅有很大差异，但都出现了很多元代常用的口语词。

（二）语义场的内部组成有差异

在考察中发现，在元代直解体文献同义语义场内部，成员组成有差异。在同义聚合中，表示"禁止、劝阻"，各篇直解体文献使用"不要""休要"，其中"不要"的出现频率更高，在元明时期的北方话中，"休"已经逐渐取代"莫"，在语料中"休""休要"也有使用，未见"别"用作表禁止的例证，"别"在明代使用频率还远低于"休"，在语料中"别"偶尔单独使用。"物事""物件""东西"都有"事物；物品"义，语料中"物事"出现频率最多，其次是"物件"，"东西"最少用，元明时期总体的使用都较高，明清时期"东西"使用频率最高，超过了"物事""物件"，且使用范围也更广泛，现代仍沿用。

（三）常用词使用上有差异

各篇直解体文献都有一些新词新义，许衡直解《大学》《中庸》使用一些理学新词，尽管有很多是沿用宋代朱熹的语言，但也出现了一些差异，在一定程度上反映元代新词新义进入口语的情况。如果把直解文献以后的和漏收的都看作元代新词的话，新词数量会更多，各篇直解体文献所反映的两宋新词新义远远超过了唐五代时期。在直解体文献常用词使用上，其受北方官话的影响相当大，太田辰夫指出："真正以'汉儿言语'为基础写作的并不是这样的文学作品，而应看作是《白话圣旨》《元典章》《通制条格》《永乐大典》中引用包含着元代口语的文献，以贯云石（1286—1324）为中心的各种直解类著述等。"[1] 各篇直解体文献有共同的写作基础，因而，"同"是主要的，略而不论。这里只讨论它们的"同中之异"。"备细"使用减少，逐渐被"仔细""详细"替代；表示"索要、求取"，核心词是"索""讨"；表示"选择"义，使用拣择、拣选、选择，"选择"占主导。有些单音常用词使用上也存在差异，如叫、呼、喊、唤。

（四）口语化程度有差异

各篇直解体文献口语性突出，这是由直解体文献的语言性质决定的，用当时口语注释经书、史书，就要根据受众的要求和理解程度，选择当时的恰当词语进行解说，以达到有效交际和传授的目的，也就能够一定程度上如实地反映元代的语言实际。但是因为内容、篇幅方面并不相同，因而各篇也有口语化程

---

[1] 太田辰夫. 汉语史通考［M］. 江蓝生, 白维国, 译. 重庆：重庆出版社, 1991：202.

度上的差异。《大学要略》的口语化程度要高于《大学直解》《中庸直解》，许衡深受朱熹理学影响，采用逐字逐句注释直解《大学》《中庸》原文的形式，这与《大学要略》行文形式不同，更多地沿用了宋代的口语词语，在词汇的选择上相当保守。《孝经直解》用当时通行的白话口语直解《孝经》，便于普通民众理解，口语化程度很高，同时受到元代蒙汉语言接触影响，不可避免地在语法上、词汇上打下时代的烙印。贯云石是通晓汉语的维吾尔族文人，所习得的可能是13世纪后期元代普通文人所说的口语，更倾向于使用新兴的语言成分，使得《孝经直解》出现了与其他元代直解体文献复音词使用上的差异。拿《经筵进讲》与《直说通略》相同史实部分比较，可发现《经筵进讲》议论较多，《直说通略》重在讲述史实故事，更简约通俗。叙事部分使用了夹着浅近文言语词的通俗口语，相对来说，人物对话部分口语化程度高一些，更贴近"时语"。元代直解体文献与直译体文献语言不同，前者并没有实际的底层干扰，因此，郑镇孙直解语言中的蒙古语干扰特征，"很可能是对当时某个作为权威语言的'方言'的实际反映"，并推测这个区域应该是"语言接触最为强烈的大都一带"[①]。我们赞同这一说法，但对于推测还需要进一步证实。

## 第三节 小结

通过考察元代直解体文献复音词使用差异，初步得出以下结论：1.《大学要略》口语化程度高于《大学直解》和《中庸直解》，主要是由于《大学要略》的行文形式更适合口语化的说解。2.《大学直解》《中庸直解》与《朱子语类》"同词形同词义"词语占优势，有些基本未加改动而沿用，使得《大学直解》《中庸直解》留有宋代口语的痕迹，词汇使用相对保守；"同词形异义""同词性多义"词语较少，但却反映出宋元词汇的发展变化，初步推断许衡直解所使用的语言是宋元时期的北方官话，其中还保留了一些元代"汉儿言语"的成分。3.《孝经直解》和其他直解体文献相比较，具有较为明显的直译体语言特征，复音词使用上，较为简单明了，一词多义较丰富，和其他直解体文献复音词比较，除了"同词形同词义"外，还有很多"同词形同义""同词形异义"现象，贯云石是维吾尔族人，其他直解体文献作者均为汉人，因此，词汇选择上会有所不同，当然可能还有其他因素，如直解作者个人的用词习惯有所不同。4.

---

① 祖生利.《直说通略》和它的语言特色[J].语言学论丛，2008：342.

《直说通略》行文形式和《大学要略》相同，都是"直说"形式，因此，具有较为突出的口语化色彩。总体上，研究语料中出现大量的同义复音词聚合，表现出这一时期词汇的发展和人们丰富缜密的思维，同时这种同义聚合关系也处在动态的发展之中，词汇系统和聚合关系相应引起变化。造成以上复音词使用差异的原因，主要考虑有以下几方面：1. 直解体文献属于专类文献，具有共同的交际对象和目的，不同的直解内容，不同的直解体文献，无论是语法还是词汇，都会有相当的差异。从复音词的分布使用来看，在数量上存在明显的不同，主要因为各篇直解体文献的卷数和字数的不同，所以字数相差悬殊。2. 直解体文献是用当时的口语进行训释，完全不受蒙古语影响几乎是不可能的，但仍然可以从复音词使用的比较中进行分析。所直解的具体内容不同，有经书，也有史书，因而所使用的复音词也有差异。3. 直解作者有南方人吴澄、郑镇孙，也有北方人许衡、贯云石，有元代儒学大师许衡、吴澄，也有母语非汉语的少数民族作家贯云石，所处的地域不同，身份背景、年龄经历不同，可能引起复音词使用上的差异。同时，直解体文献所面对的对象不同，有的是面向蒙古族统治者，有的是除此以外还会面对平民群体，要求更通俗浅近、简洁明了，因此，我们推测《大学要略》《孝经直解》可能更接近元代的语言实际。

# 结　语

　　近代汉语是汉语史的重要阶段，时间跨度大，研究起步晚，相对于上古汉语研究，研究亟待加强。相比语音、语法研究，近代汉语词汇研究较为落后，元代汉语词汇研究也较为薄弱。尽管在词典编撰和白话词语考释方面，取得了一些成果，但是还存在很多不足，尤其是在理论建构方面。本书以元代直解体文献为研究语料，以其中复音词为研究对象，立足传统语言学的理论观点，结合现代语言学理论方法，从形态结构、句法行为、语义特征以及历时演变等方面进行研究。要做好断代词汇研究、专书研究，它们是汉语词汇史研究中最基础的工作。本书尝试为元代汉语词汇研究做一些基础性工作。历史上，政权更迭，元代多元化的社会政治背景，孕育了元代汉语的独特面貌；从现存文献来看，一般可分为纯汉语文献和汉蒙语言接触文献，本书的研究语料是受语言接触影响的文献资料，尽管学术界很早就有人提到过这类文献的语言学价值，但没有全面整理且系统地对其中复音词进行研究。本书将目前所能见到的全部直解体文献作为专类文献整体研究，目前学术界尚未发现将四位元代直解作者的作品作为语料的研究成果，尤其以郑镇孙《直说通略》为主，它还未见词汇方面的成果出现。我们也花费了很多时间和精力进行《直说通略》的整理和考辨，已经涵盖了全部元人的直解体文献词汇，使得本书的研究建立在较为稳固的基础上。元人许衡、吴澄、贯云石和郑镇孙的直解文献，包括《大学直解》《中庸直解》《直说大学要略》《孝经直解》《经筵进讲》和《直说通略》，直解体文献在一定程度上反映元代汉语的实际面貌，是口语性很强的古白话文献。对"直解"这种专类文献语言进行研究，对于元代词汇史、近代汉语词汇史乃至汉语史有重要价值。本书立足语料的实际情况，结合语法和语义构成进行综合考察，参考学术界相关的研究成果，借鉴现代语言学理论，全面描写直解体文献复音词的面貌，揭示词汇构成特点，阐释特殊词汇现象，详尽描写复音词的构词及语义特点，分析直解体文献复音词的来源。根据判定复音词的方法，统计复音词数量。通过新词新义的个案研究和使用情况的一般考察，分析元代新兴词的特点、产生机制、发展趋向等，对词语演变情况，结合共时描写和历时分析，总结词义演变的原因和规律。

通过考察，我们最终得出元代直解体文献复音词的基本情况：许衡直解作品（《大学直解》《中庸直解》《大学要略》）复音词1516个，吴澄直解作品（《经筵进讲》）复音词108个，贯云石直接作品（《孝经直解》）复音词246个，郑镇孙直解作品（《直说通略》）复音词4776个，除去重复的共计5471个。通过以上各方面的考察和分析，得出以下结论，并引发一些思考。

第一，元代不仅是近代汉语主干期，也是语言发展的活跃期。元代新词不断产生，新义大量出现，新词新义反映出语料的时代性。社会的发展和新事物、新概念的出现，产生新词，出现旧词新义的现象，词汇系统内部调整，也产生大量新词。新词衍生的最主要途径是复合，直解体文献出现大量同义、近义、类义和反义的词根复合词，利用常见构词法类推新词，利用常用语素类推新词。词汇化和变序法也是重要的新词衍生途径。此外，修辞造词法和重叠法也产生一些新词。直解体文献通过引申和虚化的途径，实现词义的发展。引申途径主要分为因果引申、动静引申、时空引申、同状引申、实虚引申和部分与整体引申。新兴词的沿用情况，主要有消亡和保留，至少有三分之二的词语，现代不再使用，反映出元代和现代汉语词汇之间的差异。元代新兴词产生初期，大多是单义词，多义的新词少于单义的新词，沿用的义位少于消亡的义位。有些新词沿用到现代，词形和词义都没有变化，这些生命力顽强的新词，反映出元代对现代汉语词汇的影响。大量新词被淘汰，纵观元代汉语新词新义的发展，新词的高淘汰率是多种因素作用的结果。沿用的新词，发展趋势多样，有的保留到现代方言中，有的进入现代普通话，也有的改变词形，保留词义，有助于考察很多词语词义发展脉络。

第二，元代直解体文献词汇具有时代性、通俗性、口语性和异质性特点。直解体文献作为元代社会的"同时语料"，较为可靠，多使用口语白话，属于元代白话作品，语言风格上通俗浅近，有一定的方言色彩，具有通俗性的特点。近代汉语时期，口语与书面语竞争很激烈，宋元至明代前期，有的口语成分扩散，融入通语，有的则很快消失，直解体文献语言内容丰富。用当时口语解释经书、史书，口语色彩突出，不可避免地使用了一些口语词，较贴近普通民众的日常生活，具有口语性的特点。元代是近代汉语发展的活跃期，词汇表现出鲜明的时代特色。元代汉语深受外族语的影响，不仅在语法、语音方面，而且词汇中也保留了汉蒙语言接触的痕迹。这些异质因素成为元代汉语词汇明显区别于近代汉语其他阶段的突出特点。在词汇层面，出现一些"接触词"，以及元代三音词现象，在词义层面，有些汉语固有词受语言接触影响出现多义化。这些语言接触词数量有限，说明在元代，语法方面的影响更大。从语料来看，没有出现蒙古语借词，语法和词汇比较起来，语法受到的影响更大。直解体文献具有"异质性"的特点。

第三，元代直解体文献复音词的来源既有承古，也有新创。元代汉语处于近代汉语主干期，承古词有继承自上古、中古时期的部分词语，也有继承自唐宋的近代词语。词汇系统是最活跃的，承古纳新，处于经常变动之中。元代直解体文献新词新义十分丰富，并且发展迅速。一方面，承古词体现了词汇的累积率，使得词语稳定传承；另一方面，新词大量出现，体现了元代词汇的新面貌和发展趋势。从词性角度分析，新兴词以动词、名词为主，其次是形容词、量词、副词、代词、连词。从构词角度看，新兴复音词绝大部分是语法构词，少数是修辞构词，个别是逆序构词，新出现的词语词序不严格，往往可以逆序使用。有些新兴词语结构不紧密，处于向合成词过渡的阶段，有些保留到现代汉语书面语或口语中，较为常用；有些词语在元代还是口语、方言，后来进入了通语；有些新词没有发展至今。新词新义产生途径很多，主要是复合、类推、词汇化和语法造词，出现突然且用例多。很多新词新义存在时间短，并迅速多义化，以双音实词为主，虚词很少，新兴词消亡的原因既有语言内部因素，也有外部原因。内部因素主要有词语之间的竞争激烈，语言表达精密化的要求，语言经济性原则的制约。语言外部原因，包括社会发展、文化或政治、文体等因素。

第四，构词法在元代有一定发展。既有单纯式、联合式、偏正式、动宾式、述补式、主谓式、附加式结构，又有递续式、综合式结构类型。基本构词法已具备，词语生成能力强，结构类型和结构关系丰富，构词法发展至元代，已经基本完备，各类结构内部的语义关系更丰富，和人们思维发展日益严密有关。双音词在构词中占据强势地位，结构类型和关系是以双音词类型和关系为基础，各结构类型的生成能力不平衡，联合式、偏正式、动宾式占绝对优势，附加式、述补式和主谓式有进一步发展。相比双音词，三音词数量很少，但在直解体文献中，"三音词"现象反映出时代性特点，三音词词形延长，增加了构词语素，因此结构也更加复杂，大多数元代三音词没有沿用到现代汉语。通过研究，我们对于元代直解体文献的复音词，有了一个总体的把握，如复音词的来源和特点，复音词的结构类型和结构关系，新词新义的产生途径和词义演变及复音词在现代汉语的留存情况。

第五，本书以直解体文献为语料，以其中的复音词为研究对象，从文献语言实际中寻找发展规律，探寻元代直解体文献词汇真实面貌，是一种静态的描写。同时，探寻元代复音词来源，梳理元代复音词在现代留存情况，以及一些新词新义的发展轨迹，属于历时研究。最后一章从两个方面入手比较元代直解体文献复音词使用差异：一是比较许衡《大学要略》和《大学直解》《中庸直解》复音词差异，前者口语性更突出；比较《大学直解》《中庸直解》和《四书章句集注》复音词差异，许衡直解语言口语色彩浓厚，体现汉语白话重要转折时期的特点。二是《孝经直解》口语性更明显，有蒙氏汉语痕迹，和其他直解体文献复音词使用差异，分成同词形同义、同词形异义和异词形同义三种使用差异类型，这是多种因素共同作用的结果。

# 参考文献

## 一、著作

[1] 曹广顺. 近代汉语助词 [M]. 北京：语文出版社，1995.

[2] 曾昭聪. 中古近代汉语词汇论稿 [M]. 北京：中央文献出版社，2004.

[3] 柴红梅. 汉语复音词研究新探——以《摩诃僧祇律》为例 [M]. 天津：天津古籍出版社学林出版社，2014.

[4] 陈宝勤. 汉语词汇的生成与演化 [M]. 北京：商务印书馆，2011.

[5] 程湘清. 汉语史专书复音词研究（增订本）[M]. 北京：商务印书馆，2008.

[6] 丁喜霞. 中古常用并列双音词的成词和演变研究 [M]. 北京：语文出版社，2006.

[7] 董为光. 汉语词义发展基本类型 [M]. 武汉：华中科技大学出版，2004.

[8] 董秀芳. 词汇化：汉语双音词的衍生和发展 [M]. 北京：商务印书馆，2011.

[9] 董秀芳. 汉语的词库与词法：第二版 [M]. 北京：北京大学出版社，2016.

[10] 董志翘.《入唐求法巡礼行记》词汇研究 [M]. 北京：中国社会科学出版社，1997.

[11] 方一新. 中古近代汉语词汇学 [M]. 北京：商务印书馆，2010.

[12] 冯胜利. 汉语的韵律、词法与句法：修订本 [M]. 北京：北京大学出版社，2009.

[13] 符淮青. 词典学词汇学语义学文集 [M]. 北京：商务印书馆，2004.

[14] 符淮青. 词义的分析和描写 [M]. 北京：外语教学与研究出版社，2006.

[15] 高守纲. 古代汉语词义通论 [M]. 北京：语文出版社，1994.

[16] 葛本仪. 汉语词汇研究 [M]. 北京：外语教学与研究出版社，2006.

[17] 顾之川. 明代汉语词汇研究 [M]. 郑州：河南大学出版社，2000.

[18] 郭锐. 现代汉语词类研究 [M]. 北京：商务印书馆，2005.

[19] 洪成玉. 古汉语词义分析 [M]. 天津：天津人民出版社，1985.

[20] 胡敕瑞.《论衡》与东汉佛典词语比较研究 [M]. 成都：巴蜀书社，2002.

[21] 化政红.《洛阳伽蓝记》词汇研究 [M]. 北京：中国文史出版社，2002.

[22] 黄金贵. 古汉语同义词辨释论 [M]. 上海：上海古籍出版社，2002.

[23] 贾彦德. 汉语语义学 [M]. 北京：北京大学出版社，1999.

[24] 江蓝生. 近代汉语研究新论：增订本 [M]. 北京：商务印书馆，2013.

[25] 江蓝生编. 近代汉语探源 [M]. 北京：商务印书馆，2000.

[26] 蒋冀骋. 近代汉语词汇研究 [M]. 北京：商务印书馆，2019.

[27] 蒋绍愚. 古汉语词汇纲要 [M]. 北京：商务印书馆，2005.

[28] 蒋绍愚. 蒋绍愚自选集 [M]. 开封：河南教育出版社，1994.

[29] 蒋绍愚. 近代汉语研究概况 [M]. 北京：北京大学出版社，2017.

[30] 蒋绍愚编. 近代汉语研究（二）[M]. 北京：商务印书馆，1999.

[31] 雷冬平. 近代汉语常用双音虚词演变研究及认知分析 [M]. 北京：中国社会科学出版社，2008.

[32] 李崇兴，祖生利等. 元代汉语语法研究 [M]. 上海：上海教育出版社，2009.

[33] 李崇兴.《元典章·刑部》语法研究 [M]. 开封：河南大学出版社，2011.

[34] 李宗江. 汉语常用词演变研究 [M]. 北京：汉语大词典出版社，1999.

[35] 刘坚，蒋绍愚主编. 近代汉语语法资料汇编 [M]. 北京：商务印书馆，1995.

[36] 刘叔新. 汉语描写词汇学 [M]. 北京：商务印书馆，2005.

[37] 刘志生. 东汉碑刻复音词研究 [M]. 成都：巴蜀书社，2007.

[38] 柳士镇. 魏晋南北朝历史语法 [M]. 南京：南京大学出版社，1992.

[39] 吕叔湘. 汉语语法论文集 [M]. 北京：商务印书馆，1984.

[40] 毛远明.《左传》词汇研究 [M]. 重庆：西南师范大学出版社，1999.

[41] 潘文国，叶步青，韩洋. 汉语的构词法研究 [M]. 上海：华东师范大学出版社，2004.

[42] 齐佩瑢. 训诂学概论 [M]. 北京：中华书局，2004.

[43] 任学良. 汉语造词法 [M]. 北京：中国科学出版社，1981.

[44] 沈阳，冯胜利. 当代语言学理论和汉语研究 [M]. 北京：商务印书馆，2008.

[45] 史存直. 汉语词汇史纲要 [M]. 上海：华东师范大学出版社，1989.

[46] 苏宝荣. 词的结构、功能与语文辞书释义 [M]. 上海：上海辞书出版社，2011.

[47] 苏宝荣，宋永培. 古汉语词义简论 [M]. 石家庄：河北教育出版社，1987.

[48] 太田辰夫. 汉语史通考 [M]. 重庆：重庆出版社，1991.

[49] 太田辰夫. 中国语历史文法 [M]. 蒋绍愚，徐昌华，译. 北京：北京大学出版社，1987.

[50] 汪维辉. 东汉—隋常用词演变研究 [M]. 南京：南京大学出版社，2000.

[51] 汪维辉. 汉语核心词的历史与现状研究 [M]. 北京：商务印书馆，2018.

[52] 王军. 汉语词义系统研究 [M]. 济南：山东人民出版社，2005年

[53] 王宁. 训诂学与词汇语义学论集 [M]. 北京：语文出版社，2011.

[54] 王锳. 近代汉语词汇语法散论 [M]. 北京：商务印书馆，2004.

[55] 王力. 汉语史稿 [M]. 北京：中华书局，1980.

[56] 王宁. 训诂学原理 [M]. 北京：中国国际广播出版，1997.

[57] 王宁主编. 古代汉语 [M]. 北京：高等教育出版社，2012.

[58] 王宁主编. 当代语言学理论和汉语研究 [M]. 北京：商务印书馆，2008.

[59] 王宁主编. 民俗典籍文字研究：第八辑 [M]. 北京：商务印书馆，2011.

[60] 吴福祥，王云路. 汉语语义演变研究 [M]. 北京：商务印书馆，2015.

[61] 吴福祥. 语法化与汉语历史语法研究 [M]. 合肥：安徽教育出版社，2006.

[62] 伍宗文. 先秦汉语复音词研究 [M]. 成都：巴蜀书社，2001.

[63] 肖晓辉. 汉语双音并列合成词语素结合规律研究——以《墨子》语料为中心 [M]. 北京：中国传媒大学出版社，2003.

［64］徐时仪. 汉语白话发展史［M］. 北京：北京大学出版社，2007.

［65］徐振邦. 联绵词概论［M］. 北京：大众文艺出版社，1998.

［66］许红霞. 许衡集［M］. 北京：中华书局，2018.

［67］杨爱姣. 近代汉语三音词研究［M］. 武汉：武汉大学出版社，2005.

［68］杨端志. 汉语的词义探析［M］. 济南：山东大学出版社，2002.

［69］袁宾，徐时仪，史佩信等编著. 二十世纪的近代汉语研究［M］. 太原：书海出版社，2001.

［70］袁宾. 近代汉语概论［M］. 上海：上海教育出版社，1992.

［71］张联荣. 古汉语词义论［M］. 北京：北京大学出版社，2000．

［72］张双棣.《吕氏春秋》词汇研究［M］. 北京：商务印书馆，2008.

［73］赵克勤. 古代汉语词汇学［M］. 北京：商务印书馆，1994.

## 二、期刊

［1］陈明娥. 敦煌变文双音新词全面透视［J］. 敦煌研究，2001（3）.

［2］陈明娥. 敦煌变文同素异序词的特点及成因［J］. 中南大学学报（社会科学版），2004（10）.

［3］程娟.《金瓶梅》复音形容词结构特征初探［J］. 中国语文，1999（5）.

［4］董秀芳."不"与所修饰的中心词的粘合现象［J］. 当代语言学，2003（1）.

［5］董秀芳. 古汉语中偏指代词"相"的使用规则［J］. 四川大学学报（哲学社会科学版），2001（2）.

［6］董秀芳. 重新分析与"所"字功能的发展［J］. 古汉语研究，1998（3）.

［7］冯胜利. 论汉语"词"的多维性［J］. 当代语言学，2001（3）.

［8］冯胜利. 论汉语的韵律词［J］. 中国社会科学，1996（1）.

［9］高华. 词汇变迁遵循"适者生存"法则［J］. 国外社会科学，2008（2）.

［10］黑维强. 从陕北方言看近代汉语助词"也似"的来源［J］. 延安大学学报（社会科学版），2002（1）.

［11］侯敏. 同素异序词的发展和规范问题［J］. 语文建设，1987（3）.

［12］黄晓彬. 论"自+动词性词根"合成词中"自"的性质及词的构成方式［J］. 绍兴文理学院学报（哲学社会科学），2003（5）.

［13］黄宇鸿. 从《诗经》看古代联绵词的成因及特征［J］. 河南师范大学

学报（哲学社会科学版），1999（6）.

[14] 黄月圆. 复合词研究 [J]. 国外语言学，1995（2）.

[15] 黄志强，杨剑桥. 论汉语词汇双音节化的原因 [J]. 复旦学报（哲学社会科学版），1999（1）.

[16] 江蓝生. 从语言渗透看汉语比拟式的发展 [J]. 中国社会科学，1999（4）.

[17] 蒋宗许. 论中古汉语词尾"当" [J]. 古汉语研究，2004（2）.

[18] 李进学. 动宾复合词的词汇化的原因和机制分析 [J]. 社会科学论坛（学术研究卷），2007（10）.

[19] 李琪. 语素义项频率及构词力对复合词词义猜测的影响 [J]. 海外华文教育，2019（3）.

[20] 李仕春. 从复音词数据看近代汉语构词法的发展 [J]. 宁夏大学学报（人文社会科学版），2011（1）.

[21] 李振东，张丽梅，韩建. 古汉语双音复合词理论研究的历史与现状述评 [J]. 佳木斯大学学报（社会科学版），2007（1）.

[22] 刘坚. 古代白话文献简述 [J]. 语文研究，1982（1）.

[23] 刘宁生. 汉语偏正结构的认知基础及其在语序类型学上的意义 [J]. 中国语文，1995（2）.

[24] 钱光.《墨子》复音词初探 [J]. 甘肃社会科学，1992（1）.

[25] 沈家煊. "语法化"研究综观 [J]. 外语教学与研究，1994（4）.

[26] 石锓. 从叠加到重叠：汉语形容词 AABB 重叠形式的历时演变 [J]. 语言研究，2007（2）.

[27] 石锓. 古汉语复音词研究综述——兼谈《睡虎地秦墓竹简》的复音词 [J]. 湖北师范学院学报（哲学社会科学版），1999（3）.

[28] 万献初. 现代汉语并列式双音词的优化构成 [J]. 汉语学习，2004（1）.

[29] 汪维辉. 论词的时代性和地域性 [J]. 语言研究，2006（2）.

[30] 王海平. 宋代墓志人物品评复音词初探 [J]. 广播电视大学学报（哲学社会科学版），2012（3）.

[31] 王宁. 汉语双音合成词结构的非句法特征 [J]. 江苏大学学报（社会科学版），2008（1）.

[32] 王森，王毅.《金瓶梅词话》中字序对换的双音词 [J]. 兰州大学学报，2000（6）.

[33] 王小莘. 从魏晋六朝笔记小说看中古汉语词汇新旧质素的共融和更替 [J]. 南京师范大学文学院学报, 2003 (1).

[34] 王云路. 试说"鞭耻"——兼谈一种特殊的并列式复音词 [J]. 中国语文, 2005 (5).

[35] 王云路. 试说翻译佛经新词新义的产生理据 [J]. 语言研究, 2006 (2).

[36] 吴福祥. 汉语能性述补结构"V得/不C"的语法化 [J]. 中国语文, 2002 (1).

[37] 徐朝晖.《南村辍耕录》中词的音节结构和新词新义分析 [J]. 语言与翻译, 2013 (3).

[38] 杨爱娇. 近代汉语三音词的语义构成 [J]. 南京师范大学文学院学报, 2002 (4).

[39] 杨爱姣, 张蕾. 近代汉语三音词的结构方式 [J]. 湖北大学学报（哲学社会科学版）, 2003 (3).

[40] 杨爱姣. 近代汉语三音词发展原因试析 [J]. 武汉大学学报（人文社会科学版）, 2000 (4).

[41] 杨爱姣. 近代汉语三音词概述 [J]. 武汉大学学报（人文科学版）, 2002 (4).

[42] 杨琳. 汉语词汇复音化新论 [J]. 烟台大学学报（哲学社会科学版）, 1995 (4).

[43] 杨永龙. 从语序类型的角度重新审视"X+相似/似/也似"的来源 [J]. 中国语文, 2014 (4).

[44] 尹斌庸, 方世增. 词频统计的新概念和新方法 [J]. 语言文字应用, 1994 (2).

[45] 余志鸿. 元代汉语的后置词系统 [J]. 民族语文, 1992 (3).

[46] 俞理明, 谭代龙. 共时材料中的历时分析——从《根本说一切有部毗奈耶破僧事》看汉语词汇的发展 [J]. 四川大学学报（哲学社会科学版）, 2004 (5).

[47] 俞理明. 词语缩略的界定及其理论诠释 [J]. 四川大学学报（哲学社会科学版）, 2000 (2).

[48] 俞理明. 汉语词汇中的非理复合词——一种特殊的词汇结构类型：既非单纯词又非合成词 [J]. 四川大学学报（哲学社会科学版）, 2003 (4).

[49] 翟燕. 明清山东方言中的比拟助词"也似"及其来源问题 [J]. 语文

研究, 2008 (1).

　　[50] 张联荣. 近代汉语词汇研究中的推源问题 [J]. 北京大学学报（哲学社会科学版), 1995 (5).

　　[51] 张敏. 从类型学和认知语法的角度看汉语重叠现象 [J]. 国外语言学, 1997 (2).

　　[52] 郑贤章. "相"字词性略论 [J]. 武陵学刊, 1996 (2).

　　[53] 祖生利.《景德传灯录》中的偏正式复音词 [J]. 古汉语研究, 2001 (4).

　　[54] 祖生利. 元代蒙古语同北方汉语语言接触的文献学考察 [J]. 蒙古史研究：第八辑, 2005.

　　[55] 祖生利. 元代直译体文献中的原因后置词"上/上头" [J]. 语言研究, 2004 (1).

　　[56] 曾贻芬, 崔文印. 元代历史文献学的概貌与特点 [J]. 史学史研究, 1994 (4).

# 后 记

若从2013年关注元代文献算起,至今已有十个年头,期间陆续发表了一些相关的论文,集成《元明清汉语研究》一书并出版。2017年我以少数民族高层次骨干人才身份考入中央民族大学攻读博士学位,这部书是在我的博士论文的基础上修改、扩展而成的,现在看来当初的付出很难用"值"与"不值"来回答,为了弄清楚一些词汇的来龙去脉,整理文献,请教师友,青灯伴孤影,甘苦自知。因教学科研任务繁重,修改书稿时断时续,修改工作一度搁浅,越修改发现存在的问题越多,当看着完成的书稿,本该苦尽甘来,但是担忧很多问题没有解决或是解决得不好,现在想来,选择这一课题实在学识有限,力不从心。但是毕竟为之付出过精力和心血,也希望将其呈现给读者,希望专家读者批评指正。

这部书能够出版,首先要感谢我的导师韩琳教授,不仅在学术上深深影响了我,更在做人方面给我树立了榜样。先生时常询问论文进展,为我的论文不厌其烦地修改,并多次给予鼓励与指导,给了我希望和勇气,开阔了我的视野,鼓励我在学术道路上不断前行,不忘初心。

感谢在学术道路上帮助我不断成长的郝青云教授、我的硕士生导师徐朝东教授,并向他们致以崇高的敬意!感谢北京语言大学吴福祥教授、中国社会科学院语言研究所肖晓晖教授、中央民族大学卢小群教授、杨吉春教授、翟艳教授,以高度负责的工作态度和敬业精神对我的小文提出一些很有价值的修改意见,在此向先生们表示诚挚的谢意。

感谢我的家人、朋友以及同事的鼓励和帮助,感谢内蒙古民族大学社科处的大力支持!

最后,对光明日报出版社张金良、王佳琪编辑的辛勤付出表示诚挚的谢意!

高 乐

2022年10月22日